プロジェクション・サイエンス

心と身体を世界につなぐ第三世代の認知科学

[編著] 鈴木宏昭

[著] 田中彰吾・大住倫弘・信迫悟志・嶋田総太郎・森岡　周
鳴海拓志・小野哲雄・中田龍三郎・川合伸幸・外山紀子
久保(川合)南海子・望月登志子・鳥居修晃・薬師神玲子

近代科学社

プロジェクション・サイエンスへの誘い

人間という奇妙な生き物

私たち人間はほんとうに奇妙な生き物だ．小説を読み，泣き，笑い，興奮し，怯える．しかしそれはフィクション，つまり架空の出来事だ．そしてそれはそもそもインクのシミのパターンなのだ．亡くなった人の骨を大事に扱い，墓地と呼ばれるとんでもない値段の場所に置かれた石の下に埋める．そしてこうべを垂れ，涙まで流す．その人の持ち物はどういう意味において利用価値がなくても，容易に捨てることはできず，長年にわたって保存する．スポーツの観戦，応援もそうだ．全く見ず知らずの人間たちの活躍を見るために何日分，場合によっては数週間分の生活費に相当するお金を払い，彼らの一挙手一投足に大声をあげて声援を送る．

読書，死者の弔い，応援は，それをどんなに一所懸命行っても，空腹が満たされるわけでもなく，敵から逃れられるわけでもなく，子孫を残せるようになるわけでもない．にもかかわらず，私たちは，それに多くの金銭，時間，労力を費やしている．つまり，私たちの生きる世界は，食物摂取，危険回避，生殖という生物的な観点からは説明が困難な，人間独自の意味に彩られたものとなっている．人間以外の動物たちも，彼ら自身が築き上げた独特な世界の中で生活を営んでいるだろう．

心と世界

さて以上のような人間の姿は，心が生み出したものだ．私たちには心があり動物には想像もできない意味を作り出しているのだ，と説明されるのかもしれない．心の定義は難しい．だがここでは簡単に物理的には存在しないものを（も）作り出す働きの総体としておこう．

こうした見解には難問がある．それは，全てが心の中だけで生じている，つまり全て心の中の出来事なのだとする立場（哲学では唯心論，独我論と呼ばれる）の侵入を，この見解は許してしまうからだ．もしこの立場が成立すると，私たちの意識がない時（たとえば睡眠，気絶，昏睡）には，世界は消えてしまう．こうした空想を楽しむのは一向にかまわないが，まじめな議論には向かない．

心だけに訴えるという見解にはもう一つの難問がある．私たちは「心の中で思っている」だけではないという事実を説明できないからだ．感動する一節は私が心の中だけでそう思っているだけではない．私の目の前に，その感動をもたらす一節が「存在する」のだ．捨てられない遺品は，私が捨てられないと思っているだけではない．実際に「捨てられない」という特徴を持った遺品が目の前にあるのだ．

以上のことは，心の世界といわゆる客観的で物理的な世界との関係をどう考えるかという，難問中の難問へとつながっていく．心だけがあり，客観世界などは虚構に過ぎないと考える立場がある．一方，心などはない，仮にあってもそれは脳の活動の副産物であり，まともに取り上げる必要などはない，という立場もある．

むろんどちらも間違いだと思う．心の世界も存在するし，物理世界も存在するというのが妥当な考え方だろうし，心の科学に携わる人の大半はこの立場に立っていると思う．ただ，どっちもある，どちらも重要だと述べるだけでは，単なる折衷案に過ぎない．この二つはいかにして結びつくのか，それを支える心のメカニズム，世界の仕組みを解明しなければならないだろう．

プロジェクションは心と世界をつなぐ

この問題は長らく私を悩ませてきたが，問題の答えの糸口は，私の敬愛するニコラス・ハンフリーの『ソウルダスト：〈意識〉という魅惑の幻想』（紀伊国屋書店）の中にあった．彼は本書の中でも多くの人が引用するラバーハンド錯覚[1]について，そこでは実際の手の感覚がマネキンの手に投射されていると指摘した上で，その解釈をふつうの知覚（たとえば目の前のコーヒーカップの知覚）へと拡張した．つまり網膜上の視細胞の発火のパターン，そこから形成される視覚表象は，ラバーハンド錯覚で手の感覚がマネキンの手に投射されるのと同じ仕組みで，目の前の対象に「投射される」のだ．しかし投射＝プロジェクション自体について，彼がさらに考えを展開することはなかった．

そこで，このプロジェクションの仕組み，働き，成り立ちの解明に取り組まねばならないこと，そして心と世界を繋げることを強く意識した．これが 2013 年の秋

[1] 自分の片方の手を衝立の向こう側におき見えないようにする．そしてその代わりに見える位置にゴム製のマネキンの手を置く．そして実際の手とマネキンの手をブラシで同期させながらこする．すると手に与えられた感覚がマネキンの手の位置に感じられる．

だった．これを考えていく中で，当時大学院のゼミで集中的に読んでいたマイケル・ポランニーの暗黙的認識の理論が鍵となること，そしてプロジェクションはハンフリーが挙げた感覚・知覚だけにとどまらず，フェティシズム，宗教，貨幣，精神疾患にまで及ぶこと，またその不思議な成り立ちは幼児期から存在していること，などに気づくことになった．さらにその頃から注目を集めていたヴァーチャル・リアリティーは，プロジェクションの研究を行うための必須テクノロジーであることにも気づいた．

そしてなにより，こうした多様な領域の知見を統合することで，新しい世代の心の科学，認知科学を作り出すこともできるのではないかと考えるようになった．本書の副題に「第三世代の認知科学」とあるのは，その意味である．1970–90 年代の第一世代は，心，知性だけを取り出せると思い研究を重ね，多くの知見をもたらした．しかし，その後その不備が様々な分野で示されたこと，また認知科学への新たな参入者が多数現れたことで，この状況は劇的に変化する．この第二世代の認知科学は「身体性認知科学」と呼ばれ，身体・行為，環境・社会が人の認知，知性と不可分な関係にあることを見事に示してきた．この結果，コンピュータのプログラムとしての人ではなく，独特の形状を持ち，社会という環境の中で生きる，生物としての人の姿があらわになった．

しかしそれだけでは話は終わらない．それは冒頭で示したように，人は生き物として明らかに不適切な，非適応的な振る舞いをするからだ．こうした人の奇妙な姿を身体性認知科学の枠組みだけで捉えることは難しい．そこでポスト身体性認知科学，つまりプロジェクション・サイエンスの出番となる．プロジェクションとは，作り出した意味，表象を世界に投射し，物理世界と心理世界に重ね合わせる心の働きを指している．こうして作り出された不思議な意味世界で生活する人の全体像を描き出すのがプロジェクション・サイエンスの最終目標となる．

プロジェクション・サイエンスのこれまで

2015 年の冬に行われたヒューマン・エージェント・インタラクション (HAI) シンポジウムでこの構想を最初に発表した．またプロジェクションについての最初の著述は，拙著『教養としての認知科学』の 7 章で行った．こうした活動を通して，仲間を募り，学会での活動を続けてきた．特に日本認知科学会，人工知能学会では数年にわたってセッションを企画し，多くの発表者，聴衆を集めることができた．こうした活動が認められ，2019 年には日本認知科学会の学術雑誌である『認知科学』の 26 巻 1 号において「プロジェクション科学」の特集号が組まれることになった．本書はこれに掲載された論文をベースに構成されている．

こうした活動を進める中で，プロジェクションの考えに共鳴してくれる多くの仲間を得ることができた．現在は，青山学院大学総合研究所の研究ユニットの一つとして助成を受けながら定期的にメンバーが集まり研究活動を進めている．

本書の構成

本書は，プロジェクションに関わる様々な領域の研究者たちの論考によって構成されている．認知科学はもちろん，リハビリテーション科学，VR 工学，AI，発達心理学，社会心理学，知覚科学などである．前述のように，これらは日本認知科学会の学術誌『認知科学』26 巻 1 号に掲載された論文をベースにしている．ただし今回は単行本ということもあり，各章とも相当な書き直しを行なっているし，本書のための書き下ろしも加えている．なお最後の章の特別寄稿は，前述の日本認知科学会の冬のシンポジウム「跳び出す心，拡がる身体：プロジェクション・サイエンスの確立に向けて」での発表をベースにしたものである．

以下，簡単に，ネタバレにならない程度に各章の紹介をしたい．

第 1 章は「プロジェクション・サイエンス」概論と思っていただきたい．そこでは，プロジェクションとは何か，そしてその必要性，その射程，分類を行なっている．その上でプロジェクションがどのような認知のメカニズムによるのかについての仮説を提案している．最後に，今後の研究の展開について論じ，プロジェクション科学の方向性を指し示している．この序章で述べたこととオーバーラップする部分もあるが，より丁寧に問題を論じている．

プロジェクションは認識論哲学の根源に位置するものである．したがってその哲学的検討は必須課題である．第 2 章は哲学，特に現象学を専門とする田中によって書かれたものである．現象学は身体，精神，意識の関係を 100 年以上前から検討してきた．この章では，これらの知見をベースにして，身体性認知科学の展開と問題点，そしてプロジェクション・サイエンスの現状，今後の課題が取り上げられている．

プロジェクション・サイエンスは様々な社会的な展開の可能性を秘めている．超高齢化社会に突入した日本では，その結果として様々な障害を抱えた人たちが増加している．第 3 章はリハビリテーションにおけるプロジェクションを取り上げている．リハビリテーション分野で画期的な研究を積み重ねてきている大住らは様々な障害を持つ方々が抱える困難の一部が，プロジェクション（特にバックプロジェクション）を用いて緩和できる可能性を検討している．

飛躍的な発展を遂げているヴァーチャルリアリティは，プロジェクションの研究にとってきわめて重要である．その理由は，この技術によりプロジェクションを自在にコントロールする可能性が開かれるからである．第4章では，この分野の先端で研究を続けてきた鳴海が，外界に投射された身体を変容させることにより認知機能を拡張する工学的な技術の体系を「ゴーストエンジニアリング」と定義し，人間の認知機能を変容，拡張させる可能性を検討している．

情報技術との関係では，人をサポートするエージェント（ソフトウェア・エージェントからロボットなどのハードウェアまで）もプロジェクション・サイエンスにとって重要な意味を持つ．第5章は、ヒューマン・エージェント・インタラクション(HAI)という分野を築き、それを先導してきた小野によるものである．ここではHAIとプロジェクションとの関わりについて，特にHAIの理論的基盤としてプロジェクション・サイエンスが果たすべき役割が明確に述べられている．

プロジェクションはモノに対してだけでなく．他者に対しても当然生じており，それが他者像，自己との関係を作り出すことになる．第6章は，認知科学を専門とする中田と川合によるものである．彼らは，他者と社会的なつながりを持ちたいというヒトの傾向に注目し，内的に表象された他者の情報が実在の他者や人工物に与える影響についてプロジェクションの観点から考察を行なっている．

プロジェクションはどのように発生し，成長につれてどのように変化するのかも重要な研究テーマとなる．第7章は，発達心理学を専門とする外山によって書かれたものである．ここでは発達心理学で昔から取り上げられてきた，正義，生と死，汚染・感染などの魔術的な思考との関係で，プロジェクションの芽生え，その発達的な変化が論じられている．また，魔術的思考は子供にとどまるわけではなく，大人においても（いや大人こそ）普遍的に見られることが，共存モデルという観点から論じられている．

プロジェクションは個体の中だけに閉じたものではない．同じようなプロジェクションが多くの人によってなされることで，またそうした社会で育つ中で，プロジェクションは変容していく．第8章では，長年サブカルチャーにおける心理を探求してきた久保が、プロジェクションの共有，社会化を，腐女子たちの二次創作，科学理論の発展，モノマネ芸を通して検討している．こうした検討は今後ブランド，流行，宗教など様々な分野に拡張可能だと思われる．

最後に，先天盲の開眼手術が知覚に何をもたらすのかについての先駆的研究を行なってきた，望月・鳥居による論考を特別寄稿論文として加えた．プロジェクションはほぼ全ての知覚において自動的に生じており，これが研究を難しくしている．しかし，長年にわたる両氏の独創的な研究は，開眼手術後に見える世界が，プロジェクションが起きない世界の知覚，つまり近接項の知覚を生み出していることを明らかにした．そして視知覚のプロジェクションにおいて身体の持つ意義が示されている．この意味でこの研究はプロジェクションにとってきわめて重要な意味を持つ．そういう次第で特別に論文を執筆をいただくことにした．そもそもこの研究はプロジェクションという概念が提案されるはるか以前に行われたものであり，プロジェクションをターゲットとしたものではない．そこで薬師神が二つの研究の関わりについて最初にまとめている．

本書は，多様な分野で活躍されている研究者たちが，プロジェクションという未知の概念との関わりを論じた力作ぞろいである．そういう意味でプロジェクションの深さと広がりを感じ取れると思う．この本を出発点にしてさまざまな分野にプロジェクションの考えが広まり，多くの研究者が参加するコミュニティーが生まれることを期待している．

本書の執筆にあたって多くの研究者からサポート，アドバイスを得ている．以下に列記して謝意を表する（敬称略）．岡田浩之（玉川大学），米田英嗣（青山学院大学），横澤一彦（東京大学），浅井智久 (ATR)，柴山雅俊（東京女子大学），大塚類（東京大学），藤沢等（長崎シーボルト大学），飯塚博幸（北海道大学），呉羽真（大阪大学），山口真美（中央大学），高平小百合（玉川大学），戸田山和久（名古屋大学），小鷹研理（名古屋市立大学），稲見昌彦（東京大学），原正之（埼玉大学），浅田稔（大阪大学），小俣貴宣（ソニー），入來篤史（理研），よしながふみ（漫画家）．

また研究資金については青山学院大学総合研究所からの助成を受けている．

最後になったが，プロジェクション・サイエンスが海のものとも山のものともつかない段階から，面白がり，出版を勧めてくださった近代科学社フェローの小山透氏，丁寧に編集作業を進めてくださった同社伊藤雅英氏に感謝する．

2020年9月　鈴木宏昭

目　次

3章 プロジェクション・サイエンスから痛みのリハビリテーションへ

大住倫弘・信迫悟志・嶋田総太郎・森岡 周

4章 バーチャルリアリティによる身体の異投射が知覚・認知・行動に与える影響とその活用

鳴海拓志

5章 プロジェクション・サイエンスが HAI 研究に理論的基盤を与える可能性

小野哲雄

特別寄稿 開眼手術後における視・運動と定位活動

望月登志子・鳥居修晃
（「まえがき」薬師神玲子）

1章
プロジェクション・サイエンスの目指すもの

鈴木宏昭

1.1 はじめに

人間は，物理世界から入力情報を受け取り，それを処理し，表象を作り出す．それは人間にとっての意味となる（図 1.1 左）．しかしこうした情報の受容と表象の構成は，人間の認識というコインの片側にすぎない．人は表象を作り出すだけでなく，それを世界の中にプロジェクション（＝投射）し，その中で活動を行っている（図 1.1 右）[1,2][1]．つまり，人の認識は，受容→構成→プロジェクションというサイクルをなしているのだ．

プロジェクションは遍在的である．視覚入力から作り出される視覚表象はプロジェクションの働きによって世界の中に位置づく．音の波による鼓膜の振動から始まる聴覚過程においては，その音源がプロジェクションの働きによって世界の中に定位される．またこれらのプロジェクションは周辺情報によって変化し，錯覚という形で奇妙な知覚世界を作り出すこともある．

しかし，プロジェクションはこうした認知の基礎過程にとどまるわけではない．人は合理的な観点から考えると様々な不可解な行動をとる．お墓の前で厳粛になる，遺品が捨てられない，ぬいぐるみに特別な感情を持って接する，文字列を読んで感動する，ヌード写真に発情する，ブランド品や特定のモノの蒐集に夢中になる，自分

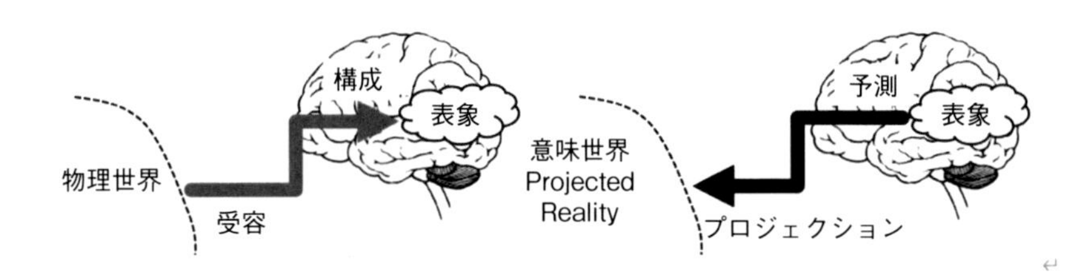

図 1.1　情報の受容，表象の構成，プロジェクション．

[1] 本稿では日本語の文脈に応じて「プロジェクション」と「投射」を使い分けるが，同じ意味で用いている．

と自分の性が一致していないと感じる，幽霊を恐れる，神を信じるなどはそれらの例となる．こうした一見ばらばらに思える，ヒト固有の認識と行動もまたプロジェクションの表れと考えることができる．つまり，これらは，内部処理よって生成された表象＝意味を世界に投射し，物理的な実体を意味により彩り，それを知覚した結果と考えられるのである．

プロジェクション・サイエンスは，関連する分野の研究者との協働により，プロジェクションという心の働きを捉えるためのフレームワークを作り出し，意味・表象・内部モデルと，世界＝実在を結びつけ，第三世代の認知科学を創出することを目的としている．これによって，内部処理に基づいて生み出された意味を世界の中に位置づけ，意味に彩られた世界の中で活動を行う人間の姿を描き出すことを目指している [3].

本稿では，まず 1.2 節でプロジェクション・サイエンスの必要性について論じる．次に，1.3 節では，プロジェクションを捉えるためのフレームワークを述べ，これに基づいて多様な認知現象に潜むプロジェクションのタイプ分けを行う．1.4 節では，プロジェクションされる意味，表象がどのように生み出されのかを身体性認知科学の観点から論じ，1.5 節ではそれが世界にどのように投射されるのかについて論じる．最後に 1.7 節では，プロジェクションに対する反論，別の考え方を取り上げるとともに，プロジェクション・サイエンスの展開の可能性について述べる．

1.2　プロジェクションの必要性

この節では，プロジェクションという概念が必要である理由を，ポランニーの暗黙的認識の理論に基づいて論じる．これによって実在と表象の関係，人間固有の意味世界の構築についての新たな知見が生み出されることを述べる．

1.2.1　ポランニーとプロジェクション

物理化学者として卓越した業績を携えたマイケル・ポランニー (Michael Polanyi) は 1948 年以降，哲学者としての活動を本格的に始めることになる．彼の残した様々な著書の中で，『暗黙知の次元 (The Tacit Dimension)』[4] は，（哲学の中ではともかく）関連する多くの学問に大きな影響を与えたことで知られている．

彼はこの著書の中で，理解，認識が近接項 (proximal term) と遠隔項 (distal term) との間の投射に支えられていると述べている．近接項とは我々が感じること，感知

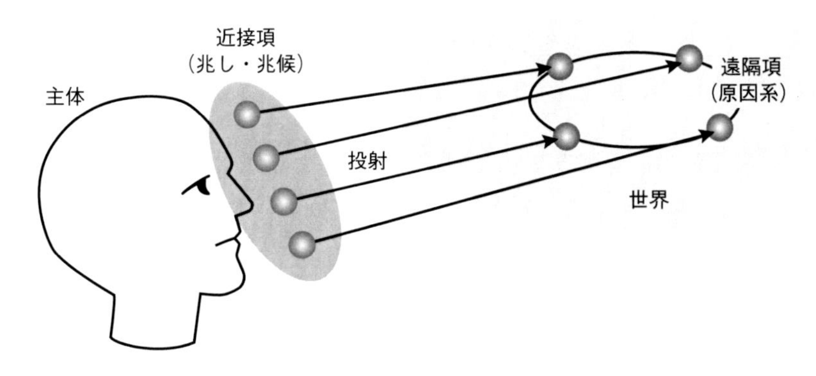

図 **1.2**　ポランニーの暗黙的認識の図式

することであり，遠隔項とは感じたこと，感知したことをもたらした世界の中の原因系である．別の言い方をすれば，近接項とは遠隔項が発する情報から生み出される兆しから得られる感覚である．そして，プロジェクションとはこれら二つの項を対応づける心の働きということになる（図 1.2 を参照）．

ポランニーが取り上げた盲人の杖，洞窟の中で用いる探り棒を用いて，このことを説明してみよう（図 1.3 を参照）．暗闇の中で棒を用いて歩いている時に，何かの障害物に棒の先が当たったとしよう．すると，棒を握っている手のひらに何らかの感覚が生み出される．これが近接項となる．しかし棒をある程度まで使った経験のある人にとっては，棒の先の障害物が知覚される．この棒の先にあるものが遠隔項である．ここでは，手のひらの感覚が障害物に投射されていると考えられる．またこのプロジェクションが生じる際には，近接項は暗黙化される．つまり，手のひらには確かに感覚はあるのだが，それを意識しない（彼はこれを「従属的に感知される」とも述べている）．

認識についてのこのような考え方は様々な場面に適用可能である．たとえば，知覚が挙げられる．目の前のカップはその光の反射のパターンを網膜に届ける．これらは様々な処理を経てカップの表象として我々に感知される．こうして生み出される表象が近接項である．ポランニーの考えにしたがえば，これだけでは近接項である兆しを構造化したに過ぎず，対象についての理解を構成しない．この近接項が，投射の働きによって情報の発信源である遠隔項に対応づけられた時に，初めて理解（包括的理解）が生み出される．また，この包括的理解の中では，近接項である表象は暗黙化されている（誰も自らの網膜上の状態について語ることはできない）．

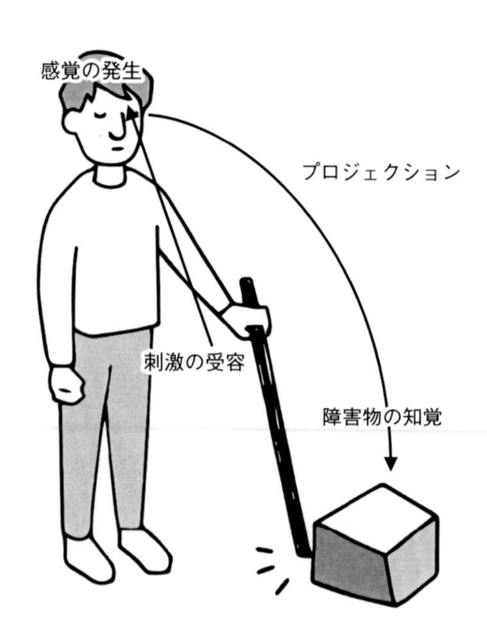

図 1.3 盲人の杖．手のひらに感じる近位項は暗黙化され，その先にある障害物のみが意識に上る．

ここで注意したいのは，近接項の発生源，意味 (referent) が遠隔項であるということから，近接項をトリビアルなものと考えてはならないということである．そもそもプロジェクションは近接項と遠隔項の間に生じるものであり，近接項抜きにプロジェクションを考えることはできないというのが一つの理由である．さらに，近接項は暗黙化されるとはいえ，私たちの体感レベルの理解を表現している．つまり何かを認識した時の感覚，感情などは，この近接項が担っているというのがもう一つの理由である．

もう一つ注意したいのは，投射されるものは直接知覚可能な情報に限られるわけではなく，推論の結果も含まれるということである．目の前にあるカップを認識する場合を考えてみよう．ここでのプロジェクションでは，その遠隔項は世界に実在する客観的な対象である．しかし，現実には見えていない，カップの裏側，底面はカップの認識の際に半ば自動的に推論される．こうした推論の結果もカップに投射される．さらに，カップの縁に口紅がついていれば，どこかの女性がそれを手にして飲んだことが推論されるが，そうしたことも遠隔項であるカップに投射される．

プロジェクションが物理的な情報に対応する表象だけを定位させるのではないと

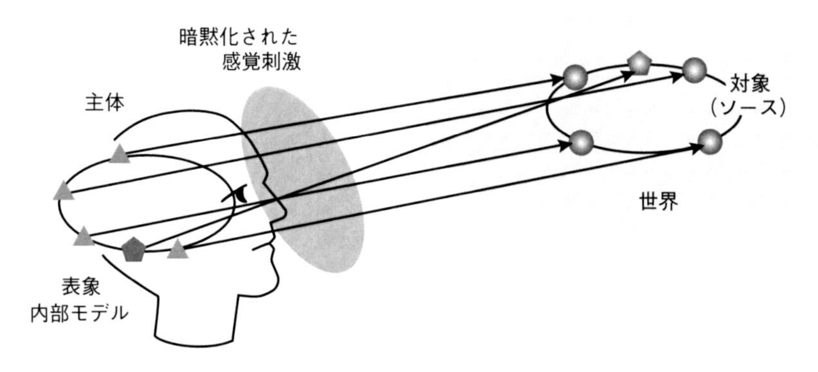

図 1.4 ポランニーの図式の現代的解釈：世界からの情報により，表象ができる．それは世界へと投射される．

いう上記の例は，一見すると不可解な，人固有の認識や行動を理解するために重要である．遺品が捨てられない，子供時代に買ってもらったぬいぐるみを大切にする，特定のブランド品の蒐集をするなどの行動 [5] は，物理情報に直接的に対応した表象（近接項）の投射を超えたものを含んでいる．すなわち，亡くなった人の思い出，それを用いた経験などの推論結果をも含む表象の内容が投射された結果生じる行動と考えられる（図 1.4 を参照）．

また仮想現実 (Virtual Reality, 以下 VR)，拡張現実 (Augmented Reality，以下 AR) で得られる没入感 [6,7] も，知覚はされるが実在しない環境を，自分を取り巻く環境へ，自己の身体とともに投射することと見なせる．たとえば VR 上のジェットコースターでの没入経験は，知覚的推論の結果を，自分を取り巻く実際の環境へと投射させた結果生み出されるものと見なせるだろう．さらに幻覚などもこの例と考えることができる．幻覚では，何らかの理由で生み出された近接項が，プロジェクション先として適当と判断された対象に投射された結果と考えることができる．

ポランニーに触発されたプロジェクションの概念は様々な拡がりを持つが，以下では認知科学が抱える根源的な二つの問題との関連を探ることにする．

1.2.2 実在と表象はどう関係づくのか

私たちは科学者であることを自認している．こうした人たちの多くは，科学的実在論と呼ばれる立場に立つことが多い．科学的実在論の立場に立つとは，戸田山によれば独立性テーゼと知識テーゼという二つの前提を認めることを意味する．独立性テーゼとは，世界はそれを認識する私たちとは独立に存在していることを示す．また知識テーゼとは，そうした世界を理解すること，解明することが可能であることを意味する [8].

どこまで科学が世界を解明できるのか，また認知科学が心をどこまで解明できるのか，その解明に到達点というものはあるのか，これらについては科学，到達点，解明の度合いなど，定義の難しい概念が含まれる．したがって，知識テーゼについては研究者の用いる方法論，そのコミュニティーの制約などによってかなりのばらつきがあると思われる．

一方，独立性テーゼについては，多くの研究者がそれを認めるのではないだろうか．我々がいようがいまいが，認識しようがしまいが，世界は存在していることを，認知科学を含め多くの科学者が認めている [2]．目を閉じれば何も見えなくなるが，だからといって目の前のものがその瞬間に消えてなくなるわけではない．

しかしながらこうした半ば当然の事柄は，認知科学が基盤としている表象という考えと一緒になった時にはパラドックスを生み出す．最初でも述べたように，伝統的な認知科学では入力情報（感覚刺激）に対して，計算を行い，出力（推論，行為等）するという枠組みで研究が進められることが多い．そしてこの過程で，処理主体の内部に表象＝内部モデルが出来上がるとされる．たとえば，何かを知覚するとは，網膜に届いた光刺激が視神経を通り，視覚処理を行う各部位に伝えられ，そこで様々な処理が施され，各部位の活性からなるネットワーク＝表象が構築されることとなる．これが視覚対象が「見える」ということである．また発話を理解するとは，鼓膜に届く音刺激を，音素に分解し，これらに音韻処理，統語処理，意味処理，状況処理を重ねて，発話の表す状況の表象＝状況モデルを内部に作り出すこととされる [3].

---

[2] 確かに社会構成主義のように，様々な事実や現象が社会的に構成されるものであり，もともと自然界の中に存在するものではないという立場もある．この立場の研究者は，科学者の活動を分析し，彼らが発見したり，解明したりする事実が，社会的なプロセスによって生み出され，再生産されていると主張している．言うまでもなく，本論は科学的実在論が正しいのか，社会構成主義が正しいのかに決着をつけるものではない．またどちらがマジョリティーなのかを決めることでもない．

[3] これらの意味での表象を必須のものと考えない立場は，認知科学以外では珍しくないし，認知科学内部においても表象を否定する立場は存在する．伝統的な立場では，表象は，外界を一定程度正確に映し，意識化可能であり，よって多くの場合言語化も可能であるとする．この意味での表象の存在は極めて疑わしい．一方，ここで述べる表象は，伝統的な哲学の考える表象ではない．ここでの表象は外界の物理的な情報を，内的なものによって代理したものとする，ある意味でミニマルな表象である．この意味での表象を否定することは難しい．なぜならば，脳や情報処理システム内の情報のあり方と，物理世界での情報のあり方が異なるからであり，また物理世界とは異なる認識（典型的には錯覚）が存在するからである [1].

さて，この立場に立つ研究が独立性テーゼを認めた場合に問題になることは，表象が世界とどう関わるのかという点である．表象は定義上，情報処理システム内部に出来上がるものである．だとすると，この表象は世界とどう結びつくのだろうか．またそもそも「表象」である限り，何かの代理物であるはずなのだが，その「何か」は世界の中にどうやって見つけられるのだろうか．たとえば，表象の考え方からすれば，何かが見える時には，それはシステム内部において見えるということになってしまう．しかし我々は頭の中に何かを見るわけではなく，外の世界に視覚対象を知覚する．メガネをかけた人の顔を見た時には，メガネや顔やその間の関係に関わる表象，神経細胞の発火パターンが確かに頭の中に出来るのだが，それは世界の中に位置づけられるのである．これはどのようにして可能なのだろうか．

これとよく似た問題に，中国語の部屋 [9]，記号接地問題 [10] がある．これらは情報処理システム内部にある記号として表現された対象が，世界の中でどうやってその参照物を見つけるかという問題である．Searle はこの難問は記号や表象が処理システム内部にあるとする仮定が誤っているために生じると述べ，人間の認知の理解にこれらは不要であるという答えを出している．また Harnad は，解決策を挙げず，これを問題として残したままにした．プロジェクションが扱う問題や現象の一部はこれらと同一である．ただプロジェクションされる対象は記号にとどまらない，より広い範囲の表象であるということ，また参照物が世界の中に客観的に存在する対象であるとは限らないという違いがある．

これが難問となるのは，認知科学を含めた心の科学が表象と世界を結びつけるプロジェクションの仕組みを検討してこなかったためであると考える．なぜ検討してこなかったのか，その理由の一つは，それがあまりにも当たり前であることに由来する．目の前のものは目の前にあるのであり，それはあまりに自明で問うまでもないと考えられてきたのではないだろうか．しかし実はプロジェクションは当たり前に行われるとは限らない．様々な実験的なテクニックにより，異常なプロジェクションを誘発することが可能である．また，日常生活においてもプロジェクションは歪みや異常を伴い，それが逆に人の生活を彩りもする．視覚科学が錯視を用いることで，「何かが見える」というこれまた当たり前過ぎる現象にアプローチしたように，プロジェクションの異常を素材とすることで，この「当たり前」問題を克服できる可能性がある．詳しくは 1.3 節で述べる．

プロジェクションの研究が行われてこなかった，もう一つの理由は，プロジェクションには物理経路が存在しないことに由来している．私たちはプロジェクタではないので，自分の眼から光線を出すことはできない．だとしたら，どうやって心の中にできたものを外の世界に運ぶことができるのだろうか．これについては，予測プロセス理論（予測誤差最小化理論）[11,12] と，受容と生成の知覚循環という概念を導入した検討を 1.5 節で行い，問題の克服を図る．

以上によってプロジェクションの仕組みが明らかになれば，脳，情報処理システムの内部に浮いたままになっていた表象は世界に存在する実在と対応づく．別の言葉で言えば，心と世界，心理と物理，記号とその参照物の間をつなぐことが可能になり，この問題は解消されるはずである．

1.2.3　ポスト身体性認知科学へ向けて

ここでは認知科学の歴史からプロジェクションの必要性について論じてみたい．概要は図 1.5 に示した通りである．

認知科学の歴史を振り返れば，1970 年代から 90 年代くらいまでは記号主義的認知科学の時代と呼べるだろう．この時代のメインストリームは，世界は対象とその属性，そして対象間の関係の束として表象されると考えられ，さらにそれらは感覚情報から切り離されたという意味で感覚独立 (amodal) であり，言語様 (language-like) の記号で表現可能とされた．

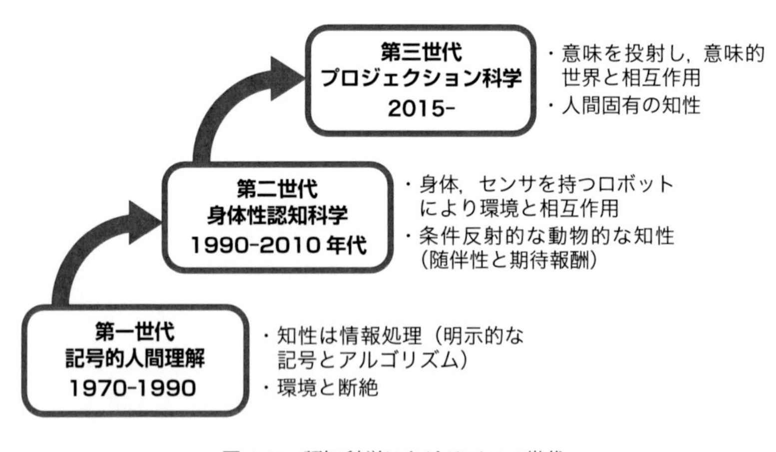

図 1.5　認知科学における三つの世代

しかし，こうしたアプローチの最大の問題は，意味の問題が扱えないということにある [10,13]．記号化されてしまえば，その後は統語的な，つまり記号の置き換え規則として処理が進むことになる．そこでは記号の意味論が全く考慮されることなく認知が行われる．たとえばコップを持ち，それが冷たいとする．これをコップや冷たさを表す感覚とは独立した感覚独立な記号 COLD で表現した時，冷たいコップが COLD という記号の中に存在するわけではない．そうした記号が実際の冷たいコップと結びつくためには，その記号の解釈者（典型的にはプログラマ）が別に必要になってしまう．こういう意味で，これは人間の認知のモデルとして不適切であるという指摘がなされている [14]．

またこのアプローチでは，感覚独立な記号として表現された情報に基づいて，行為が行われ，そこで環境と接することが暗黙の前提とされている．つまり，感覚独立な記号が形成され，それが身体になんらかの命令を下した結果，行為が実行され，環境が変化するという，一方向的な処理が前提とされている．しかし，行為，それを担う身体，そしてそれが実現される環境は，認知の過程と混じり合い，複雑な相互作用をすることが明らかになってきた [15–17]．加えて，そもそも感覚独立な記号の所在が脳科学的に捉えられないという問題もある [18]．

これらの問題点を克服するという第二の波が 1990 年前後あたりから現れる．それが身体性認知科学 (embodied cognitive science) である [19]．この立場では，記号的とされてきた認知過程に身体や環境が関与しているという従来との連続性を持つものから，記号と計算という枠組み自体を否定するものまで様々である [20,21]．共通点は，それまで単なる効果器として扱われてきた身体，入力情報源または行為の発現場所とのみ見なされてきた環境・状況，認知を妨害するものと見なされてきた感情が，認知の中に不可分な形で組み込まれていることを強調する点にある．これによって記号が身体と関連を持ち，それまで相互参照関係の中で堂々巡りをしていた記号の接地 (grounding) が明確になった．こうした展開は，認知がより柔軟性に富み，ダイナミックであることを明らかにするとともに，ロボティクス，神経科学との相互作用をより円滑なものとした．

確かに，認知を身体の状態と関連づけ，豊かな体感を生み出す身体性認知科学は重要な貢献をした．しかし，この枠組みの中でも，やはり表象は主体の中に閉じたままであり，世界との繋がり，実在との結びつきは未だ不問のままであると言わざるを得ない．豊かな感覚情報を伴った意味は体感として感じられるだけでなく，世界の中に実際に見えるのであり，我々はその知覚に基づいて行動する．たとえば，机に置かれた新鮮なリンゴは，視覚，嗅覚情報を提供し，それに基づいて他の様々な感覚（食べたときの味覚，手に取ったときの触感等）を呼び起こすが，脳内の感覚諸領野に形成されるという意味で，内部表象であることに変わりはない．一方，我々は「美味しそうなリンゴが机の上にある」という認識を生み出す．こうした認識にはプロジェクションという心の働きが不可欠である．

意識研究を先導してきたニコラス・ハンフリーは，感覚と知覚について次のような区別を行っている [22]．感覚とはある刺激を受け取った時に生じる主体の内部の状態である．一方，知覚とはその感覚を，それを生じさせたであろう世界内の事物に定位することである，この区別からすると，身体性認知科学は，それ以前の認知科学では扱えなかった感覚の機序を明らかにしたと言えるが，知覚についての言及はミニマムということになる．むろん知覚した世界に感じられる意味は，内的に生成された感覚なのだが，それを世界に位置づける仕組み＝プロジェクションに触れていないということである．

また身体性認知科学は行為，運動の重要性を強調する立場である．この立場からすれば，感覚は身体を用いた行為，運動により世界と結びついているという反論も可能であろう [23]．しかし行為を持ち出したとしても，行為が向けられる先が特定されていなければならないが，それはどのように特定できるのだろうか．つまりこの反論は重要な点をスキップしたものとなっている．行為の先の特定が可能になるためには，やはりプロジェクションを想定せざるをえないのだ．

より重要な問題点は，私たちが感覚を超えた人間固有の意味を作り出し，それを世界の中に知覚することが，身体性認知科学の枠組みではうまく説明できないことにある．私たちは，単なる記号や物体に，それらがもともと持っている性質には還元できない固有の社会的，文化的意味を付与し，それを知覚し，行動している．

1. 遺品や不用品が捨てられない [24]，
2. 有名人が使用したものに特別の価値を見出す [25]，
3. 実物ではないもの（写真やビデオ）で性的感情が起こる，
4. 不可視な神，およびその像や関連グッズを崇める [26]，
5. 文字の特定の配列に過ぎない文章に没入，熱中する [27]，
6. ドラマ，アニメの男性登場人物間に恋愛関係を読み取る [28, 29]，
7. スポーツなどに見られる熱狂した応援 [30]，

などはそれらの例となる．これらは身体を基盤とした感覚に基づいてはいるが，生

存，採餌，生殖などのいわゆる動物的な身体を超えた部分を含んでいると考えざるをえない[4]．上の1から4はいわゆるフェチシズムであるが，そこにはその使用者についてのエピソード記憶，それを破棄あるいは使用した時についての予測などが含まれ，それらがその物体に投射されている．つまり過去や未来を含み込んだものとして現在の認識が生じている．これらは「今」「ここ」に拘束された，動物的な身体をベースにした認知の結果と考えることは難しい．

また自己の感覚が自己とは異なるものや場所に感じられるラバーハンド錯覚 [32]，自己が身体から遊離する out-of-body experience [33, 34] などの不思議な現象が報告され，注目を集めている．これらはプロジェクションについて興味深い観点を提供する．これまでのプロジェクションの例では，主体の構成する表象・内部モデルを実在へと対応づけるプロジェクションの側面について論じてきた．しかし，上記の現象は実在である自己の身体を，自己とは異なるもの，あるいは仮想のもの，つまり表象へと投射する例と見なせるかもしれない．これは，読書における熱中・没入 [27]，VR/AR などにおける仮想空間への没入感 [35, 36]，さらには解離性障害 [37]，性同一性障害，LGBT などに見られる自己の身体への違和感の解明にもつながる可能性がある．これについては次節で詳しく取り上げる．

1.3 プロジェクションの基本フレームワーク

前節で述べてきたことはトリビアルに思えるかもしれない．このような感想は「目の前に見えるものが目の前にあるのは自明である」という信念に基づいていると思われる．しかし，こうした自明な信念が裏切られることは数多くある．本節では，始めにプロジェクションに関わる基本概念を解説し，その後プロジェクションの多様性を示す現象を整理する．

1.3.1 基本概念

外界からの情報を発する事物を「ソース」と呼ぶ．人や動物などの情報処理システムは，ソースが提供する情報を処理し，「表象（＝内部モデル）」を構成する．そしてこれを世界の特定の事物に投射する．このプロジェクション先を「ターゲット」

---

[4] 多くの動物が生存，採餌，生殖を超えた，「文化的」としか呼びようない行動をしていることが報告されている（たとえばドゥ・バールを参照されたい [31].）．したがって上記の行動が本当に人間固有かどうかはわからない部分も多い．だとしても，これはプロジェクションの意義を減じることには繋がらず，逆に動物におけるプロジェクションの研究の必要性を示している

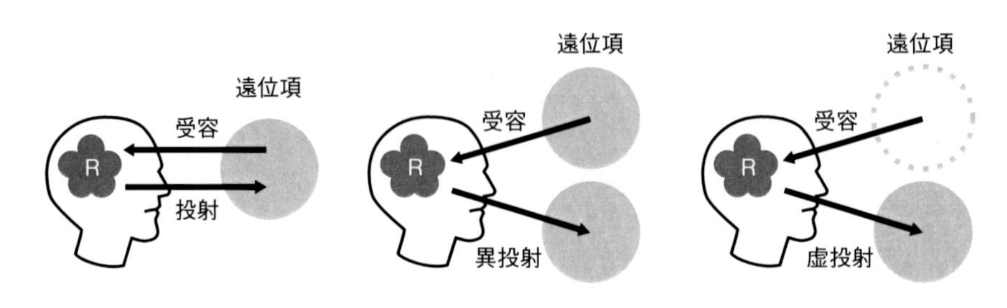

図 1.6　三つのタイプのプロジェクション．R は表象 (representation) を表す．

と呼ぶ．1.2 節で述べたポランニーの用語を使えば，ソースとターゲットは遠隔項であり，表象（内部モデル）は近接項と考えることもできる．

ソース，ターゲットの関係から，図 1.6 に示したような三つのタイプのプロジェクションが区別できる．

図の左側にある投射はターゲットが感覚・知覚自体を促した実在するソースである場合であり，典型的には通常の知覚である．目の前にあるものが目の前に見える，目覚まし時計が鳴り，それがそこにある目覚まし時計から聞こえるなどは，投射の例となる．

図の真ん中の異投射とは，ターゲットは実在する事物ではあるが，感覚・知覚を促したソースとは異なる場合である．典型的にはラバーハンド錯覚に見られるようなプロジェクションを指す．ラバーハンド錯覚では，ソースは自分の手であるが，ターゲットは偽の手となる．

図の右側の虚投射とは，ソースが存在しないのに，特定，あるいは不特定のターゲットに投射が行われる場合である．ここでは何らかの理由からシステム内に出来上がった表象が，それと関連すると人が判断する対象に投射されている．幻覚などがその典型となる．

以下，各々のタイプのプロジェクションについてのより詳しい説明を行うが，その前に 2 点補足する．異投射，虚投射という語に含まれる「異」は異常，「虚」は虚構，虚しいなどのネガティブな意味を持つ．しかし，これらの投射が負の価値を持つことを主張したいわけではまったくない．あくまで，異投射の異はソースとターゲットが “異なる” ことを指し，虚投射の虚はソースあるいはターゲットが “存在しない” ことを指している．そして，逆にこれらの投射が動物の世界とは異なる，人間固有の意味世界を作り出していることも明記しておきたい．

また，ソースが決まればそこから先の投射が，投射であるか，異投射であるか，虚投射であるかが一義的に決定すると述べているわけではないことに注意されたい．事前知識，その場の状況，目標により，同一のソースに対しての投射のタイプが変化することは十分にありうる．これについては 1.4 節において詳しく論じる．

1.3.2 投射

プロジェクション・サイエンスの主要なテーマの一つは，感覚とその定位に関わる心の働きである．プロジェクションを抜きにして視覚や聴覚などの遠感覚の働きを理解することはできないだろう．目の前にいる人物の視覚表象は情報処理システム内部に存在するが，その人はシステム内部に見えるのではなく，目の前に見える．また，鼓膜の振動として捉えられる，人の声の表象は，情報処理システム内部や内耳から聞こえるのではなく，それを発声した人からのものとして聞こえる．視覚や聴覚のような遠感覚においては，投射を実現する直接的な物理的回路は存在していない．にもかかわらず，我々は刺激から作り出された内的表象を投射し，世界の特定の位置に定位させることができるし，それに対する身体的運動を行うこともできる[5]．

前述したように，こうした現象はあまりに当たり前であること，またその認識が暗黙化されていることから，研究の方法を確立するのが難しい．しかし反転メガネを用いた研究（たとえば，積山を参照されたい [38]）のように投射を人工的に歪め，新たな投射の成立過程を詳細に分析することで，投射の基礎にあるメカニズムを特定できる可能性がある．また近年，安価に購入可能となったヘッドマウントディスプレイなどの装置を用いることで，ソース，ターゲットの空間的位置関係を多様に変化させることができる．これを用いることで投射のメカニズム，プロセスを探求できる可能性が飛躍的に高まると思われる．これは視覚科学が錯視を利用して飛躍的な発展を遂げたように，異投射を人為的に引き起こすことによって，通常の投射の成立条件の検討が可能となるからである．

また臨床的なアプローチもプロジェクションの解明にとって重要な意味を持つ．背側の視覚処理系の障害により，運動失行と呼ばれる現象が生み出される．この障害においては，対象の認識，カテゴリー化は健常者同様に行われる．しかし，それに対して適切な行為を行うことができない．中川は運動失行について，到達・把持の障害とその対象を用いた行為の障害が独立であること，また前者においては側性

[5] ただしここで定位が生じ，次に行為が行われると主張するわけではない．行為と定位は不可分の関係にあることは，本書の望月・鳥居・薬師神による章がそれを示唆している．

があることを指摘している [39]．これらの現象も，通常は当たり前に行われている投射がどのような神経機構に支えられているのかを探る糸口となるだろう．またレビー小体型認知症患者に頻繁に見られる，何もない空間に人の顔や姿を見てしまうパレイドリア現象 [40] も，プロジェクションの神経メカニズムの解明に貢献する可能性がある．

また道具使用による身体図式の変化も，プロジェクションの機構解明に有効であると考えられる．前述したように，盲人の杖においては，手のひらの感覚から作り上げられる表象は，手のひらではなく，杖の先の障害物に投射される．これらは一般に道具による身体の拡張と呼ばれ，その脳内基盤も明らかになっている [41]．ただし，こうした脳内の表象が，世界へとどのように対応づくかは，これからの課題となるだろう．

1.3.3 異投射

前節では，ソースとターゲットが一致するという意味で，比較的正確な投射が行われる場合について述べてきた．しかし人の投射がいつでも正確なものであるとは言えない．異投射とは，外界に存在するソースにより認知システム内に出来上がった表象が，ソースとは別の対象に投射されることを指す．

感覚，知覚における異投射

知覚はおおむね正確な投射が行われると述べたが，様々なテクニックより異投射を誘発させ，知覚的定位を狂わせることも可能である．たとえばこれまでにも述べたラバーハンド錯覚はこの典型となる．これについては，他にも興味深い現象が報告されている．皮膚電位などの生理指標をとった実験では，そもそもマネキンの手も必要ではなく，机と手に対する刺激でも異投射が起こることが示されている [42][6]．また，一度この錯覚が生じると，仮想の手に加えられた操作を自らの手で感じるという現象＝バックプロジェクションが起こることも示されている．たとえば，金谷と横澤の研究では，錯覚を生じさせた後に，偽の手にアイスキューブを乗せると，実際の手の方に冷たさを感じることが報告されている [44]．また，偽の手の指が動く

[6] Humphrey はこの結果をもとに，視覚表象の投射について，次のような興味深い仮説を提案している [43]．この錯覚は，自分の手に触覚的に感じている感覚が，視覚的に捉えられる，それと相関する事象（机へのタップ）が生起してる場所で生じていることを示している．だとすれば目（網膜）で視覚的に感じていることが，それと対応した事柄が生起している環境中のある場所で生じていると考えてもよいのではないか，というのがハンフリーの説明仮説である．これは卓越したアナロジーだが，もともとのラバーハンドにおける投射のメカニズムが特定されていない．

と自分の指を無意識のうちに動かすことも報告されている [45]. ここでは当初のラバーハンド錯覚とは逆方向の異投射が生じている. また本書の大住らの章にあるように, これを用いたリハビリテーションの可能性も検討されている.

さらにフルボディー・イリュージョンにおいては, 体全体の位置が実際とは異なる場所に定位されたりもする [33,34]. このフルボディー・イリュージョンは, 自己の境界を形作る身体の知覚、すなわち自己感の投射先＝ターゲットが, 簡単な仕掛けで変化するという意味で重要な意味を持つと思われる.

聴覚においてはステレオ聴における人の音源定位のメカニズムが研究されてきた. 一般に, 音源定位においては, 両耳に到達する音波の時間差, および音圧レベルの差が重要とされている. その一方, この定位メカニズムには, 視覚や注意がきわめて大きな役割を果たすことが知られている. 視覚刺激によって注意を誘導することにより, 音源の異投射が生じる. 典型的には腹話術効果 (ventriloquism effect) が挙げられる. ここでは, 音源が, 音と同期して与えられる視覚的な情報の位置に誤って定位されてしまう [46].

上記のような異投射においては, 視覚と触覚, 視覚と聴覚など複数の感覚が関与している. この意味において, 異投射のメカニズムの解明には多感覚知覚, 統合的認知 [47,48] の研究が大きな柱となる. おそらく, 2 つのモダリティからの情報が一致しない場合, 信頼性の高いモダリティの方向に知覚経験が引きずられるために, この種の異投射が生じるのだろう.

フェティシズム

こうした感覚, 知覚の心理過程とは大きく異なるが, フェティシズムのような心理現象も異投射の一形態と考えられる. フェティシズムは, 主にモノ（商品), 性, 宗教（神）の三つの分野に顕著に現れるとされる [26]. モノへの愛着においては, 長年使ってきた道具や, ある重要な経験の際に用いられた道具, 衣服などに生物性が付与され, 捨てることができなくなったり, 日常的にケアしたりする. こうしたことは, ブランドへの偏愛などへもつながる.

性的なフェティシズムは身体部位, 着衣などに対する激しい執着を表す. これは愛する人間に対して持つ表象が, その人物全体ではなく, その部分, あるいはその人が身につけるものに, 異投射されたためとみなすことができる. その結果, 当該の人物とは切り離され, 身体部位, 身体に接触していたモノ自体が独立して崇拝されることにつながる.

Bloomは，こうした現象の背後には本質主義が潜んでいるという．本質主義とは，直接に知覚はできないが，物事にはそれをそれたらしめる本質が存在している，という人間の信念，思考の傾向性である．ここでいう物事とは，商品などの物体，個人，社会集団（とその成員），国（とその成員），人間全体に及ぶ．またその本質は，もともとそれらが備えている場合もあるが，来歴や接触によって作り出されるものでもあるという．たとえば愛する人が作ってくれた誕生日のケーキは，その人がそれをわざわざ作ってくれたという来歴によって，新しい本質が付与され，ただのケーキではなくなる．その結果，プロの作ったより美味しいケーキと交換しようなどとは思わなくなる．また有名人が手にしたものには，オークションで破格の値段がつくことがある（たとえば，ケネディ大統領家にあった巻尺は約600万円，レディ・ガガの付け爪一つが約120万円で落札されたりする）．これはそのモノが有名人と接触したことにより，有名人の本質を宿すという，感染呪術 [49] が関係しているという [24].

こうした本質を投射することにより得られる知覚は，記号（誰が作ったか，誰が触れたか）をベースにした情報によるものである．その意味で，身体性とは異なるメカニズムで生み出されている可能性が高い．

人工物への異投射

人工物との相互作用の中でも異投射が生じる．メディア・イクェーション (media equation) 研究が明らかにしたように，我々人間は，ある程度まで自律的な反応をする人工物に対して，無意識的に「ヒト」性を異投射する．その結果，人工物に人格が付与されたり，その人工物との仲間意識が生まれたり，それらに対して権威を感じたり，礼儀正しくなったりする [50].

こうした人間の異投射を情報機器とのインタラクションにおいて積極的に活用しているのが，インタフェースにおけるエージェントの活用である．人が最も上手にインタラクションできるのは人に対してである．よって分かりにくいタスクの遂行において，それを支援する情報機器に「ヒト」性を持たせれば，利用者は円滑にその機器を操作できる可能性がある．HAI (Human-Agent Interaction) の分野では，こうした可能性の探求を続けてきた．山田は，目や腕などの身体パーツ，視線，動作，共同注意，インタラクションのタイミングなどが，異投射の誘発に与える影響などを検討している [51]．さらに小野らが始めたITACOプロジェクトでは，ある物理装置内のエージェントとの一定のインタラクションを行った後に，それが別の物理装置内に映し出されると，多くの人は元のエージェントが移動したかのように感じることが示されている [52]．さらにそのエージェントに対して，人間に対して抱くような愛着が生じることも報告されている [53]．エージェントへの異投射は，そのエージェント自体の自律的な運動，行為，それに対するユーザの心情をも含む場合があることを，これらの研究は示している．

仮想現実や拡張現実技術の発展により，現実世界を超えた様々な体験が可能になっている．このような状況では，知覚者が現実世界とは異なる世界に存在するような感覚を生み出すことができる．これらは自己の存在という最も基本的と思われる感覚が，容易に変化し，異投射が起こることを実証しているという意味できわめて興味深い．こうした装置の開発から，telepresence, spatial presence と呼ばれる領域の研究が多数行われ，その理論的な探求も始められている [36,54]．それらの研究では，仮想現実，拡張現実で生じていることが，通常の認知過程の働きとして理解できるという前提に立ち，特に身体性認知科学の様々な知見との融合の試みが行われている．

また，それほど高度な情報環境でなくても身体感覚の異投射が生じる．たとえばコンピュータ上でのシューティングゲーム，特にゲーム上のキャラクタの姿が一部（手や武器）しか現れない一人称シューティングゲーム (first-person shooting game) では，ゲーム上の敵からの攻撃があると，プレイヤーの身体がそれを避けるように動くことはよく知られている．ここではプレイヤーが，自らの身体を PC のスクリーンに投射している可能性がある．あるいは逆に，知覚されたキャラクタ，エージェント上に展開される仮想世界に身体の一部，およびそれを取り巻く環境が，自らの身体とその周辺の空間に逆投射されているのかもしれない．これらの可能性は，投射は主体からエージェントへの一方向なのではなく，その逆も含む双方向のプロセスであることを示唆する．

これら仮想的な環境，すなわち外的表象システムと自己の間に生じる異投射は，生理的な指標を用いた研究でも確認されている．渡邊と川合の実験では，自分の手の動きと同期する CG システム内での操作経験によって，CG 上への自己の投射が生じ，運動主体感，身体所有感の向上が見られ，それは交感神経系の生理指標にも現れることが示されている [55]．

1.3.4 虚投射

表象の元となるソースが，環境に具体的な形で存在しないにもかかわらず，投射が起こることもある．これを虚投射と呼ぶ．これの例として，典型的には，共感覚が挙げられる．盛んに研究がなされている色字共感覚では，黒い文字で印字されているものに色がついたと知覚され，それが字によって異なることが明らかにされている．また音に色を感じる色聴，味覚とは無関係な単語を見る，聞くことによって味覚が生じる場合もあることが報告されている [56]．これは色刺激が外界に存在していないのに，脳内で生み出された情報が投射され，それが知覚されるという虚投射のわかりやすい例となっている．

色字共感覚で興味深いのは，それがトップダウンのモジュレーションを受けているという事実である．浅野と横澤らが行なってきた漢字を用いた一連の研究では，漢字の形だけではなく，読み，意味などの学習によって形作られたものが，漢字に割り当てられる色に対して影響を持つことが示されている [57–59]．これは共感覚には生得的なものからのボトムアッププロセスだけではなく，これまでの経験をベースにした，トップダウンのプロジェクションのプロセスが関与している可能性を示している．

また臨床場面では，統合失調症における「幻覚（特に幻聴）」が考えられる．実際には自分の考えが音声化されて聞こえるのだが（考想化声），それが外部の特定の他者からの声とされるのは，ソースが認知システムの外部に存在しないという意味で虚投射と言えるだろう [60]．

発達過程にある子どもにも虚投射が見られる．一部の子どもにおいては，何もない空間に空想上の友達 (imaginary companion) を作り出し，対話を行ったりすることが報告されている [61]．これらはごっこ遊びと類似した部分を持つようにも思われる．しかしごっこ遊びにおいて，泥で作ったおにぎりを子どもは絶対に食べたりしない一方，想像上の友達は名前を持ち，一貫した性格で，子どもと対話を行ったりするという点で，両者には違いがあることも事実である [62]．

東日本大震災の被災地では，震災後に幽霊を見るという現象が数多く報告されている．奥野は，亡くなった身内の祖母が現れ，会話をしたり，遺品の携帯電話が故障しているのに突然動作したり，愛児のおもちゃが何もしないのに動き出したりなどの事例を報告している [63]．さらに，石巻市のタクシードライバーが幽霊を乗車させた例が，タクシーに残された実車記録とともに複数報告されている [64]．

極限下の環境（雪山や南極など）で長時間の活動を行うことにより，実際には存在しない人物＝サードマンが知覚されることも報告されている．これも虚投射の事例と考えられる．Geiger は変化の少ない環境において，極度のストレスや疲労が生じた場合に，こうした幻覚（＝虚投射）が現れやすくなると述べている．有名な例としては，最も偉大な登山家とも言われるラインホルト・メスナーは，ナンガ・パルバットという世界第9位の高さの山からの下山の途中で3人目の登山者が自分の右後方からついてきたことの報告が挙げられる．飛行機によって大西洋の単独無着陸横断を初めて果たしたチャールズ・リンドバーグは，離陸後20時間を経た頃に，空腹，渇き，睡魔に襲われていた中で，自分の周りを動き回る，輪郭だけの“同行者”たちに気づいたという [65].

宗教において，厳しい修行などが必要とされること，また教祖が帰神する際に極限状態を経験することが多い理由は，ここにあるのかもしれない．こうしたことから信仰も虚投射の一つと見なせるかもしれない．Bering は，宗教の起源について以下のように論じている．人は劇的なレベルで非日常的なことが生じると，それは何者かの意図の発現に基づくと考えがちである．その意図の所有者，実現者を実際には知覚できないが，意図の所有者は通常人間であるので，人間によく似た存在＝神を作り出すという [66]．これは，事象の説明，解釈の欲求、必要性から生み出された表象が，存在しないものへと投射された例として理解可能だろう．

また脳への直接的な刺激を与えて脳の状態を変化させることで，虚投射が生じることも報告されている．Blanke らの研究チームは，てんかん治療のために埋め込まれた電極を通して，左の側頭頭頂接合部 (TPJ) に刺激を与えることで，現実には存在しない人の気配を生み出すことが可能としている [67].

これまでの虚投射はソースは存在はしないが，ターゲットが明確に意識できるものであった．しかし別のタイプの虚投射もありえる．“雰囲気” や “気配” と呼ばれるものがそれである．ここではターゲットは明確な形をとったものではなく，身の回りの環境という漠然とした対象である．極限状況下での虚投射では，明確に人の姿を見るわけではないが，こうした気配の察知は頻繁に報告されている [65].

虚投射には物理的なソースが存在しないと述べたが，ソースが全く存在しないわけではない．初めに挙げた幻聴については，それが患者自身の内言（心の中でのつぶやき）である可能性が指摘されている．通常であれば自らの内言は自分へと投射されるが，この経路（前頭前野と聴覚連合野）になんらかの異常が生じ，正常な投射先を失った表象は外部の何か，誰かへと投射されることになる [60].

以上のことから，虚投射は次のような仕組みで起きていると考えられるかもしれない．ソース（入力源）が明確でない情報から，何らかの表象が生み出される．一般にこうした表象は投射ができない．通常ターゲットが見つからない場合，主体はそれが自分の推論，空想（あるいは空耳）と判断する．しかし，何らかの異常な脳内の回路，あるいは特殊な状況に置かれると，この判断が歪められる．たとえば，色字共感覚においては通常は起こらない部位の間に相互活性が起こるという [56]．また特殊な環境下においては，脱抑制が生じ，ふだんは抑制されている脳部位の活性が見られるという．その結果，投射先の探索が起きる．そのとき，投射先として適当なもの（共感覚における目の前の文字など）があればそれがターゲットとなり，そうでなければ非実在のもの（空想上の友達，霊，神など）がターゲットとなるのかもしれない．

ここで述べてきたことには，共感覚のような厳密な実験を通して得られたデータもあれば，ひとりの体験者の事後報告に基づくものもある．さらに，その体験の中にはサードマン，幽霊などのような一見オカルト風のものも含まれている．そうしたことから，これらの現象は科学の対象にならないと考える人もいるかもしれない．ただここで主張したいことは．これらの認識対象（幽霊やサードマン自体）の研究をすべきということではなく，そうした認識を生み出す心の仕組みを解明することは重要だ，ということである．つまり色字共感覚者が見る色が実際に印字されたもののどこかに存在するということ，実際に幽霊がどこかにいることの研究を勧めているのではなく，色や幽霊が見えてしまうプロジェクションの仕組みを明らかにすべき，ということである．

1.4 プロジェクションの身体的基盤

前節で見たように，人は外部からの物理的な情報を，内的に処理し（選択，結合，置換，統合)，それを外部世界にプロジェクションし，知覚を行う．だから，ヒトにとっての世界は意味に彩られたものとなる．以下では，投射され，知覚されるものが，内的にどのように作り出されるのかを論じる．

この問題を考える際の重要な指針は，身体性認知科学，特に Barsalou の知覚的シンボルシステム理論 (perceptual symbol system, [18])，その発展形である状況化された概念化論 (situated conceptualization, [68]) から得られる [69]．この理論は，経験は言語様の記号に置き換えられて保持され，特定の感覚に依存しないシンボルの集合体に置き換えられるという伝統的な見方を根底から否定し，経験はそれがなされた時の各モダリティーにおける神経の興奮状態である知覚的シンボルがなすネットワークであると考える（図 1.7 を参照)．たとえばリンゴは視覚情報や嗅覚

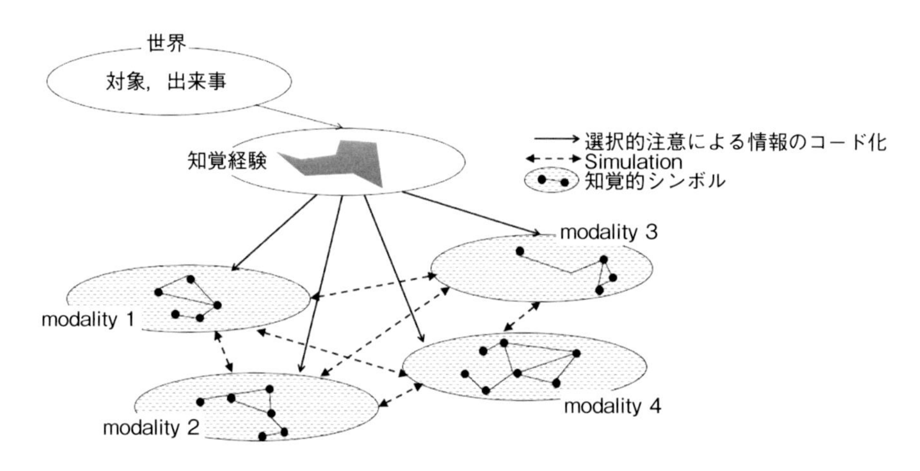

図 1.7　各感覚モダリティーの神経状態が simulation によって再活性化する．

情報を与え，それを手に取れば皮膚感覚，深部感覚を生み出す．さらに，それを食べれば，味覚，食感，聴覚に関わる様々な知覚的シンボルが生み出される．これらの知覚的シンボルはネットワークを形成し相互に結びつく．そして，同様の経験を通して，安定したネットワーク－シミュレータが作り出され，それがリンゴの概念となる．なおシミュレータは様々な知覚的シンボルを要約したものではないことに注意されたい．各々の感覚処理系の貯蔵庫に分散して貯蔵されている知覚的シンボルを相互に関係づけるリンク集のようなものとして働くと考えれば良い．

再認やカテゴリー化などの基本的な認識は，外部から得られる類似した部分的な情報から，元のネットワークを再活性化することとなる．この過程はシミュレーションと呼ばれている．シミュレーションにおいては必ず，それがなされる状況の要素（様々な感覚情報，ゴール，気分や感情など）が入り込む．この意味でシミュレーションは状況化されている (situated) とされる．また初期の知覚的シンボルシステム理論では主に五感に対応した知覚的シンボルが取り上げられることが多かったが，その後主体の内部状態（感情，自己受容感覚，内受容感覚）なども取り上げられ，これらの多様な知覚的シンボルのシミュレーションとして認識が捉えられている．Barsalou は，こうした理論の拡張を通して，知覚，行為，学習，作動記憶，概念的処理，言語処理など様々な分野で得られた知見を再解釈している [68]．

この理論をプロジェクションの観点から敷衍する．ヒトが状況を知覚するときには，その場の情報だけでなく，過去に経験し，貯蔵されている感覚情報，気分，身体状態なども同時に活性化され，いわば体感レベルの理解が生み出される．これが我々が生活している，意味に彩られた世界を知覚するベースとなる．前述した遺品や愛用してきたぬいぐるみに対する特別な思いや感情を，記号的に構成された知覚や概念から説明することは難しい．一方，知覚的シンボルシステムに基づけば，これらの物体の知覚はそれにまつわる様々な経験がもたらす神経状態を活性し，シミュレーションにより結びつける．その中には，エピソード記憶，そのときの感情なども含まれており，単に物体の再認を超えた，意味に彩られた経験が生み出される．

この理論の持つ意義は何点もある．一つはこれまでに何度も繰り返してきたように，体感，クオリアレベルの心的状態を，この理論によって説明できるという点である．一方で，記号はその解釈者がいない限り，こうした体感，クオリアの感覚を説明できない．二つ目は，シミュレーションがこれまでの認知科学で議論されてきた「推論」というものを再現可能だという点にある．私たちが受け取る知覚情報はごくわずかである．物体，例えばマグカップをある角度から見た時に得られる情報には，その背面，底面の情報は含まれないかもしれない．しかしそうした情報は推論によって補填されている．シミュレーションが行うのは，まさにこの推論と同等のものと考えられる．三つ目は，シミュレーションのネットワークの複雑さを考慮することにより，動物には見られない，人固有の認知の姿が明らかにされることである．動物もむろんプロジェクションを行う．でなければエサにありつけないし，敵から逃げることもできないし，パートナーを見つけることもできない．こうした生存，生殖に関わるネットワークが働くことで，動物たちはその生を営むことができる．しかし人間の場合は，社会，文化的なものに起因するものもシミュレーションの構成要素となるため，生物学由来のプロジェクションを超えたプロジェクションを行う．物理的，生物学的な観点からすればさしたる意味を持たない文字（列），写真や絵，物体などと関わることで喚起される経験の背後には，こうした豊かな知覚的シンボルのネットワークが生み出すものなのだろう．

ただしこれだけでは特定状況下の心的状態は再現できるが，それが世界とどう関わるのかを説明することはできない．ある特定の対象，たとえば犬に対して，とても可愛らしくそばに寄って撫でてあげたいと考えるだけでなく，そうした犬が目の前に存在すること，あるいは親しい故人の愛用した茶碗に特別な感情を抱くだけでなく，そうした感情を引き起こす茶碗が目の前にあること，これらの問題が説明できないからである．つまり，身体性認知科学だけでは，このような自明の事実を説明できないのである．Barsalou が言う感覚のネットワークを世界へと結びつける仕組みがなければ，身体感覚は脳の中で浮遊するだけとなるのだ．

1.5　プロジェクションのメカニズム

これまでにもなんども述べたが，プロジェクションの問題を難しくするのは，それに物理経路が存在しないという事実である．外界からの刺激の受容から処理までは，物理的，生理的な基盤が存在する．視覚で言えば，受容されるのは電磁波の一種である光であり，その後の処理は脳内の各部位が担当する．しかしながら，プロジェクションは我々から世界へ向けてのプロセスである．しかしそうは言っても，人はプロジェクタではないので，目から光線を発するわけではない．だとすると，前節で述べたシミュレーションを通した豊かな表象はいかにして世界の中に知覚されるのだろうか．本節ではそのメカニズムについて論じる．なお，メカニズムと言っても，あくまで現時点におけるメカニズムの「候補」という意味であることに注意されたい．

この難問解決の候補を考える際に，大森荘蔵が述べる「重ね描き」は大きな意味を持つ．大森はその独自の「立ち現れ一元論」の立場から，重ね描きについて，赤メガネをかけた状況を想定して次のように述べている [70].

> *「赤メガネが赤く見えるということはすなわち，それに重なって透視的に見える風景が赤く見えるということに他ならないのだから．そしてその赤く染まった（たとえば）白紙は「実物」である．同じ一つの実物がメガネをはずした状況で「透視」されれば白く見え，赤メガネを「透して」みれば赤く見える．（中略）同一の「実物」が異なる前景を「透かして」みれば異なって見える，それだけのことである．」*（大森，1982, p. 135）

そしてこれに続けて，

> *「脳に異常が生じ，それが透明でなくなるとき，それを「透かして」見る外部風景に変化が生じることは赤メガネの場合と全く同様，「すなわち」の関係によってである．もはや透明でない脳という前景，それはすなわち，透明な前景の姿とは異なった遠景が見えるということなのである」*（大森，1982, p. 136）

と述べる．大森はこれを通して，知覚が脳，表象を原因とする因果的な関係にあるのではなく，論理的な関係にあるのだと主張する．

言うまでもなく，大森は表象を認めないどころか，主観–客観の区別を否定すると

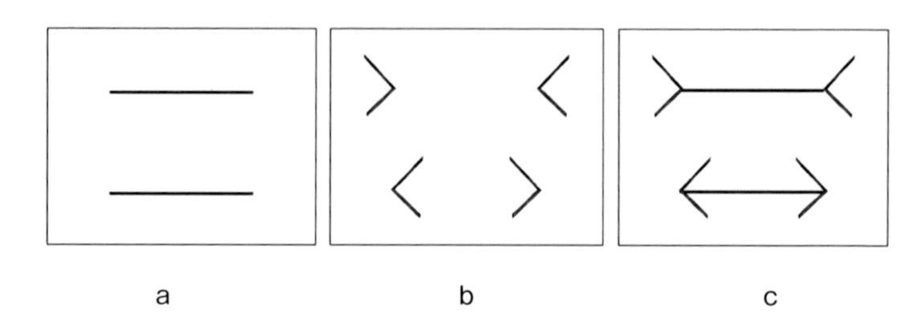

図 1.8 a に b を重ね描きすることにより，a にはなかった性質が c に生み出される．

いう立場から論を進めており，本稿のような物理世界と心理的世界（表象）を分けて考える立場の対極に位置する．またある別の部分では「投射などと意味不明の言葉を口走る羽目になる」とまで述べている（「新視覚新論」，p. 136．傍点は筆者）．

ただし，二つの世界を一体化するという意味では，大森と本稿は問題意識を共有している．大森は主客が一体化していることを世界，人の在り方として存在論的に描き出した．一方，本稿はそれを認識論的に描き出すことを目指している．

さて，その立場からプロジェクションのメカニズムを考えると，1.3 節で述べた様々な知覚，認識は，重ね描きをするフィルタを作り出した結果生み出されていると見なすことができよう．図 1.8a に示したように，2 本の同じ長さの水平線を描いてみる．その上に，透明なセロファンに書いた図 1.8b を重ねてみる．すると図 1.8c の形が現れる．この重ね合わせによって，初めにはなかった両矢印のような形を生み出される．また二つの線分の見かけ上の長さが変化する．つまり何かを重ね合わせることにより，別の属性が生み出されたり，属性の値が変化したりする．これによって，重ね合せる前とは異なるものが知覚される．

このような仕組みで，前節で述べたシミュレーションによって作り出された豊かな表象が重ね描きされるとは考えられないだろうか．つまり，シミュレーションは意味のフィルタ（図 1.8b）のような働きをし，図 1.8c のような知覚風景を生み出している．そして，重ね描きされたものとして世界を知覚することで，世界が意味に彩られるとは考えられないだろうか．場合によっては何かが隠されることもあるだろうが，これは選択的注意と考えることもできる．これらによって物理的状態と心的状態が重ね合わされた，意味に彩られた世界の知覚が得られるのではないだろうか．

たとえば，うなぎの蒲焼の視覚情報を得ると，それを食べた時の知覚的シンボル（香ばしさ，柔らかな食感，旨味など）が活性化し，シミュレーションを行う．そしてそれらがうなぎに重ね描きされることで，美味しそうで，かぶりつきたくなるう

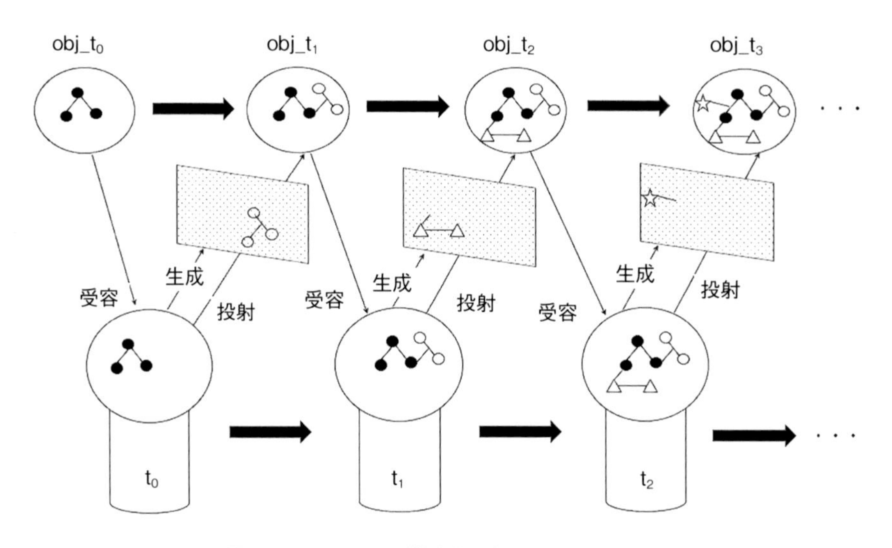

図 1.9 フィルタの漸次的更新による認識の変容

なぎの蒲焼が知覚される．また，ラバーハンド錯覚では，自分の手に感じる感覚の上に，偽の手に加えられた視覚が重ね描きされる．これによって，視覚的な像の方にずれた知覚が生み出される．遺品，形見なども同様の仕組みが働いているように思われる．それらを知覚することにより，亡くなった人に関わる知覚的シンボルが活性化し，その人の姿，声，自分との関わりに関するエピソード，感情などがシミュレーションによって活性化する．これらが遺品に重ね描きされると，単なる物体に過ぎないものが特別な価値を持つようになる．そして捨てることなどは考えられなくなる．

以上のことを別の言い方をすれば，重ね描きにおいては，物理的刺激からボトムアップに得られる情報と，これまでの経験から作り出されるトップダウンな情報が統合されて知覚が成立する，ということになる．これは Helmholtz が述べた，無意識的推論として知覚を捉える立場と部分的に同じである．違いは，推論結果が知覚なのではなく，推論と知覚が共存するという点だけである．

ここで注意すべき点は，こうした重ね描きによる知覚はサイクルを為す循環的過程ということである．図 1.9 に示したように，あるフィルタが重ね描きされることにより，いくつかの情報が付け加わり，新たなシミュレーションが生じる．こうした世界を知覚することで，また新たなシミュレーションが行われ，それがフィルタとして重ね描きされ，新たな知覚が生み出される．こうした循環の過程が知覚なのではないだろうか．

上記の仮説のもう一つだいじなことは，知覚は脳内にその像を作らないということである．情報処理システム，脳が作り出すのはフィルタなのであり，知覚像，あるいは実在のコピーのようなものではないということが，以上の考察から導かれる．これは直接実在論への接近という意味で，多くの知覚研究からの反論を受けるかもしれない．

この重ね合わされるフィルタは，ある種のトップダウンの予測と捉えることもできる．この点から言えば，ここでの提案の多くは「予測誤差最小化」という枠組み [11,12,71] で捉えられるかもしれない．この枠組みでは，人間は世界についての仮説（事前確率）を元にして，その時に生み出される感覚情報を仮説的に生成し，その情報と実際の情報との誤差が最小になるようなモデルを構築・選択する．これらを階層化したモデルは，知覚がボトムアップな過程だけでなく，生成を含むトップダウンな過程でもあること，またそれが絶えず循環する過程であることなどから，この節で述べてきたことと一致している．その意味で，予測誤差最小化というアプローチは，プロジェクションの計算メカニズムとして有望かもしれない．実際，この理論を通してラバーハンド錯覚のモデルを構築する試みも行われている [72,73]．

予測誤差最小化モデルでは，外部から得られる情報と予測との誤差が大きな役割を果たす．ただし外部から得られる情報にはノイズが乗っている可能性も高い．もし誤差が大きくても，ノイズが一定以上含まれていれば，誤差の修正はしないほうが良い．そこで，このモデルでは外部の情報の信頼度 (precision estimate) に関する情報が組込まれる．これは虚投射が生じるメカニズムと関連する可能性がある．もし，この信頼度がとても低く設定してあれば，シミュレーションによってトップダウンに作り出された仮説が修正を受ける可能性は低くなり，幻覚や幽霊のような存在が作り出されるとも考えられる [74][7]．

1.6　まとめと可能な反論

本節では，まずこれまでに論じてきたことを簡単にまとめる．次に，プロジェクションに対する反論を述べ，これに再反論を行う．ただし，これはプロジェクションという概念が必要か，必要でないかということに限定する．というのも，プロジェク

[7] ただし統合失調症においては，自己の運動主体感 (agency) の感覚が弱い [75]，あるいは結論への性急な飛躍をしてしまうなどの特徴もあり [76]，これらの知見との融合が必要である．

ションの概念は新しいものであり，この概念を前提として行われた実証的な研究はきわめて少ない．よって本稿で述べてきた，プロジェクションの分類や，プロジェクションの立場からの説明は暫定的なものであり，今後の研究によって変化したり，修正されたり，あるいは排除されるかもしれないからである．

1.6.1　まとめ

本稿では，内的表象を，世界の中に位置づける心の働き＝プロジェクションという新しい概念を提起した．1.2 節では，まずこの概念の必要性をマイケル・ポランニーの暗黙的認識の議論から説き起こし，それが世界と心を結びつけるという古来の難問にアプローチするために重要であること，そしてそれを通して身体性認知科学の次の世代の認知科学を切り開く可能性を論じた．次に 1.3 節では，基本語彙を定義し，それに基づいて遍在するプロジェクションを投射，異投射，虚投射の三つに分類した．1.4 節では，投射される内的表象について，Barsalou の知覚的シンボルシステムの考え方から解説を行った．1.5 節では，大森の重ね描きをベースにして，意味世界と物理世界がどう結びつくかを論じ，これと予測プロセス理論の関係について論じてきた．

述べられなかったことは数多くある．中でも自己，身体とプロジェクションの関係は特に興味深い．自己と身体は通常は一体化しているが，プロジェクションによって分離することもある．これはラバーハンド錯覚，フルボディー錯覚，脳への刺激による幽体離脱のような実験的な誘発もあるが，解離性障害，他人の腕症候群，コタール症候群のような臨床例もある．これらとプロジェクションの関係については嶋田の近著が大変に参考になる [77].

またプロジェクションの共有，社会化も重要な研究テーマであるが，本稿ではほとんどそれについて述べることがなかった．様々な社会制度（政治体制，法律，貨幣，宗教等々）は，ある意味で全てプロジェクションが社会的に共有された結果と考えられる．本書の久保の章は，この先駆けとなるものであるが，この探求をさらに広げていく必要がある．

1.6.2　可能な反論

独我論的反論

プロジェクションに対する一つの反論として，そもそも主体を取り巻く環境の表象が存在しており，特定の事物の表象は，その表象の中に位置づくだけである．よってプロジェクションという仕組みを考える必要はない，というものがある．実際，場所細胞，グリッド細胞など，環境のマップの神経相関が見つかっている [78,79]．投射はここへ行われると考えれば良いと考える立場もあるかもしれない．

しかし，これは 1.2.2 節で述べた独立性テーゼを否定する独我論的な立場である．独我論が本当に成立しないのかについては，複雑な議論が存在する．とはいえ，この立場に立つと，全てが表象の内部，脳の内部で進行していることとなる．つまり表象の内部のコーヒーを表象上の手で取り，またその中のコーヒー表象を，表象的に飲み，表象的に癒されることが認められるのだろうか．こうした立場は，原理的には可能かもしれないが，映画のマトリックス的な解釈であり，世界の存在を否定することにつながると言えよう．また場所細胞，グリッド細胞の存在は，プロジェクションが不要ということには繋がらない．なぜならば，プロジェクションを考えない限り，こうしたもの自体と世界との対応が未解明のままとなるからである．

身体論的反論

もう一つの反論として，身体に注目したものが挙げられる．これはプロジェクションは身体の機能の一部であり，独立してとらえる必要はない，というものである．身体は主体の一部であるとともに，観察可能な物理的対象でもある．こうした両義性を兼ね備えたものを行使することで，心は世界とつながる可能性がある [80]．たとえば，目の前のコップは「右手で届く」，階段は「足を上げて登る」というように，身体およびそれが行う行為との関係で存在している．こうした考え方は Gibson のアフォーダンスとも親和性が高いと考えられる [81]．

しかし，こうした考え方で 1.3 節で述べた様々なプロジェクションの仕組みが解明できるかといえば，そうとは言えないだろう．自分の体が到達できる範囲内の空間については，確かに身体による行為を通したプロジェクションが可能であるのかもしれない．しかし体が到底到達できないような遠くにあるものには，身体をベースにした投射は難しい．たとえば，遠くに見える山並みはどのような身体や行為のあり方から説明されるのだろうか．また異投射，虚投射において見られた，フェティシズム，幻覚などは，その根源が身体反応にあるとしても，それがその場のどのような身体行為と結びつくのだろうか．よって身体と行為を持ち出すことで，プロジェクションの問題が解決するとは現時点では思えない．

もう一つ重要な再反論もしたい．身体性認知科学は，ヒト以外の動物との連続線上にひとを位置づけることに大きな役割を果たした．ヒトはむろん生物であり，虫やサル同様運動，行為を行い，自らの生を営んでいる．強化学習などという動物一般に見られるようなシンプルなメカニズムは，多くの人間行動をも説明する．

しかし一方で，ヒトはそれ以外の生き物にはまず見られない特異な性質をも数多く持っている．それは言葉を話し，文字でそれを表し，大事なことや感動を伝えることであったりもするし，熱エネルギーを運動エネルギーに変換する原理を知り，それを実現する装置を開発し，数百トンの重量の物体を打ち上げ，別の惑星に到達したりもする．一方で言葉や文字により根拠なき信念を他者に植えつけ，差別，戦争を引き起こさせたり，紙幣と呼ばれる紙片のために傷害や殺人を犯させたりもする．他にもある．また神の発明は多くの人に福音を与えてきた一方，その神を信じない人たちに途轍もない不幸をもたらしもした．こうした行為は，その基盤が身体にあるにしても，身体を持ち出せば片付けられる話ではないだろう．ここでは，シンボルを実在であるかのごとくに，つまりある対象に物理的な意味を超えた，あるいは生存，生殖の意味を超えた意味をプロジェクションによって生み出す心の働きを仮定せざるを得ないのではないだろうか．

直接実在論からの反論

呉羽らは直接実在論を擁護する立場から，プロジェクションが哲学的には廃れてきている間接実在論の系統に属するものであるとして批判を行う [82]．確かにプロジェクションの考え方は，表象という媒介を通して世界を経験するという意味では間接的な部分を持っているが，少なくとも哲学で言う間接実在論ではない．呉羽らによれば，哲学上の間接実在論は知覚は脳を含めた情報処理システム内部に出来上がる表象媒体を「知覚する」ことであるとされる．もし間接実在論がそうだとすれば，プロジェクション科学も含めた現代の心の科学を探求する研究者の中に，間接実在論者はほぼ皆無ではないだろうか．この立場は，出来上がった表象を見る頭の中の小人を必要とするものであり，それが存在しないことはほぼ確実だからである．

また呉羽らは直接実在論の中で志向説を取り上げ，その可能性を論じている．志向説では，表象媒体（脳）と表象内容を区別し，知覚を含めた人の経験はその媒体によって表象された心的表象を「持つ」こととされる．これは間接実在論とは逆に，多くの認知科学者，脳科学者が持っている見解そのものである．そういう状態を持つこと自体が，知覚，認識，理解であるということに反対する人を見つけることは困難だろう．これは認知科学の教養レベルの話である [1].

ただし，志向説とプロジェクションの考え方はここからが大きく異なる．志向説で表象媒体とは区別された表象内容について，呉羽らは「ある種の抽象的な対象であり，世界の中の具体的な位置をしめるものではない」と述べる．論理的な可能性としてこれを認めるのにやぶさかではないが，この考えでいけば，どこにも存在していないものを表象するという奇妙な事態に陥ることになるし，「真正な知覚」などという議論自体が成立しなくなる．

プロジェクションは，表象の内容はどこにもない，抽象的な何かとは考えず，世界，あるいは心的表象によって修飾された世界であると考える．そしてそれが可能になるための心の仕組みをプロジェクションと呼んでいる．別の言い方をすれば，呉羽らのような実体のないものを内容とする表象という奇妙な仮定を回避するための仕組みがプロジェクションなのである．

1.7　プロジェクション・サイエンスの構築に向けて

筆者は確かにプロジェクションという概念を最初に提唱した人間である．しかし，言うまでもないが，教祖ではない．これまでに述べてきたことは，筆者の現時点での見解であり，プロジェクションを考えるときのたたき台に過ぎない．出来るだけ少ないことを望むが，不十分な部分，誤りを含む部分もあるだろう．こうした部分を克服し，より整合的で，包括的な枠組みを作り出さねばならない．

そこで最後の節となる本節では，プロジェクション・サイエンスについて考えてみたい．プロジェクションは生理，心理，社会現象である一方，プロジェクション・サイエンスとはプロジェクションが関与する現象を扱う諸領域の研究者のコミュニティーを指す．プロジェクションに関係する学問分野，社会現象はきわめて多様である．各分野でそれぞれ独自に研究されてきた現象をプロジェクションを核にして結びつけ，人間の全体像を明らかにするのがプロジェクション・サイエンスの目的である．以下では関連する諸分野とその役割，課題について簡単に述べることにする．

1.7.1　認知科学

プロジェクションは知覚，身体，行為などの幅広い認知現象に関わっている．よってこれらの研究を重ねてきた認知科学との連携は必須である．本稿では，ソースとターゲットとの関係から，投射，異投射，虚投射という区分を行なった．ただし，これは暫定的なものであることに注意する必要がある．同じ異投射でもラバーハンド錯覚でのプロジェクションとフェティシズムにおけるプロジェクションが同じかどうかは厳密に検討する必要がある．虚投射で述べた色字共感覚とサードマンが同じプロジェクションなのかも同様である．

このためにはプロジェクションのメカニズムとその神経基盤の解明が重要だろう．メカニズムについては，1.5 節で述べた，重ね描きの実態，それと予測符号化との関係の解明は重要である．一方，その神経基盤を確立することも急務である．たとえば幽体離脱やサードマンの発生には，側頭–頭頂接合部 (TPJ) が重要なのかもしれない．一方，Bretas らは，身体マップを超えて，世界の中の身体マップを形成するためにはプロジェクションが必要であることを指摘し，その基幹部位が二次体性感覚野 (S2) である可能性を指摘している [83]．これらの知見と整合的になるように，現象をタイプ分けする必要がある．

その上でプロジェクションの発生を調整する要因を特定し，それらを整理する必要がある．これについては後述する VR/AR はきわめて大きな可能性を与えてくれる．これらの技術を用いることで，プロジェクションをコントロールすることが可能になるからである．すでに民生品となり，安価になった VR/AR 機器を利用することで，この課題を解決していくことが期待できる．

1.7.2 進化，発達科学

プロジェクションの発生，進化，発達も今後の重要なテーマとなる．動物たちは得られた知覚をベースにして，それを世界に投射することで，捕食者から逃れ，採餌を行い，パートナーを見つけたはずである．こうしたことを考えれば，プロジェクションは動物の進化のきわめて初期に現れたと考えられる．1.3.4 節で述べたような，人間固有とも思えるプロジェクションも，これは動物たちの獲得したメカニズムを受け継いだものなのかもしれない．一方，1.3.3 節で述べたようなフェティシズムや本質主義は，動物には存在しないか，きわめて稀にしか観察されない．そういう意味では，別のプロジェクションのメカニズムが人に備わった可能性も十分にありうる．現時点で，これらについての明確な議論を行うことはできない．今後プロジェクションの観点からの動物行動の再分析，乳児や幼児におけるプロジェクションの発現，その変化についての研究を進めることで，この問題へのアプローチが可能になると思われる．

本書で外山が指摘するように，発達についてもまた興味深い話題が山積している．内在的正義，死後の世界，伝染・汚染，宗教などは，人固有のプロジェクションである．こうした社会的なフィルターが，どのようにして形成されていくのかは，人固有の心性を探るためには必須の課題となるだろう．また 1.3.4 節で述べた，想像上の友達などのように，幼児期に固有に現れる虚投射も存在する．この形成と消失も興味深いテーマとなるだろう．

1.7.3　情報科学

VR/AR などは，プロジェクションの解明にとってきわめて重要な役割を果たすと考えられる．プロジェクションは未解明な部分が多く，あらかじめ全てを計画して演繹的に研究を行うことは現時点では難しい．このような場合には，プロジェクションをしてしまう，それを誘発するシステムがまずあり，その特性を精査するという，構成論的アプローチが必要となる．本書の鳴海の章にあるように，すでに数多くの優れたアプリケーション，作品が作り出されている [84]．こうしたシステムの上での人の認知，行動を調べることは有力な戦略だろう．

また，HAI やユビキタス・コンピューティングを考える際にもプロジェクションは重要な役割を果たすと考えられる．現在，インテリジェント・アシスタントと呼ばれるものは，その場限りの単なる道具に過ぎないケースが多い．本書で小野が指摘するように，愛着を持ち，自分のパートナーとして機能してくれるエージェントの開発には，それに対してユーザが行うプロジェクションの質を高めることが必須であるように思われる．これはまたこれからの高齢化社会，少子化社会をより良いものにするためにも重要である．

1.7.4　社会科学

1.3 節に示したように異投射，虚投射は，ブランドと密接な関係がある．人件費のかからない国で生産されたものが，あるブランドのマークをつけただけで，同じ工場で同様に生産されたものよりも格段の価値があると認識される．そしてそのマークがあることで，同じようなものへの見方が変わる．これはまさにブランドのロゴから生じる脳内ネットワークのプロジェクションの結果である．これらの分野との共同はほとんど実現していないが，ブランド創出，ブランド育成などと密接に絡んでおり，今後の共同が期待される．

また宗教や神への信仰心も大きなターゲットになる可能性がある．1.3 節で述べたように神はそのソースを知覚できない場合がほとんどであるので，虚投射の一種であると言える．ただし，投射先のターゲットも多くの場合は不可視であり，その意味で特殊なタイプの虚投射と言える．これが単なる空想と異なるのは，ある不思議な現象，説明できない現象が現前し，それが神の御技として知覚されているという点にある．本書で久保が指摘するように，これはある意味でのアブダクションの結果の知覚の可能性が高い．この分野での認知研究は始まったばかりであるが，今後の発展が期待される．

1.7.5 教育

現在，教育・学習が表層的なレベルにとどまり，深い理解を生み出していないことは繰り返し報告されている（近年では [85]）．1.2 節において，理解には近接項（ソース）と遠隔項（ターゲット）の間の投射が必要であることをポランニーの言葉を借りて述べた．この観点からすると，表層的な学習とは，理解がソースのレベルの受容にとどまり，投射が行われていない状態を指すことがわかる [86]．

学習者にいかにしてプロジェクションを行わせるかは簡単な問題ではない．ただ近年研究が進む共感，没入感を伴った読解 [87–89] などの研究が盛んに行われるようになった．これらの知見をもとに，投射を伴う深いレベルの読解を目指す教育のプログラムの開発が期待できる．また数学や統計学における図やグラフの利用も投射の一形態であると考えられ，これらの教育にも貢献できる可能性がある．

1.7.6 臨床科学

プロジェクションは臨床諸科学との関連性も深い．本稿でも多少触れたが，統合失調症，解離性障害などは精神医学の世界で膨大な数の研究報告がなされている．これらにはプロジェクションの異常という見方が可能であるように思われる．通常はプロジェクションの働きにより自己は自己の身体と一致している．しかし何らかの機序により，自己の行為が他者の行為へとプロジェクションされることが幻聴，幻視などを生み出すとも考えられるし，自己が自分以外の何かへ投射されるのが解離性障害であるとも考えられる．これらは現時点では筆者の妄想（プロジェクションのプロジェクション）かもしれないが，検討する価値はあるだろう．

また本書の大住らのバックプロジェクションを利用したリハビリテーションへの応用は，プロジェクションの社会的展開として大変に興味深い．またカウンセリング場面での三島の取り組みは，プロジェクションにより現前しない他者を作り出し，さらにその他者へと自己をプロジェクションさせることで，新たな自己，他者理解を生み出す可能性を示唆している [90]．これは通常は無意識的になされるプロジェクションを，主体が意図的にコントロールするという意味で理論的にも興味深い論点を含んでいる.

以上のような展開のためには，コアとなる認知科学，認知神経科学に加えて，情報工学（VR/AR，ロボティクス，AI 等），経営学，宗教社会学，文化人類学，教育心理学，教育工学，精神医学，臨床心理学など，幅広い分野の研究者の協働が必要である.

1.7.7　謝辞

本研究の一部は，青山学院大学総合研究所「投射の科学」ユニットの研究の一環として実施された．また原稿の作成にあたり，小田切史士さん（青山学院大学大学院）の協力を得た.

参考文献

[1] 鈴木宏昭 (2016).『教養としての認知科学』. 東京大学出版会.

[2] 鈴木宏昭 (2018). プロジェクション科学から見る AI と人の知性. 心理学ワールド, **80**, 21–22.

[3] 鈴木宏昭 (2016). プロジェクション科学の展望. 日本認知科学会第 33 回大会発表論文集, pp. 20–25.

[4] M. Polanyi (1967). *The Tacit Dimension. Routledge and Kegan Paul*, London.（高橋勇夫（訳）(2003).『暗黙知の次元』筑摩書房）.

[5] 田中雅一（編）(2014).『越境するモノ』（フェティシズム研究第 2 巻）. 京都大学学術出版会.

[6] G. Riva, J. A. Waterworth, and D. Murray, editors (2015). *Interacting with Presence: HCI and the senseof Presence in Computer Mediated Environments.* Walter de Gruyter.

[7] 舘暲，佐藤誠，廣瀬通孝 (2010)，日本バーチャルリアリティ学会.『バーチャルリアリティ学』. コロナ社.

[8] 戸田山和久 (2005).『科学哲学の冒険』. NHK 出版.

[9] J. R. Searle (1980). Minds, brains, and programs. *Behavioral and Brain, Sciences*, **3**, 417–457.

[10] S. Harnad (1990). The symbol grounding problem. *Physica D: Nonlinear Phenomena*, **42**, 335–346.

[11] K. Friston (2009). The free-energy principle: A rough guide to the brain? *Trends in Cognitive Science*, **13**, 293–301.

[12] T. Metzinger and W. Wiese (2017). *Philosophy and predictive processing.* Frankfurt, Germany.

[13] J. R. Searle (1984). Minds, Brains, and Science. BBC.（土屋俊（訳）(1993).『心・脳・科学』岩波書店）.

[14] L. Steels (2008). The symbol grounding problem has been solved, so what's next? In M. de Vaga, A. M.Glenberg, and A. C. Graesser, editors, Symbols and Embodiment: Debates on Meainig and Cognition.Oxford University Press, Oxford, UK.

[15] S. Blakeslee and M. Blakeslee (2007). *The Body Has a Mind of Its Own: How Body*

Maps in your BrainHelp You Do (Almost) Everything Better. Random House, New York.（小松淳子（訳）(2009).『脳の中の身体地図：ボディマップのおかげでたいていのことがうまくいくわけ』インターシフト）.

[16] A. Clark (1999). *Being There: Putting Brain, Body, and World Together Again.* MIT Press, Cambridge, MA.（池上高志・森本元太郎（訳）(2012).『現れる存在—脳と身体と世界の再統合』NTT 出版）.

[17] A. Clark (2003). *Natural-Born Cyborgs: Minds, Technologies, and the Future of Human Intelligence.* Oxford University Press, Oxford, UK.（呉羽真（訳）(2015).『生まれながらのサイボーグ：心・テクノロジー・知能の未来（現代哲学への招待 Great Works』春秋社）.

[18] L. W. Barsalou (1999). Perceptual symbol system. *Behavioral and Brain Sciences*, **22**, 577–660.

[19] F. Varela, E. Thompson, and E. Rosch (1991). *The Embodied Mind: Cognitive Science and Human Expe-rience.* MIT Press, Cambridge, MA.（田中靖夫（訳）(2001).『身体化された心：仏教思想からのエナクティブアプローチ』工作舎）.

[20] T. Gomila and P. Calvo (2008). Directions for an embodied cognitive science: Toward an integrated ap-proach. In P. Calvo and T. Gomila, editors, *Handbook of Cognitive Science: An Embodied Approach.* Elsevier, Cambridge, UK.

[21] M. Wilson (2002). Six views of embodied cognition. *Psychonomic Bulletin & Review*, **9**, 625–636.

[22] N. Humphrey (2006). *Seeing Red: A Study in Consciousness.* Harvard University Press, Cambridge, MA.（柴田裕之（訳）(2006)『赤を見る：感覚の進化と意識の存在理由』, 紀伊国屋書店）.

[23] K. A. Engel, K. J. Friston, and D. Kragic, editors (2015). *The Pragmatic Turn: Toward Action-Oriented Views in Cognitive Science.* The MIT Press, Cambridge, MA.

[24] P. Bloom (2011). *How Pleasure Works: The New science of Why We Like What We Like.* Vintage Books, London.（小松淳子 (2012).『喜びはどれほど深い：心の根源にあるもの』インターシフト）.

[25] G. E. Newman, G. Diesendruck, and P. Bloom (2011). Celebrity contagion and the value of objects. *Journal of Consumer Research*, **38**(2), 215–218.

[26] 田中雅一（編）(2009).『フェティシズム論の系譜と展望』（フェティシズム研究）. 京都大学学術出版会.

[27] 布山美慕, 日高昇平 (2018). 読者の熱中に伴う仮想の変化：仮想の特徴づけとして. 認知科学, **25**, 188–199.

[28] 岡部大介 (2008). 腐女子のアイデンティティ・ゲーム：アイデンティティの可視/不可視をめぐって. 認知科学, **15**, 671–681.

[29] 久保（川合）南海子 (2017). 腐女子の「女子」ジレンマ. 日本認知科学会第 33 回大会発表論文集, 148–152.

[30] S. Shimada and R. Abe (2009). Modulation of the motor area activity during observation of a competitive game. *NeuroReport*, **20**(11), 979–983.

[31] F. B. M. de Waal (2001). *The Ape And the Sushi Master: Cultural Reections of a Primatologist.* Basic Books, New York.（西田利貞・藤井留美（訳）(2002)『サルとすし職

人—「文化」と動物の行動』，原書房）.

[32] M. Botvinick and J. Cohen (1998). Rubber hands feel touch that eyes see. *Nature*, **391**, 756.

[33] H. H. Ehrsson (2007). The experimental induction of out-of-body experiences. *Science*, **317**, 1048.

[34] B. Lenggenhager, T. Tadi, T. Metzinger, and O. Blanke (2007). Video ergo sum: Manipulating bodily self-consciousness. *Science*, **317**(5841), 1096–1099.

[35] 鳴海拓志 (2019). ゴーストエンジニアリング：身体変容による認知拡張の活用に向けて．認知科学，**26**, (1), 14–29.

[36] J. Waterworth and E. Waterworth (2015). Altered, expanded and distributed embodiment: The three stages of interactive presence. In G. Riva, J. A. Waterworth, and D. Murray, editors, *Interacting with Presence: HCI and the sense of Presence in Computer Mediated Environments.* Walter de Gruyter.

[37] 柴山雅俊 (2007). 『解離性障害—「うしろに誰かいる」の精神病理』．筑摩書房.

[38] 積山薫 (1997). 『身体表象と空間認知』．ナカニシヤ出版.

[39] 中川賀嗣 (2010). 臨床失行症学．高次脳機能研究，**30**, 10–18.

[40] M. Uchiyama, Y. Nishio, K. Yokoi, K. Hirayama, T. Imamura, T. Shimomura, and E. Mori (2012). Parei dolias: Complex visual illusions in dementia with lewy bodies. *Brain*, **135**, 2458–246.

[41] A. Iriki, M. Tanaka, and Y. Iwamura (1996). Coding of modified body schema during tool use by macaque postcentral neurons. *Neuroreport*, **7**, 2325–2330.

[42] K. C. Armel and V. S. Ramachandran (2003). Projecting sensations to external objects: Evidence from skin conductance response. *Proceedings of the Royal Society London B*, **270**, 1499–1506.

[43] N. Humphrey (2012). *Soul Dust: The Magic of Consciousness.* Princeton University Press, New York.（柴田裕之（訳）(2012).『ソウルダスト：〈意識〉という魅惑の幻想』．紀伊国屋書店）.

[44] S. Kanaya, Y. Matsushima, and K. Yokosawa (2012). Does seeing ice really feel cold? visual-thermal interaction under an illusory body-ownership. *PLoS ONE*, **7**(11), e47293.

[45] S. Shibuya, S. Unenaka, T. Zama, S. Shimada, and Y. Ohki (2018). Spontaneous imitative movements induced by an ilulsory embodied fake hand. *Neuropsychologia*, **111**, 77–84.

[46] P. Bertelson and G. Aschersleben (1998). Automatic visual bias of perceived auditory location. *Psychonomic Bulletin & Review*, **5**, 482–489.

[47] 横澤一彦 (2014). 統合的認知．認知科学，**21**, 295–303.

[48] 横澤一彦（編）(2017). 『つじつまを合わせたがる脳』．岩波書店.

[49] フレーザー J. G (1951).『金枝篇』．岩波書店.（初版は 1890 年）.

[50] B. Reeves and C. Nass (1996). *Media Equation: How People Treat Computers, Televisions, and New Media Like Real People and Places.* CSLI Publications, Stanford, CA.（細馬宏通（訳）(2001).『人はなぜコンピューターを人間として扱うか.「メディアの等式」の心理学』翔泳社）.

[51] 山田誠二（編）(2007). 『人とロボットの〈間〉をデザインする』．東京電気大学出版局.

[52] 小野哲雄 (2007).「憑依」するエージェント：ITACO プロジェクトの展開. 山田誠二（編),『人とロボットの〈間〉をデザインする』, 第 3 章, pp. 69–87. 東京電気大学出版局.
[53] 小野哲雄 (2016). プロジェクション・サイエンス」の視点からの認知的メカニズムのモデル論的理解. 日本認知科学会第 33 回大会発表論文集, pp. 26–30.
[54] A. Haans and W. A. Ijsselsteijn (2012). Embodiment and telepresence: Toward a comprehensive theoretical framework. *Interacting with Computers*, **24**, 211–218.
[55] 渡邊翔太, 川合伸幸 (2016). 自己身体と操作対象の身体図式の一致はより強い運動主体感・身体所有感を喚起する. 日本認知科学会第 33 回大会発表論文集, 31–40.
[56] R. E. Cytowic and D. Eagleman (2009). *Wednesday is Indigo Blue*: *Discovering the Brain of Synesthesia.*MIT Press, Cambridge, MA.（山下篤子（訳）(2010).『脳の中の万華鏡：共感覚のめくるめく世界』. 河出書房新社）.
[57] M. Asano and K. Yokosawa (2011). Synesthetic colors are elicited by sound quality in japanese synesthetes. *Consciousness and Cognition*, **20** (4), 1816–1823.
[58] M. Asano and K. Yokosawa (2012). Synesthetic colors for japanese late acquired graphemes. *Consciousness and Cognition*, **21**(2), 983–993.
[59] M. Asano, S. Takahashi, T. Tsushiro, and K. Yokosawa (2019). Synaesthetic colour associations for japanese kanji characters: from the perspective of grapheme learning. *Philosophical Transactions of the Royal Society B*, **374**(1787), 20180349.
[60] C. D. Frith, A. Lawrence, and D. Wienberger (1996). The role of the prefrontal cortex in self-consciousness:A case of auditory hallucination. *Philosophical Transaction of the Royal Society B*, **351**, 1505–1512.
[61] 森口佑介 (2014).『おさなごころを科学する：進化する乳幼児観』. 新曜社.
[62] 田中彰吾 (2019). ふり遊びとプロジェクション. 日本認知科学会第 35 回大会発表論文集, 148–152.
[63] 奥野修司 (2017).『魂でもいいから，そばにいて：3・11 後の霊体験を聞く』. 新潮社.
[64] 工藤優花 (2016). 死者たちが通う街：タクシードライバーの幽霊現象. 金菱清（ゼミナール）(編),『呼び覚まされる霊性の震災学：3・11 生と死の狭間で』. 新曜社.
[65] J. Geiger (2009). The Third Man Factor: The Secret to Survival in Extreme Environments. Penguin.（伊豆原弓（訳）(2010).『サードマン：奇跡の生還を導く人』. 新潮社).
[66] J. Bering (2011). *The Belief Instinct*: *The Psychology of Souls, Destiny, and the Meaning of Life.* W. W. Norton, New York.（鈴木光太郎（訳）(2012).『ヒトはなぜ神を信じるのか：信仰する本能』. 化学同人).
[67] S. Arzy, M Seeck, L. Spinelli, S Ortigue, and O. Blanke (2006). Induction of an illusory shadow person. *Philosophical Transaction of the Royal Society B*, **443**, 287.
[68] L. W. Barsalou (2009). Simulation, situated conceputualization, and prediction. *Philosophical Transactions of Royal Society B*, **364**, 1281–1289.
[69] 鈴木宏昭 (2016). 実体ベースの概念からプロセスベースの概念へ. 人工知能学会誌, **31**(1), 52–58.
[70] 大森荘蔵 (1982).『新視覚新論』. 東京大学出版会.
[71] A. Clark (2013). What comes next?: Predictive brains, situated agents, and the future of cognitive science. *Behavioral and Brain Sciences*, **36**, 1–73.
[72] 嶋田総太郎 (2017). プロジェクション科学の射程：ラバーハンド錯覚とミラーシステム. 日

本認知科学会第 33 回大会発表論文集，pp. 137–138.
[73] 横山裕樹，岡田浩之 (2018). プロジェクション現象を記述する生成モデルの提案．2018 年度人工知能学会全国大会.
[74] J. Hohwy (2013). The Predictive Mind. Oxford University Press, Oxford, UK.
[75] S. Gallagher (2005). How the Body Shapes the Mind. Oxford University Press, New York.
[76] P. A. Garety and D. Hemsley (1997). *Delusions: The Psychology of Delusional Reasoning.* Psychology Press.（丹野義彦（監訳）(2006).『妄想はどのようにして立ち上がるか』. ミネルヴァ書房）.
[77] 嶋田総太郎 (2019).『脳のなかの自己と他者：身体性・社会性の認知脳科学と哲学』（越境する認知科学 1）．共立出版.
[78] T. Hafting, M. Fyhn, S. Molden, M. B. Moser, and E. I. Moser (2005). Microstructure of a spatial map in the entorhinal cortex. *Nature*, **436** (7052), 801–806.
[79] J. O'Keefe and L. Nadel (1978). The hippocampus as a cognitive map. Oxford University Press, New York.
[80] M. Merleau-Ponty (1969). *Phénoménologie de la perception*, Vol. 194. Gallimard, Paris.（竹内芳郎・小木貞孝（訳）(1974).『知覚の現象学』. みすず書房）.
[81] J. J. Gibson (1979). *The Ecological Approaches to Visual Perception.* Houghton Mifflin Company, Boston, MA.（古崎敬他（訳）(1985).『生態学的視覚論』. サイエンス社）.
[82] 呉羽真，小草奏，藤川直也 (2019). 知覚はプロジェクションか？：認知科学者のための知覚の哲学入門. 日本認知科学会第 36 回大会発表論文集, 19–28.
[83] R. V. Bretas, M. Taoka, H. Suzuki, and A. Iriki (2020). Secondary somatosensory cortex of primates:Beyond body maps, toward conscious self-in-the-world maps. Experimental Brain Research, pp. 1–14.
[84] 稲見昌彦 (2016).『スーパーヒューマン誕生!: 人間は SF を超える』. NHK 出版.
[85] 新井紀子 (2018).『AI vs. 教科書が読めないこどもたち』. 東洋経済新報社.
[86] 鈴木宏昭 (2017). 教育ごっこを超える可能性はあるのか？：身体化されたちの可能性を求めて．大学教育学会誌，**39**, 12–16.
[87] 布山美慕, 日高昇平 (2018). 読者時の身体情報による熱中度変化の記述．認知科学, **23**, 135–152.
[88] H. Komeda, H. Kosaka, T. Fujioka, M. Jung, and H. Okazawa (2019). Do individuals with autism spectrum disorders help other people with autism spectrum disorders? an investigation of empathy and helping motivation in adults with autism spectrum disorder. *Frontiers in psychiatry*, **10**, 376.
[89] 小山内秀和，古見文一，北島美花，近藤千恵子，所歩美，米田英嗣，楠見孝 (2019). 物語への没入体験と社会的能力の向上の関連：成人と児童の比較 1．認知科学，**26**(1), p 108–120.
[90] 三島瑞穂 (2019). 検査者不在の相互主体的な関係上での投影法．認知科学，**26**(1), 152–167.

2章
ポスト身体性認知としての プロジェクション概念

田中彰吾

2.1 身体性認知とは何だったのか

この章では「ポスト身体性認知」という言葉を用いる．「〜の後に」を意味する「ポスト (post-)」という接頭辞を「身体性認知」に付けた造語で，意図するところは明確である．身体性認知のアプローチはそれ以前の認知科学に対して新たな貢献をなしたが，既存の研究には限界もある．そこで，現状の身体性認知の研究が行き詰まったあとに来たるべきアプローチを考察したいということである．また，その種の新しいアプローチがあるとすれば，そこでは「プロジェクション」という概念がひとつの鍵を握っているとの見通しを筆者は持っている．本書が追求するプロジェクション・サイエンスも，問題設定のしかたによっては，身体性認知科学以降の新たな認知科学のひとつの流れを作るものになるかもしれない．本章では，順を追ってこのことについて考察してみたい．

そもそも，身体性認知 (embodied cognition) とは，世界についての認知がエージェントの身体性に依存する，という考え方を指す (Wilson & Foglia, 2015) [1]．簡潔な例を一つあげてみよう．ヒトとウマでは，顔の形状が大きく異なる．ヒトの眼球は，平板な顔の前側についているのに対し，ウマの眼球は長く突出した鼻を挟むようにして顔の両側についている．当然のことながら，ヒトの両眼視野はおよそ200度の広がりしかないのに対して，ウマでは350度に広がっている．つまり，ヒトとウマでは「眼球の配置」という身体構造が異なり，それに依存して視覚的に認知できる世界のあり方も大きく違っている，ということである．

この事例のように，身体構造と知覚の関係に着目すれば，エージェントの認知がその身体性に依存するということは自明に見える．ただし，身体性認知という場合の「認知」は知覚だけを意味しないし，「身体性」もまた身体構造だけを意味するわけではない．1990年代以降，F・ヴァレラとともに身体性認知を牽引してきた哲学者E・トンプソンは，身体性認知アプローチの特徴を次のように簡潔に要約している．

> *身体化されたアプローチの中心的な考えは，認知とは，状況に立脚した身体的行為におけるたくみな方法知 (know-how) の実践である，ということにある* (Thompson, 2007, p. 11) [2].

トンプソンによると，身体性はたんにエージェントの身体の形態や構造を意味するのではない．エージェントが環境の中で遂行するたくみな行為の実践こそ，身体性の核心である．したがって，たくみな行為を支える方法についての知 (know-how) は，身体性認知では重要な位置づけを持つことになる．

関連する実験を一つ紹介することで，この点について説明を補足しておこう．かつてヘルドとハイン (1963) [3] は，視知覚を題材にして次のような実験を行なっている．筒状の装置の中に二匹のネコを吊るし，一匹は自足歩行可能な状態で，もう一匹は木箱の中に全身を入れて受動運動しか経験できない状態で，視覚刺激を与える（図 2.1）．二匹は同じ母親から生まれたネコで，一定の運動能力が身につくまで光のない暗所で飼育されている．したがって，装置の壁面に反射する光が生まれて初めて受容する視覚的刺激である．実験では，生後 8 週～12 週までの 10 組のネコが比較された．

この状態で視知覚を学習させたところ，(a) 視覚に誘導された足の配置（胴体を持って床に近づけていくときに着地準備のために脚を動かす動作），(b) 視覚的崖の回避（床下が見える透明なガラスの通路の前で立ち止まる），(c) 接近する対象への瞬き反応（実験者が手を顔面に向かって近づけると瞬きして反応する），いずれのテストでも，受動運動のみで飼育されたネコは，適切に反応することがな

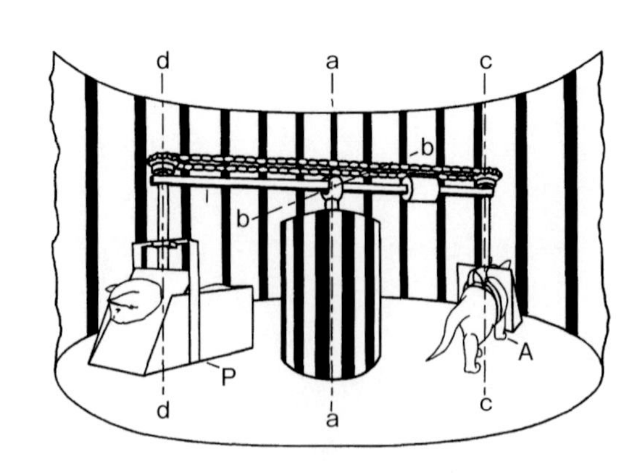

図 **2.1** ヘルドとハインによる視覚実験

かった．

テストの結果が意味するところは明白だろう．(a)〜(c) いずれの課題でも，問われているのは奥行きの認知である．自足歩行を経験できたネコは，歩行することに関連づけて環境の見え方が一定の規則とともに変動することを学習している．みずから歩行すると，視野の中で同一色の対象がより広い面積を占めたり，逆により狭い面積を占めたりする経験が生じる．この関連づけが，自己身体が対象へと近づく，対象から遠ざかるという運動経験の意味を構成するのである．(c) のテスト結果がわかりやすいが，運動経験のないネコにとっては，近づいてくる実験者の手は，視野の中で肌色の占める面積が平板に広がっていく事態としてのみ経験され，「対象が近づいてくる」という意味を持っていないだろう．だから，対象と衝突しないよう目を閉じるという瞬き反応を示さないのである．

だとすると，エージェントが経験する奥行きの知覚は，環境内を自律的に動き回り，対象との距離を調整する身体的な能力に由来することになる．トンプソンは，エージェントの認知がたくみな方法知の実践であると指摘していた．ヘルドとハインの実験は歩行するという運動スキルに依存して視知覚が大きく異なることを示唆しているが，これと同様に，エージェントの身体に備わる無数のスキルが，認知をさまざまに変化させるのである．身体性認知のアプローチにおいて「エージェントの認知が身体性に依存する」と主張される場合，そこでの身体性は，身体の形態，構造，素材などに加えて，身体的行為，行為を支える種々のスキルまでを含むのである．

2.2　身体性認知を支える仮説

歴史的に見ると，身体性認知は，M・メルロ＝ポンティ (1945) の知覚の哲学 [4] や J・ギブソン (1979) の生態心理学 [5] など，行為との関係で知覚を理解し直そうとする研究を源流としつつ，1990 年代初頭に F・ヴァレラらの『身体化された心 (The Embodied Mind)』とともに確立された (Varela, Thompson & Rosch, 1991) [6]．トンプソンの定義が示しているとおり，身体性認知は行為から認知をとらえなおそうとする指向が強いアプローチである．この点は，ヴァレラらが身体性を強調する自分たちの方法を「エナクティヴ・アプローチ (enactive approach)」と呼んでいることにも表れている．身体性認知にとって，エージェントの認知は，具体的な行為 (action) を通じて成立する (enact) ものなのである．

L・シャピロ (2011) は，これまでに展開されたさまざまな研究を概観し，身体性認知科学が大別して次の三つの仮説のうちの一つ，または複数を扱う研究を展開してきたと指摘している [7]．それは，(1) 概念化，(2) 置換，(3) 構成の三つである．これら三つは，外界の表象の内的計算過程として認知をとらえる伝統的な認知主義に代わる観点をそれぞれの仮説において保持している．ここで簡単に検討しておこう．

2.2.1　概念化仮説 (conceptualization hypothesis)

身体に備わる属性によって，有機体が世界を理解するしかた（世界についての概念）が制約されるという仮説．この仮説の先駆としてあげられるのは，レイコフとジョンソン (1980, 1999) [8,9] が展開した認知意味論である．彼らによると，ヒトが言語を用いて意味あるしかたで世界を理解したり思考を展開したりできることの根底には，言語使用に不可欠にともなうメタファーの機能がある．しかも，それらのメタファーのうち最も基本的なものは，もともと言語の規則それ自体に由来するのではなく，感覚運動的経験に由来する．身体が環境との間で経験する相互作用には，知覚と行為に含まれる一定の基本的なパターンないし型がある．「内–外」「近い–遠い」「前–後」「方向」「力」「バランス」などはそうした型の代表的なものである．

これらは，言語表現をみずから組み立てたり理解したりする際の基礎的な型である「イメージ図式 (image schema)」として機能し，言語を意味あるものとして用いつつ世界を認知することを可能にする．たとえば，「家の前にイヌがいる」という一文とともに自分の知覚経験を言語化する場合，家とイヌの空間的関係を示す「前に」は客観的に実在するわけではない．自己身体を基準にして決まる「前–後」を家とイヌの空間的関係へと置き換えることで成立している．これだけではない．イメージ図式は物理的次元から心理的次元へと投射されることで，あらゆる隠喩表現の意味を支えている．たとえば「前向きに生きる」という表現は，身体行為の可能性がより豊かに開けている「前」という空間での経験のパターンが心理的次元に投射されることで，「人生の可能性がより豊かに開ける方向に向かいつつあることを信じて生きる」，という言葉の意味を構成しているのである．

環境との身体化された相互作用を出発点として言語的な情報処理をとらえることの一つの利点は，記号接地問題 (Harnad, 1990) [10] を回避できることにある．ヒトが使用する言語的な記号の意味は，世界についての感覚運動的経験に起源を持つ．環境と相互作用する際の知覚と行為の経験から，異なるモダリティを横断して生じるパターンが見出され，それがより高度に構造化された隠喩的な言語の意味を支えている．抽象的な言語の使用ももともとは現実世界における知覚および行為と連続したもので，世界にグラウンディングしているのである．逆に，記号を意味あるものとして利用できる認知システムは，記号と世界を媒介する身体と，その身体が具体的な環境の中に埋め込まれている (embedded) ことを必要とする．

2.2.2 置換仮説 (replacement hypothesis)

世界についての表象の計算過程として認知を理解する従来の方法を，別の説明原理によって置き換えようとする仮説．この仮説の代表例がダイナミカルシステム理論である．周知のとおり，個々の要素に還元できない有機的なまとまりをもつ全体を「システム」と呼び，そのうち，時間の経過とともに一定の変化を示すものを「ダイナミカルシステム」と呼ぶ．身体性認知は，エージェントの身体が具体的な行為を介して環境と相互作用する過程に認知の重要な局面を見出す．したがって，身体とそれを取り巻く環境をダイナミカルシステムととらえ，その全体が時間の経過とともに展開する様子を説明するアプローチがここでは採用されることになる．

認知科学においてよく言及されるのはハーケン，ケルソー，ブンツによる HKB モデルである (Haken, Kelso & Bunz, 1985) [11]．彼らは，両手の人差し指をメトロノームに合わせて左右に振る実験を行い，そこで見出された結果をモデル化した．参加者は，比較的ゆっくりしたテンポであれば両手の指を同時に左右に振ることができるが（逆位相の動作），テンポを早くしていくと両手の指は同時に中央で接近するような動き方に変化する（同位相の動作）．つまり，環境条件であるメトロノームのテンポに応じて身体部位の協調が異なったパターンで組織化され，システムがそちらに向かって誘導される状態（アトラクター）が二つ存在するということである．

ダイナミカルシステム理論が提供するこの種のモデルは，エージェントの内的過程をとくに説明していない．むしろ，環境によく適合する行為がどのように自己組織化されて生じているかを力学的に説明する原理になっている．これは見方を変えていうと，エージェントが適応的にふるまおうとして内的に行なっている計算（たとえば行為手順の構想や意図の発動など）が，同時に「身体–環境」というシステムとして実現されていること，または，そうしたシステムの一部に組み込まれて初めて十分に機能することを示唆する．したがって，身体性認知の立場では，行為の設計者としての脳を，より包括的な「脳–身体–環境」というシステムの一部として理解する傾向が強い (Noë, 2008; Thompson, 2007) [2,12]．同様の観点に立つフックス (2018) [13] は，行為を設計するトップダウンの司令塔としてではなく，環境のなかで適応的にふるまう身体の活動を，ボトムアップ・トップダウンの双方向から循環的に制御する調整器官として脳を理解することを試みている．

2.2.3　構成仮説 (constitution hypothesis)

身体および環境は，認知過程に対する外的要因として影響を与えるのではなく，認知を構成する積極的な役割を果たしているという仮説がある．この点を説明する際，ウィルソン (2004) が著作で提示した図（図 2.2）がしばしば引用される [14]. 一般に認知主義の立場では，外界から刺激を受け取ったあとで生じる内的な計算過程として認知がとらえられている．だが，認知が現実に進んでいく過程は必ずしも内的なものとは限らず，身体，道具，環境の一部を巻き込むことで成立している．ウィルソンが例にあげているのは掛け算の計算過程である．九九のように 1 桁× 1 桁の掛け算なら暗算として頭の中だけで実行できるだろう．しかし，3 桁× 3 桁になるとそうはいかない．ペンを使って紙の上に数字を書き，1 桁× 1 桁の掛け算と足し算に分解し，規則に沿ってそれらを合算することでようやく結果を得ることができる．つまり，一定程度以上に複雑な掛け算は，純粋に内的な認知過程として実現できるわけではなく，書く道具としてのペン，数字を記入する紙，書く行為を実行する身体，これらすべてが揃って初めて実現できるのである．

類似する例を，カーシュとマグリオ (1994) がテトリスプレイヤーの研究を通じて見出している [15]. 経験豊富なプレイヤーは，ブロックを実際に画面上で回転させて一種のシミュレーションを行うことで，メンタルローテーションを通じて頭の中

図 2.2　3 桁 × 3 桁の掛け算 (Wilson, 2004) [14]

で回転させるよりもずっと早く，ブロックをどの隙間に合わせるべきかを判断している．実際，前者は約 100〜300 ms，後者は約 1000 ms の時間がかかる．この場合も，一定程度以上に高速でテトリスをプレーするために必要な判断は，画面に表示されるブロック，ブロックを動かすコントローラ，ゲームを操作する手の動き，すべてが揃わなければ実現しない．

これらの例が示すように，認知は純粋に内的な過程として成立してはいない．身体とその運動，身体と連動する道具，道具とカップリングされる特定の環境，これらすべてが思考や判断といった認知過程を構成する一部として機能している．さらにいえば，そうした認知過程が心の活動であるとするなら，心はたんに脳内過程のみによって成立しているわけではなく，身体や道具や環境とともに成立していることになる．この点に関連して，クラークとチャーマーズ (1998) [16] は，心の活動が個体の内部に閉ざされておらず，むしろ外界へと拡張して成立していることを指して「拡張した心 (extended mind)」という見方を提示している．エージェントの認知は，その活動の一部を，適合する環境に担わせる（オフロードする）ことで成立しているのである．

2.3　身体性認知の心の見方と既存アプローチの限界

では，改めて認知主義の心の見方と比較することで，身体性認知の心の見方をより明確にしておこう．認知主義の根幹は，外界についての表象の計算過程として認知を理解することにあるが，そもそもそうした理解が可能なのは，なんらかの知的なふるまいを見せるエージェントが存在するからである．さしあたり動物全般を想定するとしても，エージェントとしての動物は，感覚器を通じて外界の情報を収集し，収集した情報をもとに効果的な行動の計画を立て（これがどこまで計画的であるか，程度は種によって異なるだろうが），効果器を制御することでその行動を実現する，という 3 段階のタスクを遂行できる存在であろう．かつて行動主義の心理学は，動物の心を，「刺激」と「反応」を結ぶ「条件反射」の複合体として理解しようとした．これに対して認知主義は，「刺激」「反応」「条件反射」をそれぞれ「入力」「出力」「表象の計算」という情報処理的観点に変更することで，エージェントの心のはたらきを理解しようとしてきたのである．

ファイファーとシャイアー (1999) [17] は，情報処理的観点にもとづく認知主義のこのような心の見方を「知覚–思考–行動サイクル」と要約している．つまり，認知主義における心とは,「環境から入力を受け取り(知覚), その情報を処理し(思考), 判断結果を実行する(行動)情報処理システム」(邦訳 p. 35)である. サイクルの各局面はさらに細かく区分けすることができ, 知覚はたとえば「言葉を聞く」「顔を識別する」など, 思考なら「論理的に帰結を導く」「損得を計算する」など, 行動は「有意味な発話をする」「事物を操作する」など, 個別の情報処理過程に沿って理解することができるだろう. また, これらの過程を表現するモデルを計算プログラムとして実現できれば, 人間や動物の心のはたらきをコンピュータ上でも再現できることになる. こうして認知主義は, 情報処理的観点に立つことで, 機能主義的な心の理解を可能にする. つまり, 知覚, 思考, 記憶, 感情, 意志決定などの心の機能は, それらと同じ機能を実現するうえで, 必ずしも同じ媒体や機構を必要としないという理解である (Rescorla, 2020) [18].

身体性認知は, いくつかの点でこうした認知主義の心の見方とは大きく異なっている. まず, 世界についての認知がエージェントの身体性に依存するという観点は, 機能主義とは必ずしも両立しない. 認知科学が採用してきた中核的なメタファーの一つに, 脳をハードウェア, 心をソフトウェアにたとえる見方があるが, ソフトウェアを計算プログラムとして独立させることができる機能と見るならば, 心は最終的には媒体独立的な存在であることになる. 身体性認知は逆に,「心は身体という媒体に依存する存在である」と見る点で, 機能主義が含意する媒体独立性とは折り合わない. 心の機能を計算プログラムとして理解するとしても, それは身体的条件を変数として取り込んだものである必要がある.

また, 身体性認知は, 近年では「4E 認知 (4E cognition)」という拡大した名称で呼ばれることも増えつつある (Menary, 2010) [19]. 4E とは, 前節までにすでに登場した四つの E, すなわち「embodied」「enactive」「embedded」「extended」を指す. 身体化された (embodied) 観点から認知を理解することは, たんに身体の構造や形態に着目することではなく, 意味のある認知が行為とともに実現している (enactive) ことに焦点を当てる. また, 特定の行為は, それを可能にする具体的な環境に身体が埋め込まれている (embedded) ことで初めて成立する. また, 身体が状況の中に立脚し, 身の回りの道具や環境を利用しながら充実した認知活動を行なっているのだとすると, エージェントは周辺環境を巻き込むことで心を作動させているのであり, その意味で心は環境へと拡がっている (extended). もちろん, すべての観点が常に並立するわけではないものの, 身体性を強調する認知科学では, これら四つがさまざまに重なり合いつつ個別の研究を展開している.

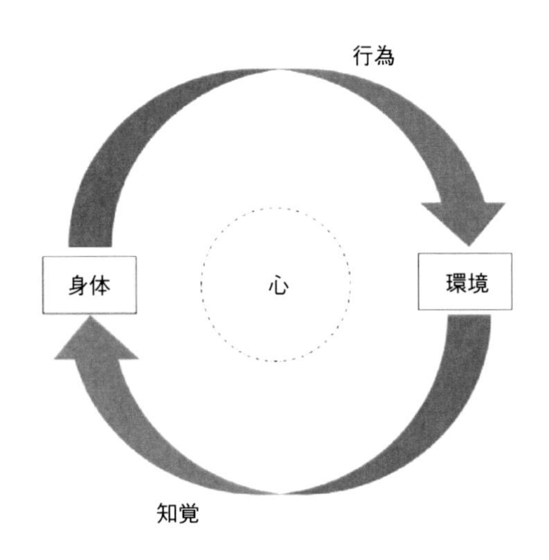

図 **2.3** 身体性認知における心の見方

身体性認知の心の見方は，図 2.3 のように表現することができるだろう．認知主義の場合，心の作用は知覚を通じて情報を取り入れるところから始まるが，身体性認知では，知覚と行為は循環的な関係にあって，どちらが先とも言えない．習慣的行為の場合，行為の意図があればそれに応じて身体がほぼ自動的に反応するように活動が始まる．たとえばキーボードを使って文章を入力する際，慣れた人はキーボード上の文字を先に知覚することはほとんどない．逆に，一定の注意を払いつつ行為することが求められる場面では，行為に先立って明示的に知覚が生じる．アクセルを踏んでクルマを発進させる場面では，周囲に障害物がないか目視して確認するだろう．いずれにせよ，心の作用は，環境の中で適切に行為し，また適切に行為するべく環境を知覚するという「知覚–行為循環 (perception-action loop)」という文脈が与えられることで始まる．エナクティヴという観点を重視するなら，認知は，エージェントが環境にはたらきかける行為を遂行するうえで役立つような情報処理過程であるといえる．また，心の作用はたんに身体性に依存しているのではなく，具体的な環境との相互作用において実現している．このような見方に沿って心を図示するなら，身体と環境の間で，明確な輪郭を持たずに拡がっているような，図 2.3 のような描き方になるだろう．

以上の見方を踏まえたうえで，既存の身体性認知研究に見られる限界について指摘しておこう．既存の実験研究の多くは，主要な認知過程が身体に依存することを示そうとする点で共通している．よく知られる成果をいくつか紹介すると，たとえば，グレンバーグとカスチャック (2002) [20] は，文章の意味を理解する過程が身体行為に依存すると指摘している．彼らは，「引き出しを閉じる」「ノートを手渡された」など，身体に対して求心的または遠心的な方向性を持つ文を用意し，その意味理解について，身体から遠いボタン，近いボタンを押して回答するという行為と組み合わせたところ，両者の方向性が一致する（求心的方向性の文–近いボタン，遠心的方向性の文–遠いボタン）場合で反応が有意に早いことを見出している．この結果は，レイコフとジョンソンのイメージ図式の考え方を支持しているといえるだろう．言語の意味を理解する過程は，それと構造的な類似性を持つ行為によって支えられていることを示唆しているからである．

また，ニーデンタール (2007) [21] の研究は，情動の処理と身体性の関連を示している．「楽しい」「激怒」のように特定の情動を直接表現する単語や，「ナメクジ」「赤ちゃん」のように一定の情動を連想させる単語の意味を理解する過程では，顔面の表情筋がそれらの情動を表出する際と同様のパターンで微小に反応するのである．他方，情動よりも処理過程が複雑だと思われる概念の理解についても，身体性との関連が指摘されている．ガレーゼとレイコフ (2005) [22] は「把握する (grasping)」という概念の理解において，具体的な身体行為（物をつかむ行為）に対応する脳部位である運動前野や頭頂葉が反応することを見出している．つまり，概念を理解するという高次の認知過程においても，それをいわばシミュレートするような脳–身体の活動が同時に生じていることが示唆されている．

こうした既存の研究の多くは，高次の認知過程が身体的過程によって下支えされていることを示す点ではすぐれているが，ファイファーとシャイアーが「知覚–思考–行動サイクル」として指摘した認知主義の枠組みそのものを改めるものではない．認知過程が外界の知覚とともに始まり，それが知覚から思考へと局面を広げていく段階で，なんらかの身体性を巻き込みつつ生じることを示すにとどまっている．しかし先に指摘した通り，身体性認知のアプローチでは，知覚と行為はもともと循環的な関係にあって，どちらが先とは言えない．知覚とともに始まる認知過程だけを問題にするのでは，認知主義が想定する情報処理を身体性の観点から補強することになるだけである．これでは，機能主義と媒体独立性という発想を否定する成果を出す以上のことはできないだろう．ここに現状のアプローチの限界がある．

冒頭に引用したヘルドとハインによる実験は，「知覚–思考–行動サイクル」が始まる最初の「知覚」の段階で，身体性の違いが影響を及ぼしていることを示していた．自足歩行ができるネコとできないネコでは，眼球・視神経から視覚野までの伝達経路が同じでも，見えている世界は劇的に違っており，それに続いて生じる行為も違ってくる．このように考えると，知覚とともに認知過程が始まる以降の局面ではなく，知覚に先立って行為が果たしている役割に目を向けておく必要があるだろう．この点で，「プロジェクション」の概念を導入することに意義がある．

2.4 プロジェクション概念を導入する

認知主義が「知覚–思考–行動サイクル」の観点から認知をとらえる前提には，そもそも知覚が認知過程の始まりの局面であり，それ以前の心は何も入力されていない白紙のような状態として存在するという暗黙の前提がある．しかし，このような前提は，近年の脳研究の知見とは矛盾するものである．第一に，脳には，知覚による刺激の入力がほとんどない安静時のほうがむしろ活動が盛んになる領域のネットワーク，いわゆるデフォルトモードネットワークが存在することが明らかになっている（苧坂，2013）[23]．だとすると，脳が活動していない状態に対して感覚神経に由来する情報が流入し，何らかの認知過程が始まる，という発想で認知をとらえるべきではない．第二に，脳は，入力された刺激に対してたんに受動的に反応しているのではなく，経験を通じて学習された一定のモデルとともに刺激を予測し，予測と入力の誤差にもとづいて知覚を構成しているという「予測符号化」の観点が近年では有力である (Friston, 2010; Kanai et al., 2015) [24,25]．

こうした脳研究の知見は，身体性認知の文脈に引き寄せて考えることも十分に可能である．すなわち，「脳–身体」というエージェントは，環境からやってくる刺激をたんに受動的に受け取っているわけではなく，過去の学習経験にもとづいて，環境に由来する情報を予測している．また，そうした予測は，実際の知覚をふまえて環境に応答する行為を実現するうえで役立っているだろう．参考として，ウィトハーゲンら (2012) が論じているアフォーダンスとインビテーションの理論的区別に言及しておこう [26]．ギブソンが言うように，周囲の環境が動物に提供する行為の機会としてアフォーダンスを理解するなら，動物の目の前に広がる環境には無数のアフォーダンスが存在するだろう．たとえば，部屋の机の前に座って原稿を書いている今の私には，コンピュータを使って文章を書くだけでなく，本棚からマンガを取り出して読む，マグカップに入ったコーヒーを飲む，部屋の隅にあるギターを弾く，窓を開けて通行人に話しかける，机の上にあるマーカーで壁に落書きする等，あらゆる

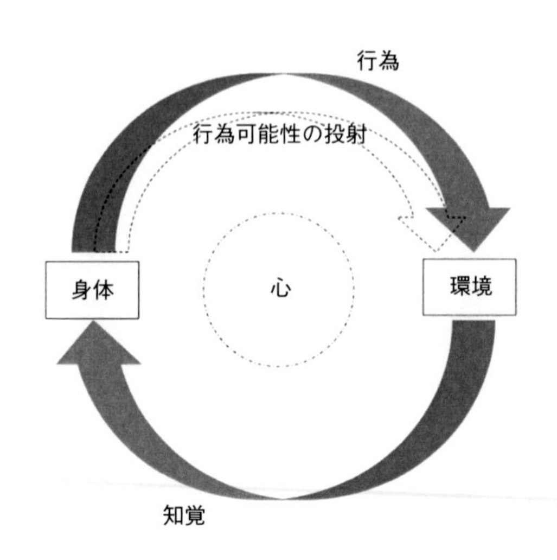

図 **2.4**　知覚に先行する行為可能性の投射

行為の機会としてのアフォーダンスが存在する．また，部屋で活動するエージェントとしての私は，これらすべての行為可能性を，知覚しようと努力すれば知覚することもできる．だが，これらのアフォーダンスの大半は実行すべき行為の選択肢には見えないし，実際の知覚的意識にものぼってこない．つまり，行為のための機会として環境が提供するアフォーダンスは無数といっていいほど多いのだが，そのうち現実の行為を誘発（インビテーション）するものは限られているのである．ウィトハーゲンらは，環境中に無数にあるアフォーダンスのうち，なぜ一部だけが知覚され，さらにそのうちの一部だけが現実の行動を誘発するのか，その説明を可能にするエージェントについての理論が必要だと指摘している．

ここには，次のような関係があるだろう．エージェントが知覚として経験するものは，エナクティヴな観点が示唆しているように，環境から受動的に受け取られた刺激ではない．知覚とは，エージェントがみずから実行しうる行為の可能性を周囲の環境の中に探索することである (Noë, 2004) [27]．つまり，エージェントは自身の行為可能性を環境に向かって先行的に投射（プロジェクション）し，その反響を知覚する．そして，知覚された行為の選択肢の一つを現実の行為として実行する，という関係になっているのである．先の図 2.3 を改変してこの点を明示すると図 2.4 のようになる．

哲学者のメルロ＝ポンティ (1945) [4] は，まさしく以上のような意味で「志向弓の投射」という概念を用いている．投射はもちろんプロジェクション (projection) である．彼はこの概念を「身体図式 (schéma corporel, body schema)」の機能の一部として論じているので，合わせて説明しておこう．メルロ＝ポンティは，ヒトが環境に向かってある行為を遂行する際，種々の身体部位の運動を全体として組織化する機能を「身体図式」と呼ぶ．これは，彼が参照した 20 世紀前半の神経学の成果を取り入れたものである．たとえばヘッドとホームズ (1911) [28] は，大脳皮質を損傷した患者の中に，身体運動の方向と量が認知できなくなる症状が発生することに着目し，運動によって変化する身体の空間的位置関係を認知するのに必要となる暗黙の機能を「身体図式」と名づけた．

メルロ＝ポンティによると，身体図式はたんに姿勢や運動の暗黙の認知を支えているだけでなく，環境に向かって行為する際に身体部位の運動をとりまとめ，環境に適合する行為を組織化する．たとえば自転車に乗る場合，顔・上体・体幹・下肢・腕などはそれぞれ違った運動を実行しているが，それらが坂道やカーブといった環境条件の変化に合わせて全体として統合されることで，自転車に乗るという全身の行為が実現される．しかも，成功した経験として学習されると，行為を構成する全身運動のパターンは習慣として身体図式の中に堆積し，定型的な状況に対してヒトがスキルフルに対応することを可能にする．楽器の演奏，道具使用，スポーツのパフォーマンスなど，日常生活の大半の場面で，ヒトは身体図式の機能を暗黙に利用しながら，環境に適した行為を実現している．

しかし，このような身体図式の機能が選択的に損傷している患者も存在する．メルロ＝ポンティは，神経生理学者のゴールドシュタインと心理学者のゲルプが共同で報告した症例シュナイダー (Gelb & Goldstein, 1920) [29] について論じている．シュナイダーは第一次大戦に出兵中に後頭部を損傷した兵士で，一見したところ症状の中心は視覚失認にあった．視野は保たれているものの，対象を見てもそれが何であるかが認知できないのである．物品については，手で触れたり，物品が発する音を聞くなど，別のモダリティを動員せねば認知できない．文字や図形の認知も，指先でなぞる，頭を動かして輪郭をたどるといった作業が必要になる．また，自発的に文字を書くことはあっても，対象を模写することはできない．

症状はさらに複雑で，触覚の空間定位や運動機能にも問題が見られる．たとえば，閉眼した状態で頭・腕・脚といった部位に触れられると，彼はそれが体表面上のどこなのかを特定することができない．あるいは，手や足を動かしたり，手指を曲げ伸ばしするように言われても，それを遂行することができない．自分の鼻の位置を指示するように命じられても，鼻の位置がどこなのかが分からない．ところがその一方で，同じく鼻に触れる場合でも，ポケットからハンカチを取り出して鼻をかむように，日常動作として必要な場合は問題なく遂行できる．あるいは，マッチを箱から出してランプに火を灯すというたぐいの複雑な行為であっても，日常生活の文脈で習慣化しているものなら問題なくこなすことができるという．ただし，観念運動失行の症状でしばしば見られるように，そうした行為の「ふり」をすることはシュナイダーにはできない．

メルロ＝ポンティは，ゴールドシュタインらの考察に沿って，身体の一部を「把握すること」とそれを「指示すること」の違い，生活に必要な動作を行う「習慣的運動」と医師の指示で身体を動かす「抽象的運動」の違いについて考察している．シュナイダーは，自己の身体を全体として対象化することができないため，それを指さして特定したり，医師の指示に沿って動かすことができないのである (Tanaka, in press) [30]．メルロ＝ポンティはこの点について，身体図式が本来行なっているはずの「投射」が成立していないと指摘している．すなわち，シュナイダーは，過去の学習経験に沿って，さまざまな可能的状況を現実の環境のうえに先行的に投射して知覚することができないのである．たとえば彼は，空のコップを手に取って水を飲むふりをすることができない．それは，「水の入ったコップ」という架空の状況を現実に対して投射し，そこで行為する自己の身体を思い描けないということである．あるいは，医師の指示に沿って，腕を前方に持ち上げて空中に円を描くという動作を遂行することができない．これは，眼前の具体的空間の上に，抽象的で無機質な幾何学的空間を投射することができず，投射された空間上に自己身体の運動を想像し，それを再現することができないということである．投射が起こらないことで，可能的状況を知覚世界に読み込むことができず，自己身体を対象化することもできなくなっているのである．

メルロ＝ポンティの考えでは，ヒトは，過去に学習した運動スキルや習慣的行為を，自己身体と世界との関係として身体図式のうちに堆積している．そして身体図式は，学習された行為の可能性を周囲の環境に向かって常に暗黙のうちに投射しており，投射されたものの反響を知覚として受け取っている．シュナイダーの場合，行為の可能性を投射することができず，身体はいわば，周囲の環境から刺激を受け取り，刺激が解発する条件反射のような動作を反復することしかできない．メルロ＝ポンティは「志向弓 (arc intentionnel, intentional arc)」という概念とともに投射について語る．それは，ヒトの身体がたんに「反射弓」に従って与えられた刺激に反応しているのではなく，刺激の受容に先行してみずから「志向弓」を発動させ，過去の学習経験を総動員しながら，環境の中に行為可能性を投射している，ということを含意している．関連する箇所を引用しておこう．

> *意識の生（それは認識の生，欲望の生，知覚の生でもある）は，ひとつの「志向弓」によって支えられている．これが私たちの周囲に，私たちの過去，未来，人間的環境，物理的状況，観念的状況，倫理的状況を投射する．あるいはむしろ，私たちをこれらすべての関係のもとに位置づけるのである．*(Merleau-Ponty, 1945, p. 158) [4].

志向弓が投射するものにはかなり幅があるが，それが運動スキルを堆積する身体図式の機能の一部であることを考えると，行為と知覚の文脈で考えるのがもっとも基本的な解釈であると言ってよい．哲学者のドレイファス (2014) [31] もそのように解釈している．わかりやすく言うと，身体図式が投射しているのは，過去の経験を通じて学習した，身体と世界の関係についての内的なモデルである．身体は，物理的環境だけでなく社会的環境においてもさまざまな行為を遂行し，その経験にもとづいて，さまざまな行為のバリエーションとそれに対応する特定の状況について，パターン化された内的なモデルを蓄積している．これが志向弓として発動することで，慣れた状況でも，新規な状況でも，ヒトは何らかの行為可能性の手がかりをアフォーダンスとして知覚し，現実の行為に結びつけることができるのである．これは，知覚入力に先行して脳が環境を予測しているという近年の予測的処理の見方とも親和的であろう．

2.5 プロジェクションの含意

最後に，ここまでの議論に沿って，プロジェクション・サイエンスにおける「プロジェクション」という概念が含意すること，あるいは含意すべきことについて，提唱者の鈴木 (2016, 2019) [32,33] の議論を参考にしつつ私見を述べておきたい．

第一に，プロジェクションは過去の学習経験にもとづいて，常にすでに生じているのであり，個別の認知過程においてそのつど生じるのではない．視覚の例で考えてみよう．ヒトは，網膜や脳内で対象を見ているとは感じない．身体から距離のある外界に対象の像を見ている．少なくとも，主観的に経験される「見ること」はそのような経験である．これは，網膜から受容した光の刺激が脳内で処理された後でプロジェクションが生じ，外界に対象の像が生み出されているということを意味しないだろう．先に述べた通り，知覚は，受動的に刺激を受け取る過程ではない．「外界に何かが見える」というプロジェクションを，具体的な知覚に先行してエージェントがはたらかせていると考える必要がある．前後左右に向かって動くことのできる身体化されたエージェントは，移動可能性を周囲に向かってつねに投射している．それによって，周囲の世界が一定の奥行きをもった広がりとともに「外界」として見えるのであり，また，エージェントが何らかの操作を加えうる物体が「対象の像」として知覚されるのである．

では，何の学習経験も持たないエージェントはどうなのだろうか．そのような想定自体に無理がありそうだが，ヘルドとハインが実験で用いたネコは一つの参考になるだろう．身体運動と視覚刺激を結びつけることを許されなかったネコは，そもそも奥行きを知覚できなかった．つまり，空間中を移動する身体運動と結びついていない「純粋」な視覚経験はそもそも平面的なのであり，「こちら側」と「向こう側」に分岐した奥行きのある世界それ自体が成立しない．この場合，プロジェクションが生じているとしても，眼球から視神経を介して脳内で結んだ像が，眼球に向かって投射されるという個体内の過程だけである．このような視覚経験は，目の表面で光の渦をとらえる「面」としての視覚であって，内界や外界と呼ぶべき次元を備えていない．このような「見え」の世界は，先天性の視覚障害者が開眼手術後に明るさや色だけを知覚し，対象の「かたち」をほとんど識別できないこととも共通のメカニズムであると思われる（鳥居・望月，2000）[34]．

この点を踏まえると，プロジェクションのメカニズムを解明する一つの方法は，何らかの運動学習の以前と以後で，環境や対象の知覚がどのように変化するかを確かめることにあると言えるだろう．プロジェクションとは文脈が異なるが，かつて佐々木 (1994) [35] がアフォーダンスの説明にあげている例はたいへん興味深い．一本の薄い橋が目の前にある状況で，体重 50 kg の人には「渡れる」と知覚され，体重 100 kg の人には「渡れない」（折れそうだ）と知覚されたとする．このとき，体重 50 kg の人に 50 kg の重りを背負わせ，一定時間かけてその状態に慣れさせる．そうすれば，体重 100 kg の人と同じように「渡れない」と知覚できるようになるだろう．プロジェクションという観点からいうと，全身の重さの感覚について学習が生じることで，環境に投射される行為可能性が変化し，その反響として生じる環境の知覚が変化するのである．条件を工夫すれば，この種の行動実験はさまざまに展開できると思われる.

第二に，外界に向かって投射されるのは，エージェントの「脳–身体」に備わる内部モデルである．ここでいう「内部モデル」は，運動制御における順モデルと逆モデルのように，たんに身体運動についての脳内モデルという狭い意味で理解するべきではない．過去の学習経験に由来するエージェントの行為可能性が，周囲の環境に向かって投射されるのである．行為はたんなる身体運動ではない．一定の環境の中で，何らかの対象と関与しながら実現される身体運動である．水のない場所で泳ぐことはできないし，ラケットとボールがなければテニスはプレーできない．ここで「内部モデル」と呼んでいるのは，一定の対象が配置された環境の中でエージェントが特定の行為を実現できる，という身体と世界のパターン化された関係性である.

レイコフとジョンソンの提案する「イメージ図式」は，身体と世界のパターン化された関係性のもっとも基本的な次元を整理したものであろう．彼らが論じる「内–外」「近い–遠い」「前–後」「方向」「力」「バランス」などのカテゴリーは，身体が環境との関係で経験する知覚と行為の基本的なパターンである．エージェントが世界に向かって投射するのは，いわゆる古典的な意味での「表象」ではなく，「脳–身体」に蓄積されたパターン化された行為の可能性である．認知の見方をこのように変更することは，鈴木 (2016) [32] も指摘している通り，実体的で「もの的」なカテゴリー観から，相互作用的で「こと的」なカテゴリー観への変更を含むだろう.

そもそも，ヒトが世界を意味や価値のある場所，生命感のあふれる場所として認知できるのは，世界がたんに実体的な「もの」で構成された場所であるからではなく，生き生きとした感情とともにみずから入りこめる「こと（できごと)」で構成される世界だからである.「もの的現実」に対応する英語は reality であり，ラテン語の res（もの・実体）に由来する．他方,「こと的現実」に対応する英語は actuality であり，ラテン語の actio（活動）に由来する．ここから派生した英語にはもちろん action（行為）も含まれる．プロジェクションが認知にとって本質的な意義を持つとするなら，それは，プロジェクションを通じて，エージェントがみずから行為できる場所，また，行為によって引き起こされるさまざまな「できごと」が生じる場所として，生き生きとした世界が現れてくるからである.

参考文献

[1] Wilson, R. A., & Foglia, L. (2015). Embodied cognition. In *Stanford Encyclopedia of Philosophy* (https://plato.stanford.edu/entries/embodied-cognition/).

[2] Thompson, E. (2007). Mind in life: Biology, phenomenology, and the sciences of mind. Cambridge, MA: Harvard University Press. (p. 11)

[3] Held, R., & Hein, A. (1963). Movement-produced stimulation in the development of visually guided behavior. *Journal of Comparative and Physiological Psychology*, **56**, 872–876.

[4] Merleau-Ponty, M. (1945). *Phénoménologie de la perception.* Paris, France: Gallimard.（中島盛夫訳 (1982).『知覚の現象学』. 東京：法政大学出版局.）

[5] Gibson, J. J. (1979) *The ecological approach to visual perception.* Boston, MA: Houghton Mifflin.（古崎敬・古崎愛子・辻敬一郎・村瀬旻訳 (1985).『生態学的視覚論』. 東京：サイエンス社.）

[6] Varela, F. J., Thompson, E., & Rosch, E. (1991). *The embodied mind: Cognitive science and human experience.* Cambridge, MA: MIT Press.（田中靖夫訳 (2001).『身体化された心』. 東京：工作舎.）

[7] Shapiro, L. (2011). *Embodied cognition.* New York, NY: Routledge.

[8] Lakoff, G., & Johnson, M. (1980). Metaphors we live by. Chicago, IL: University of Chicago Press.（渡部昇一・楠瀬淳三・下谷和幸訳 (1986).『レトリックと人生』. 東京：大修館書店.）

[9] Lakoff, G., & Johnson, M. (1999). *Philosophy in the flesh: The embodied mind and its challenge to Western thought.*（計見一雄訳 (2004).『肉中の哲学』. 東京：哲学書房.）

[10] Harnad, S. (1990). The symbol grounding problem. *Physica D*, **42**, 335–346.

[11] Haken, H., Kelso, J. A. S., & Bunz, H. (1985). A theoretical model of phase transitions in human hand movements. *Biological Cybernetics*, **51**, 347–356.

[12] Noë, A. (2008). *Out of our heads.* New York, NY: Hill & Wang.

[13] Fuchs, T. (2018). *Ecology of the brain: The phenomenology and biology of the embodied mind.* Oxford, UK: Oxford University Press.

[14] Wilson, R. A. (2004). *Boundaries of the mind: The individual in the fragile sciences.* Cambridge, UK: Cambridge University Press.

[15] Kirsh, D., & Maglio, P. (1994). On distinguishing epistemic from pragmatic action. *Cognitive Science*, **18**, 513–549.

[16] Clark, A., & Chalmers, D. J. (1998). The extended mind. *Analysis*, **58**, 10–23.

[17] Pfeifer, R., & Scheier, C. (1999). *Understanding intelligence.* Cambridge, MA: MIT Press.（石黒章夫・小林宏・細田耕訳 (2001).『知の創成』. 東京：共立出版.）

[18] Rescorla, M. (2020). The computational theory of mind. In Stanford Encyclopedia of Philosophy (http://plate.stanford.edu/entries/compotational-mind/).

[19] Menary, R. (2010). Introduction to the special issue on 4E cognition. *Phenomenology and the Cognitive Sciences.* **9**, 459–463.

[20] Glenberg, A. M., & Kaschak, M. (2002). Grounding language in action. *Psychonomic Bulleting & Review*, **9**, 558–565.

[21] Niedenthal, P. M. (2007). Embodying emotion. *Science*, **316**, 1002–1005

[22] Gallese, V., & Lakoff, G. (2005). The brain's concepts: The role of the sensory-motor system in conceptual knowledge. *Cognitive Neuropsychology*, **22**, 455–479.

[23] 苧坂満里子 (2013). デフォルトモードネットワーク (DMN) から脳をみる.『生理心理学と

精神生理学』. 31(1), 1–3.

[24] Friston, K. (2010). The free-energy principle: A unified brain theory? *Nature Reviews Neuroscience*, **11**, 127–138.

[25] Kanai, R., Komura, Y., Shipp, S., & Friston, K. (2015). Cerebral hierarchies: Predictive processing, precision and the pulvinar. *Philosophical Transactions* **B**, 370, 20140169.

[26] Withagen, R., de Poel, H. J., Araújo, D., & Pepping, G-J. (2012). Affordances can invite behavior: Reconsidering the relationship between affordances and agency. *New Ideas in Psychology*, **30**, 250–258.

[27] Noë, A. (2004) Action in perception. Cambridge, MA: MIT Press.（門脇俊介・石原孝二監訳 (2010).『知覚のなかの行為』. 東京：春秋社）

[28] Head, H., & Holmes, G. (1911). Sensory disturbances from cerebral lesions. *Brain*, **34**, 102–254.

[29] Gelb, A., & Goldstein, K. (1920). *Psychogische Analysen hirnpathologischer Fälle* (pp. 157–250). Leibzig, Germany: Verlag von Johann Ambrosius Barth.

[30] Tanaka, S. (in press). Body schema and body image in motor learning. In Y. Ataria, S. Tanaka, & S. Gallagher. (Eds.) *Body Schema and Body Image: New Directions.* Oxford, UK: Oxford University Press.

[31] Dreyfus, H. (2014). *Skillful Coping: Essays on the Phenomenology of Everyday Perception and Action.* Oxford, UK: Oxford University Press.

[32] 鈴木宏昭. (2016).『教養としての認知科学』. 東京：東京大学出版会.

[33] 鈴木宏昭. (2019). プロジェクション科学の目指すもの.『認知科学』. 26(1), 52–71.

[34] 鳥居修晃・望月登志子. (2000).『先天盲開眼者の視覚世界』. 東京：東京大学出版会.

[35] 佐々木正人. (1994).『アフォーダンス』. 東京：岩波書店.

3章
プロジェクション・サイエンスから痛みのリハビリテーションへ

大住倫弘・信迫悟志・嶋田総太郎・森岡　周

3.1　はじめに

痛みを有する症例のリハビリテーション（リハ）では，痛み／恐怖心のせいで筋肉や関節がこわばってしまい，思ったようにリハが進まないことが多い．たとえば，手術したあとには“痛みが悪化しそうだから動かしたくない”，“（実際には腫れていないのに）すごく腫れている感じがする”という愁訴が多く聞かれる．このような訴えが多い症例は，リハが思うように進まずに運動機能改善が停滞してしまうことから，痛みに特化したリハを考えることの意義は大きい．しかしながら，得策なるものは確立されておらず，それぞれの症例に教育的アドバイスをしながら，痛くてもできるだけ患肢を動かすリハが最良とされているのが現状である．近年の研究成果により，痛みは“多感覚によって修飾される”ものであり，必ずしも侵害刺激の強さに依存して経験されるわけではないことが明らかになってきている．特に，鏡あるいは仮想空間に投影された自己身体を見ながら運動をすると痛みが緩和される“身体をみることによる鎮痛 (Visually induced analgesia)”という現象は興味深く，実際のリハ現場でも有効性が確認されている．加えて，投影された自己身体のサイズ・色を視覚的に操作すると，さらなる痛みの緩和が認められることも報告されている．ただし，“身体をみることによる鎮痛”には矛盾した研究結果が多く，その鎮痛メカニズムの説明は極めて不十分である．本稿では，プロジェクション・サイエンスの視点から“身体をみることによる鎮痛”という現象を再考し，そこから得られる着想に基づいて新たな痛みのリハモデルを提案する．

3.2　多感覚によって修飾される痛みの経験

3.2.1　痛みは多感覚によって修飾される

国際疼痛学会では，痛みを「組織の実質的あるいは潜在的な障害に伴う，あるいは，そのような障害を表す言葉で表現される不快な感覚あるいは情動体験」としており，

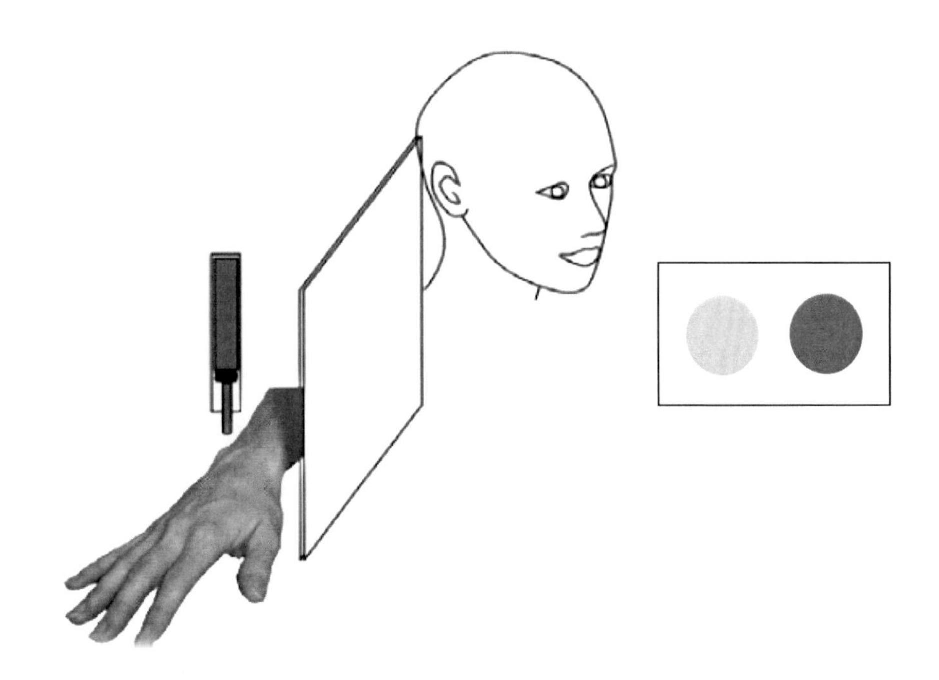

図 3.1 視覚によって修飾される痛み*
「赤色」に光るオブジェクトをみている時には，手に与えられる痛み（熱刺激）が強く感じる．(Moseley, G. L. and A. Arntz, The context of a noxious stimulus affects the pain it evokes. Pain, 2007. 133 (1–3): p. 64–71.)

社会的文脈・履歴などによって大きく変動すると考えられている (https://www.iasp-pain.org/terminology?navItemNumber=576#Pain)．たとえば，実験的に与えられる痛みは恋人の写真を見ると緩和することや [1]，友達が多ければ実験的痛みに耐えられる時間が長くなることは [2]，痛みが “体験” であることを象徴している現象といえよう．また，「赤色」オブジェクトを視覚的に付加すると熱刺激による痛みが増悪することや [3]（図 3.1），腰痛患者に（古いドアを開ける時の）きしむ音という聴覚刺激を付加すると腰痛を有する部位の筋肉がこわばるなどの現象が報告されている [4]．これらは，痛みを誘発するような「炎症」あるいは「筋骨格系の硬さ」を視覚・聴覚によって増悪させた結果であり，痛みが多感覚（触覚・視覚・聴覚）との相互作用によって形成される体験であることを物語っている．症例の機能障害・日常生活動作・生活の質を向上させていくリハでは，これらの痛みの特徴を加味して進めていく必要があるが，上記のような些細な事柄で増悪することがあるため，その扱いは慎重にならなければならない．ただ，その特性を上手く活かせば，むしろ良いリハ効果を生む可能性があるともいえる．

3.2.2 注射のときは手をみたほうが痛くない？

前述した「多感覚との相互作用によって形成される痛み」について，“身体をみる” ことによる鎮痛効果をトピックにして，もう少しだけ考えてみたい．たとえば，注射をされるときにはついつい目を閉じてしまうが，これは痛みを和らげるための行為としては正しくない．むしろ，痛みを与えられるときに “身体をみる” ほうが，痛みが和らぐことが明らかになっている [5]．① 自分の手を見ながら痛みを与えられる条件と，② 無機質なブロックを見ながら痛みを与えられる条件を比較した研究では，前者のように身体の視覚フィードバックを付加したほうが，主観的な痛みが弱くなることが明らかにされている [5]．

この現象は “身体をみることによる鎮痛 (Visually induced analgesia)” と呼ばれ，既に痛みのリハにも応用されてきている．分かりやすい例をあげると，腰痛を有する症例の運動指導の際に「鏡に映っている腰」を見せたり [6]，マッサージのときに「モニターに映されている腰」を見せると，腰痛が緩和しやすい現象がこれにあたる [7]．あるいは，後ろから撮影されている自分の頸をモニターで見ながらマッサージをされると，頸の痛みが緩和しやすいことも報告されている [8] (図 3.2)．これらの “身体をみることによる鎮痛” は，痛みという不確かな脅威への時空間情報を視覚によって補完するプロセスが重要であると考えられている [9]．つまり，“身体をみる” ことによって，脅威への情報を明確化することができ，痛みを増幅してしまうような「ネガティブ情動」を制御することができるということである．先ほどの注射の例で考えると，“どこに” あるいは “どのタイミングで” 身体に侵害刺激がくるのかの情報を “身体をみる” ことによって視覚的に補完できれば，“みることによる鎮痛” が作用して注射の痛みが弱くなる．逆に，身体がみえない状況では脅威についての時空間情報が得られないために，不安や恐怖などのネガティブ情動が増幅して痛みの感受性が高まってしまう [9]．確かに，腰のどこを押さえられているのか分からないままマッサージを受けると，不規則かつ不確かな指圧刺激に対して「力んでしまう」ことがよくある．そう考えると，「腰をみながらマッサージされるほうが効果的」とする先行研究 [7] にも合点がいく．ただし，いくら視覚的な時空間情報を得たとしても，それによってネガティブ情動が喚起されてしまっては “身体をみ

図 3.2 Visually induced analgesia を頸部痛のリハに応用
自分の頸部をモニターでみながらリハをされると痛みが緩和しやすい. (Beinert, K., et al., Seeing the site of treatment improves habitual pain but not cervical joint position sense immediately after manual therapy in chronic neck pain patients. Eur J Pain, 2019. 23(1): p. 117–123.)

ることによる鎮痛" は期待できない.「針」もしくは「綿棒」をみながら痛み刺激を与えている研究では,「針」を見ているときのほうが痛みを強く感じるという結果が報告されている [10]. これは,「針」という文脈がネガティブ情動を喚起させて "身体をみることによる鎮痛" を台無しにしてしまった分かりやすい例である. 以下から, このことをもう少し詳しく考えていきたい.

3.2.3 "身体をみることによる鎮痛 (Visually induced analgesia)" を打ち消すネガティブ情動

前述のように, 身体をみることによる鎮痛効果は,「ネガティブ情動の制御」が鍵になっている. もし, このことが正しいのであれば, たとえ身体を見たとしても, それによってネガティブ感情が惹起されてしまえば, "身体をみることによる鎮痛" の効果が得られないはずである. 我々はこのことを検証すべく, 自分の手を見ることによって惹起されるネガティブ感情が, "身体をみることによる鎮痛" を阻害するのかについて実験的に調査した [11].

図 3.3 のように, 正中線上に置かれた鏡の背面に被験者の左手を隠した状態で, 右手を鏡に映させた. こうすると, 被験者は「鏡に映る手は自分の左手だ」と錯覚す

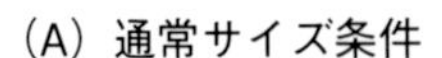

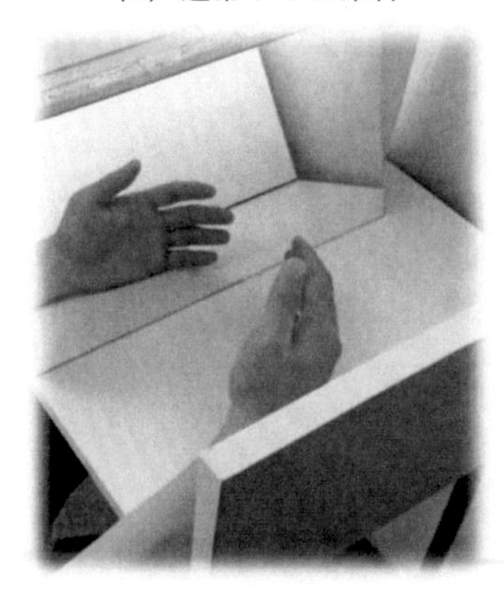

(B) 拡大サイズ条件

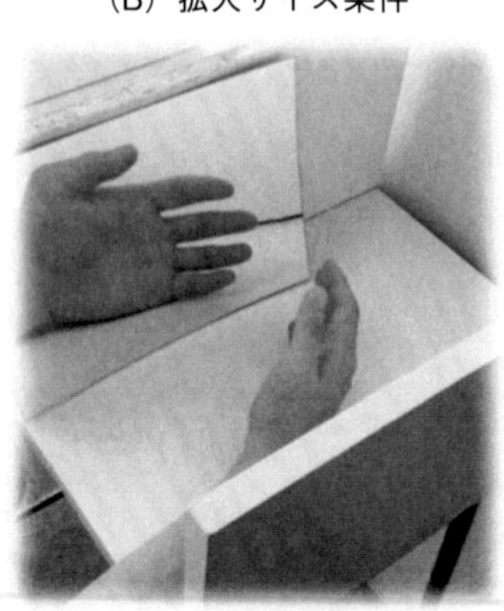

図 3.3　「自分の手が大きくなった」と錯覚するための実験手続き
(A) 通常サイズ条件：正中線上に鏡を設置して右手を鏡に映すと，鏡に映る手が自分の左手だと錯覚する．(B) 拡大サイズ条件：正中線上に凹型鏡を設置して右手を映すと，自分の左手が大きくなったと錯覚する．
※どちらの条件も左手はみえないように鏡の裏に隠しておく．

るようになる（A. 通常サイズ条件）．これに加えて，正中線上に置く鏡を凹型の鏡にすると，「自分の左手が大きくなった」という錯覚を経験することができる（B. 拡大サイズ条件）．類似の先行研究では，拡大サイズ条件だと“身体をみることによる鎮痛”が促進される，つまり鏡の背面に隠されている左手に与えられる痛みが和らぐと報告されているが [12]，筆者らの実験データは，拡大サイズ条件のほうが通常サイズに比して「痛みが増強した群 (n=21)」と「痛みが緩和した群 (n=23)」に分かれた．この群間の違いを生じさせる要因を，内容分析 (Content Analysis) で検討した結果，「痛みが緩和した群 (n=23)」には「特に何も感じない」と回答する被験者が多いのに対して，「痛みが増強した群 (n=21)」には「手が大きくて気持ち悪い」と回答した被験者が有意に多かった（表 3.1）．このことは，ネガティブ感情が“身体をみることによる鎮痛”を妨げる要因になっているという仮説を支持する結果となった [13]．加えて，拡大サイズ条件で「自分の手が大きくなった」という錯覚をして，不快感が惹起されているときの脳波活動を 1 分間記録し，Low resolution brain electromagnetic tomography analysis (LORETA) によって各周波数帯域の発生源同定をした．その結果，多感覚統合に関わる頭頂連合野だけではなく，痛み関連脳領域として知られている前部帯状回・島皮質におけるアルファ波の活動が変

表 3.1 拡大サイズ条件で「痛みが緩和した群」と「痛みが増強した群」における内省報告．痛みが増強した群では，拡大サイズ条件で“手が大きくて気持ち悪い”という内省報告が多かった．

	痛みが緩和した群 (n=23)	痛みが増強した群 (n=21)	p value
手が重たくなったように感じる	3 (6.8%)	1 (2.3%)	0.33
手がたくましくなったように感じる	4 (9.1%)	1 (2.3%)	0.2
何となく不快に感じる	1 (2.3%)	1 (2.3%)	0.73
腫れているようで気持ち悪い	2 (4.5%)	6 (13.6%)	0.09
左右の手が非対称で気持ち悪い	0 (0%)	2 (4.5%)	0.22
手が大きくて気持ち悪い	1 (2.3%)	8 (18.1%)	0.01
特に何も感じない	12 (27.2%)	2 (4.5%)	0.01

化していた（図 3.4，表 3.2）．つまり，「大きくて気持ち悪い」というネガティブ情動によって，痛み関連脳領域が過度に活動して，痛みを感じやすくなっていたことが示唆された．

以上の実験結果をさらに詳細に検討すべく，ネガティブ感情を惹起させるような特殊なラバーハンド（図 3.5）に身体所有感を惹起させたあと，本物の手の痛み閾値が低下するのかについて検証した [13]．具体的には，健常者に対して「通常のラバーハンド (Control)」，「傷ついたラバーハンド (Injured)」，「毛深いラバーハンド (Haired)」，「ねじれたラバーハンド (Distorted)」を用意して，本物の手とそれぞれのラバーハンドを時間的に同期させて（同期条件で）／同期させずに（非同期条件で）筆で撫でるという，オーソドックスな手順でラバーハンド錯覚／非錯覚を引き

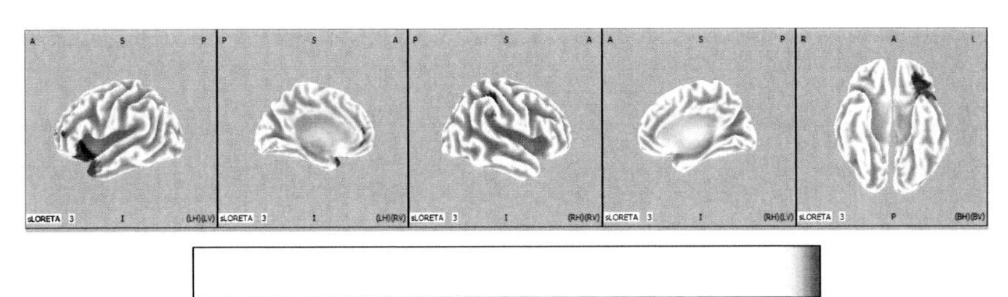

図 3.4 「自分の手が大きくなった」錯覚をしているときの脳活動*
多感覚統合に関わる頭頂連合野だけではなく，痛み関連脳領域として知られている前部帯状回・島皮質のアルファ波の周波数が減衰していた．

表 3.2　「自分の手が大きくなった」錯覚によって活動した脳領域

Brain region	Brodmann area	MNI cords (x,y,z)
内側前頭前野	10	-35,50,10
前頭回	47	-50,20,-10
前部帯状皮質	32	-15,45,0
島皮質	13	-35,15,-5
側頭回	38	-50,15,-20
中心後回	3	30,-25,50
中心前回	4	30,-30,55
縁上回	40	40,-35,55

起こし，そのときの本物の腕の痛み閾値を実験的熱刺激によって計測した（図 3.5）．その結果，「傷ついたラバーハンド (Injured)」と「毛深いラバーハンド (Haired)」での同期条件では，「通常のラバーハンド (Control)」の同期条件と同程度の身体所有感の錯覚を誘発させることができるだけではなく，「通常のラバーハンド (Control)」よりもネガティブ情動を惹起させることに成功したが，痛みの閾値が下がった（痛みを感じやすくなった）のは，「傷ついたラバーハンド (Injured)」のみであった（図 3.5）．つまり，“身体が傷ついている” などのように，痛みと密接なネガティブ情動が惹起された場合においてのみ “身体をみることによる鎮痛” が妨げられることが示唆された．このことを考えると，先ほどの「自分の左手が大きくなった」という錯覚時に痛みが増悪する群は，大きくなった手に対して腫れや炎症などを想起していたのかもしれない．

いずれにしても，このような身体像の視覚的操作によって生じる痛みの増悪／緩和は，「視覚によって痛み体験が修飾された」あるいは「多感覚の相互作用によって痛みが修飾された」という解釈だけでは物足りず，“身体をみる” ことによって生成される情動・認識・文脈が関与していそうである．そのため，本稿では これらの実験結果をプロジェクション科学の視点から考察することを試みて，痛みを緩和させる新たなリハビリテーションモデルを提案していく．

3.3　プロジェクション・サイエンスの視点から痛みのリハビリテーションを再考する

自分の内的に構成された表象を世界のどこかに定位させる心のはたらきを投射（プロジェクション）といい，この投射プロセスは「投射」「異投射」「虚投射」の 3 つに

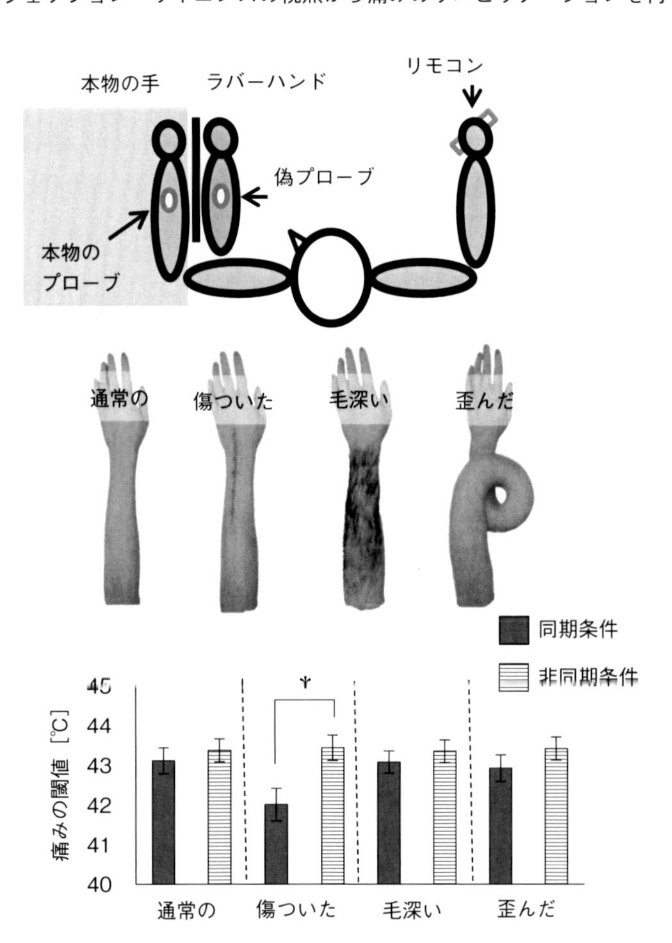

図 3.5 不快感を惹起させるラバーハンド錯覚
「通常のラバーハンド (Control)」「傷ついたラバーハンド (Injured)」「毛深いラバーハンド (Haired)」「ねじれたラバーハンド (Distorted)」に身体所有感の錯覚を惹起させた後では，Injured 条件／同期条件では痛み閾値が低下していた．

大別することができる [14]．図 3.6 にあるようなラバーハンド（ターゲット）に自己（ソース）の身体モデルを投射させる心のはたらきは「異投射」にあたる [14]．すでに紹介した筆者らの実験結果（図 3.5）で興味深い点は，異投射されたターゲットに「傷をつける」という視覚的操作を加えると，ソースの痛みの感受性が変化するという現象である．投射したターゲットからソース自体が影響を受ける現象は，いわゆるバックプロジェクション [15] と呼ばれており，筆者らの実験結果はまさにそ

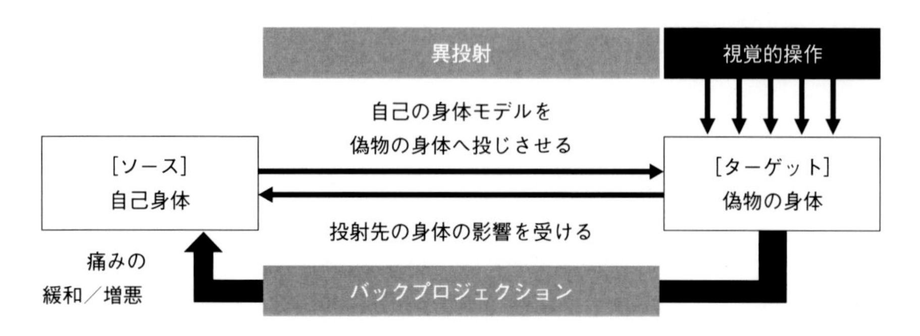

図 3.6　バックプロジェクションによって操作することのできる痛み体験

のことを表す現象といえよう（図 3.6）.

今回取り上げた筆者らの実験結果では，バックプロジェクションによって痛みが増悪しているが，このプロセスを上手く利用すれば逆に痛みを緩和させることもできると考えて無理はない．実際に，バックプロジェクションを利用することによって痛みが緩和することも報告されており，異投射させたラバーハンドに鎮痛クリームを塗ると，本物の身体に与えられる痛みが和らぐことや [16]，赤く染めたバーチャルハンドよりも，青く染めたバーチャルハンドへ異投射したほうが，熱刺激による痛みを感じにくくなること [17] が報告されている（図 3.7）．これらの先行研究は，異投射させたターゲットの視覚的操作によってソースの痛みが緩解するという，バックプロジェクションによる鎮痛効果を示している．このように，異投射させた身体像に何らかの修飾をすることが，痛みのリハでは有効な手続きであると考えられる．加えて，バックプロジェクションによって症例の表象を操作することができるのであれば，難治性疼痛症例で問題となっている“身体イメージの変容”“痛みへの過度な恐怖心”も改善することができるかもしれない．

次節からは，バックプロジェクションによるリハの射程を拡大すべく，難治性疼痛症例における“身体イメージの変容”および“痛みへの過度な恐怖心”について概説し，プロジェクション・サイエンスを応用したリハのさらなる可能性を探る．

3.3.1　痛みによって変容する身体イメージ

四肢の外傷後には，末梢組織に腫れか熱感などの典型的な炎症症状が認められるのは自明のことであるが，この炎症症状が緩解した後でも図 3.8 のような“患肢が熱い”や“患肢が腫れあがっている”などの自己の身体イメージの変容を訴える症例が

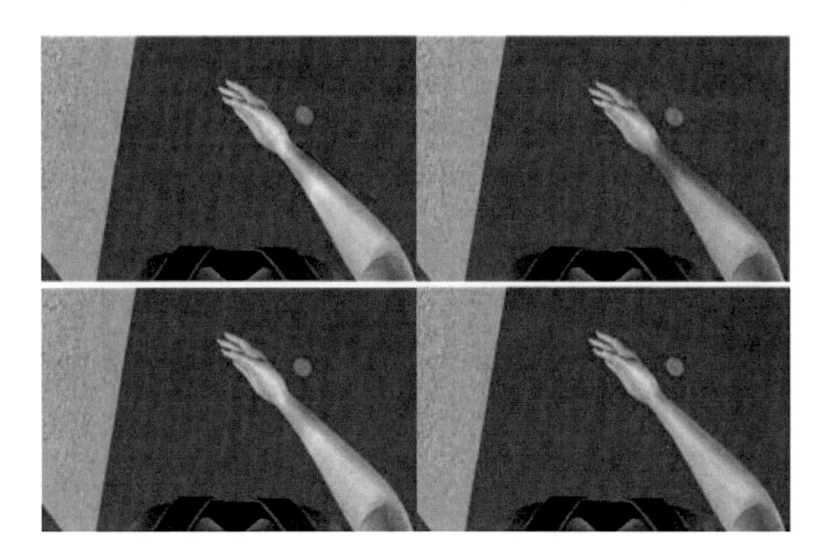

図 3.7 異投射させたバーチャルハンドの色を修飾すると痛みが増強／緩和する*
青く染めたバーチャルハンドへ異投射したほうが（熱刺激による）痛みを感じにくくなる（文献 11 より引用）.

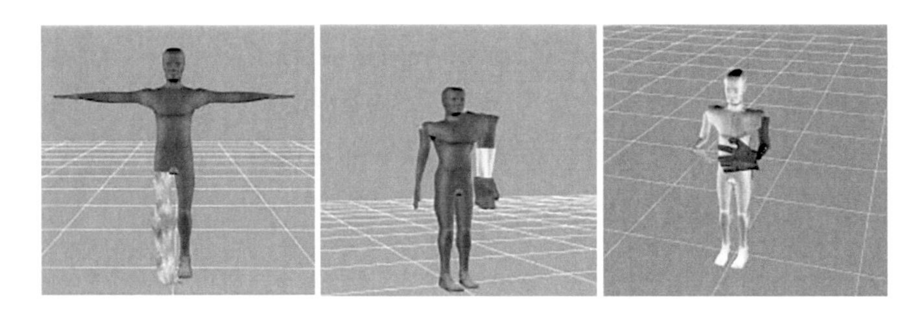

図 3.8 難治性疼痛症例が訴える身体イメージの変容*
患肢が "灼けるように腫れている" という愁訴とともに，赤く・拡大した身体イメージの変容が生じることが多い（文献 12 より引用）.

稀に存在し [18]，このような身体イメージの変容が大きいと痛みが慢性化しやすいことも明らかにされている [19]．筆者らが過去に報告した難治性疼痛症例においても，実際に患肢の「腫れ」がないにも関わらず，"患肢は 3 倍くらい大きく腫れている"，"患肢に鉄板を入れられている"，"患肢がとにかく重たい" という愁訴があり，顕著な痛みのために歩くことすらままならなかった [20]．こうした愁訴は，痛みシグナルが持続することによって生じる体性感覚野領域の誤った適応 (Maladaptation) の結果であると解釈されており，痛みを増悪あるいは遷延化させる因子となることが明らかにされている [21]．実際に，筆者らが報告した症例においても，上記の身体イメージ変容が是正されていくとともに，痛みが緩解して日常生活動作が自立していった [20]．このことを考慮すると，このようなタイプの難治性疼痛症例においては，身体イメージの是正を導くようなリハを実施していく必要があり，そのリハの手段としてバックプロジェクションの手続きを利用することが有効と考えられる．

3.3.2 プロジェクション・サイエンスを応用した身体イメージ変容に対するリハビリテーション

では，バックプロジェクションによって身体イメージが改変するのかについて，あるいは身体イメージの是正によって痛みが緩解するのかについて議論していく．健常な腕を有している健常者が過度に長いダミーハンドを装着し続けると，自分の手が本当に長くなったような錯覚が生じることが報告されている [22]．興味深いことに，前腕部分が長くなった錯覚経験をしているときには，一次体性感覚野における手の体部位再現領域が縮小していたという結果も記録されている [22]．これに加えて，縮小／拡大して映された手をみながら運動を続けた後には，自分の手の位置を正確にポインティングできなくなるということも報告されている [12]．これは，サイズの異なるダミーハンドに自己の身体モデルを異投射させることが知覚経験をもたらし，さらにそれがバックプロジェクションを引き起こすことによって身体イメージが改変されたと解釈できる．これらのことを考えると，バックプロジェクションによって身体イメージを容易に操作できるということが窺える．それどころか，自分の手が大きくなったと錯覚したときにはリアルハンド（本物の手）の運動制御も変化することや [23]，白人が黒い肌のラバーハンド錯覚を経験すると人種バイアスが少なくなることも報告されており [24]，バックプロジェクションは身体イメージの形態を操作するだけでなく，運動制御や社会的バイアスも修飾できるといえる．

そう考えると，バックプロジェクションが身体イメージを是正させて痛みを緩和させるというリハ手続きも十分に考えられる（図 3.9）．たとえば，手の関節がこわばってしまう変形性手関節症を有する症例が，特殊な映像システムで自分の手がストレッチされるように伸ばされる仮想映像をみると，関節のこわばりと痛みが軽減することが報告されている [25]．また，手が腫れて顕著な痛みを訴える症例に双眼鏡を反対側から覗かせて自分の手をみせると（＝手が小さく見えるようになると），

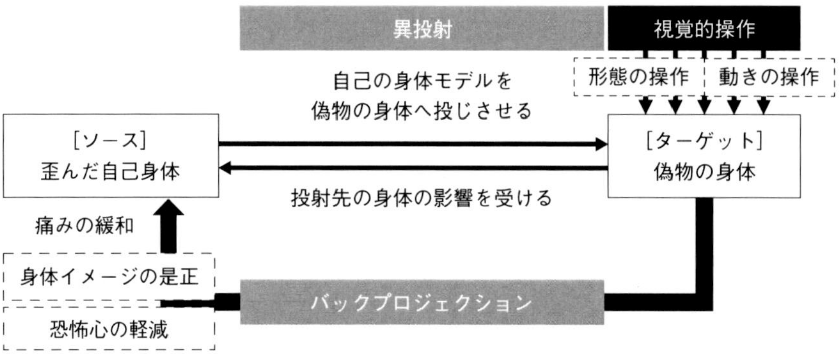

図 3.9 バックプロジェクションによって操作することのできる身体イメージと恐怖心
異投射させたターゲットを視覚的に操作することによって得られる身体イメージの是正および恐怖心の軽減が，実際の身体における痛みを緩和する．

痛みが軽減することも報告されている [26]．これらは，自己の身体モデルが投射されている映像の手，あるいはレンズ越しにみえる手の形態が人為的に操作されることによって，「こわばっている」「腫れている」というバイアスを含んでいた身体モデルがバックプロジェクションによって是正され，痛みが緩和したと解釈できる（図 3.9)．筆者らが経験した難治性疼痛症例においても，(実際の手は腫れていないのに) “腫れぼったい感じがする” と訴えており，凸型鏡に映した手（実際よりも手が小さくみえる鏡）を見ながらだと痛みが軽減するのに対して，凹型鏡に映した手（実際よりも手が大きくみえる鏡）をみると「腫れが増している気がして見てられない」と言及していた．これについても，凸型鏡に映される手（小さく映る手）からのバックプロジェクションによって，腫れのバイアスが取り除かれた結果，痛みの軽減に至ったのではないかと考えられる（図 3.9)．こういった「サイズ」の視覚的操作だけでなく，腕の「透明度」を操作することによっても痛みのネガティブバイアスを取り除けることができると考えられており，図 3.10 のようなバーチャルハンドを透明にしていくように操作すると，腕の難治性疼痛がわずかながら緩和したことが実際に報告されている [27]．このように，痛みを増悪させるようなネガティブバイアスを含んだ身体モデルを，バックプロジェクションによって是正させるリハ手続きは今後も検証する価値が十分にあるといえる．ただし，同じように「腫れぼったい感じがする」と訴える症例の中には，「大きく映された身体（凹型鏡に映されている身体）をみたほうが違和感は少ない」という全く逆のことをいう症例も存在するの

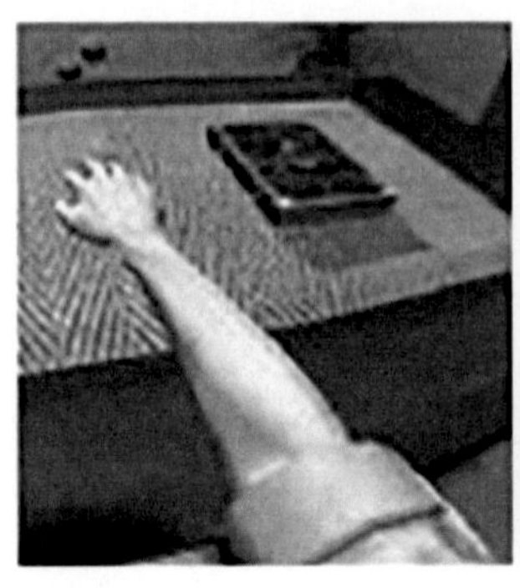

図 3.10 透けているバーチャルハンドが痛みを緩和させる
身体所有感の錯覚を生じさせたバーチャルハンドを透明にしていくと難治性疼痛がわずかながら緩和する.

で，このあたりはそれぞれの症例に合わせて検証していく必要がある.

いずれにしても，症例が異投射しているターゲットに何らかの視覚的操作を加えることは，症例の身体イメージを改変させるだけでなく，痛みも緩和させることができそうである．加えて，このようなリハ手段は，近年の映像技術の進歩にともなってさらに発展してきている．たとえば，関節が変形してズキズキした痛みを有する変形性関節症を対象にしている研究では，仮想的に関節が伸びた映像を見せるのと同時に，本物の身体の関節を伸ばす方向へ引っ張るとさらに痛みが緩和したことが報告されている [28–30]（図 3.11）．つまり，歪んだ身体イメージの是正をもたらすバックプロジェクションをリハに応用するときには，視覚像の操作だけでなく，それに同期させた体性感覚を入力させたほうが効率的であるということだ．3.1.2 で述べたように，痛みという体験は多感覚の相互作用によって修飾されることを鑑みると，このように多感覚を同期させるデバイスの開発がバックプロジェクションを応用したリハを発展させるだろう.

蛇足になるかもしれないが，もうひとつ興味深い臨床報告を紹介しておく．上肢を切断したあとに存在しないはずの腕の痛み（幻肢痛）を有する男性は，奥さんが（奥さん自身の）腕をマッサージしている場面を観察していると，「（切断したはずの）自分の腕もマッサージされているように感じてきた」と言い，その瞬間には幻肢痛が緩和していたという [31]．つまり，自分の身体モデルを（無意識的に）他者の身体に投射（異投射）して，その身体がマッサージされるという心地よい疑似体験で痛みが緩和したと考えられる．このことから，「他者の身体」を介したバックプロジェ

A

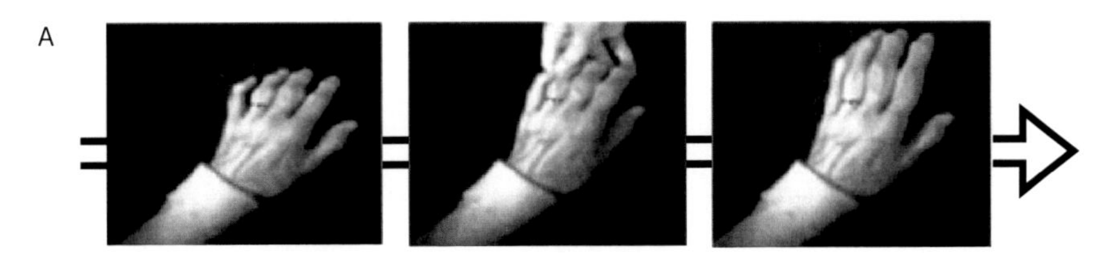

Preston C, Gilpin HR, Newport R. An exploratory investigation into the longevity of pain reduction following multisensory illusions designed to alter body perception. Musculoskelet Sci Pract. 2019 Nov 14;45:102080.

B

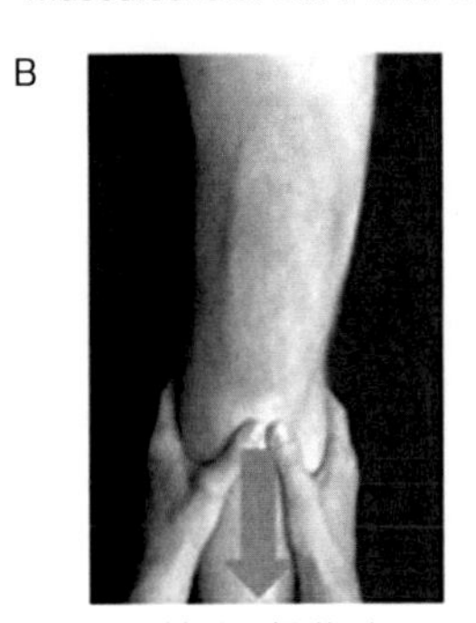

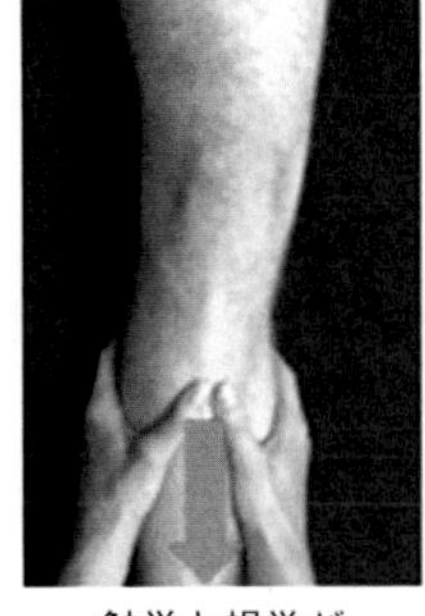

Stanton TR, Gilpin HR, Edwards L, Moseley GL, Newport R. Illusory resizing of the painful knee is analgesic in symptomatic knee osteoarthritis. PeerJ. 2018 Jul 17;6:e5206.

図 3.11 関節が伸ばされた映像と触覚の同期による痛みの緩和

A. 関節を引っ張られるタイミングと同期して関節があたかも伸ばされている映像をみると変形性関節症の痛みが緩和する.

B. 膝が伸ばされる方向へ引っ張られるのと同期して，仮想的に膝が伸びる映像をみると，変形性関節症の痛みが緩和する（触覚と視覚が同期している条件）. 単に膝を伸ばす方向へ引っ張るだけでは痛みは緩和しない（触覚と視覚が同期していない条件）

クションによるリハ手続きも有効だと考えられる．実際に，運動観察療法 (Action Observation Therapy) と呼ばれる他者を観察しながらのリハ手続きが，運動機能の改善に有効であるという報告もあり [32]，プロジェクション・サイエンスからのメカニズム解明および新規リハの開発が待たれる．

3.3.3 プロジェクション・サイエンスを応用した運動恐怖に対するリハビリテーション

ここまでは，症例の身体イメージの変容をバックプロジェクションによって是正させていくリハ手続きを提案した．筆者らは，この手続きを “運動恐怖 (Kinesiophobia)” と呼ばれるネガティブバイアスの是正にも応用できるのではないかと考えている．“運動恐怖” は「運動によって組織損傷や痛みが悪化するかもしれない」という運動に関連した恐怖心のことであり，過度に患肢を保護する行動をもたらすため，運動機能改善のためのリハを妨げる [33]．腰痛症例においては，腰を曲げたときに痛みを経験すると，「腰を曲げたら痛むかもしれない／関節が損傷するかもしれない」というネガティブバイアスが生じてしまい，関節を保護するために余計に筋肉をこわばらせ，スムーズな運動が損なわれてしまう [34]．このような不自然な運動ストラテジーは，隣接する関節の負担を大きくするため，痛みの範囲の拡大をもたらしてしまう [34]．いわゆる，“患部をかばいすぎて他の部位に出る痛み” がこれにあたる．このような悪循環の根源となる運動恐怖をバックプロジェクションによって改善させ得ることを示唆している臨床研究が報告されている [35]．その臨床研究では，片側の肩関節痛を有する症例 69 名を対象に，「鏡に映る健肢（痛くない側の肢）があたかも動いているようにみえる状況下」で，健肢の肩関節の屈曲運動（手を挙げる運動）を実施した（図 3.12)．この状況は，鏡に映る健肢を “患肢（痛い側の肢）” のように感じる錯覚経験を導くように仕掛けられており，実際に多くの症例が “健肢を動かしたら患肢が動いたように感じる” と回答している．そして，仮想的な患肢の屈曲運動（鏡に映る健肢運動の観察）を 10 回繰り返すだけで，運動恐怖を定性評価することのできる Tampa Scale of Kinesiophobia (TSK) スケールが有意に改善したという結果が得られている [35]．それだけではなく，患肢の肩関節を曲げられる角度が 15° も向上したという結果も得られている [35]．

このようなリハでは，鏡に映る健肢に対して「あたかも自分の患肢である」と異投射させたあとに，健肢を動かして痛みの伴うことのない仮想的な患肢運動を経験するプロセスが非常に重要であり，このプロセスによって，「患肢をここまで動かしても痛くないんだ」というようにネガティブバイアスが是正される．これは，異投射させたターゲットの視覚的操作によるバックプロジェクションの影響であると解釈することができ（図 3.9)，恐怖心のせいで身体が思い通りに動かない症例に有効なリハ手続きと考える．ただし，このリハ効果も個人差があり，あまりにも強い恐怖バイアスがある症例では，仮想的な患肢が動いたように感じるだけで不快感が増

図 3.12 運動恐怖を解消するための Mirror visual feedback
鏡に映る健肢をみるとあたかも患肢が動いているように錯覚して，運動に対する恐怖心が軽減される．

悪してしまう症例も報告されている [36]．近年では，そのような強い恐怖バイアスをユニークな手続きで克服しようとするリハ研究も報告されており，腰痛者の背中をあたかも「たくましくなった」ように視覚的操作をして，その背中をヘッドマウントディスプレイ越しでみると，運動への恐怖を感じにくくなり，さらには腰痛が緩和することが報告されている [37]（図 3.13）．このように，どのような手続きで運動恐怖を克服できるのかについて具体的に試行錯誤していくことが，今後の痛みのリハを発展させていくことにつながる．また，バックプロジェクションをもたらす手続きのバリエーションを豊富にすることが，対象者に合わせたオーダーメイドなリハの提供につながるだろう．

3.4 プロジェクション・サイエンスを応用した痛みのリハビリテーションに向けて

本章では，歪んだ身体イメージを是正することが，痛みの緩和につながることを説明してきた．これまでのリハビリテーション医学では，このような事象を神経活動

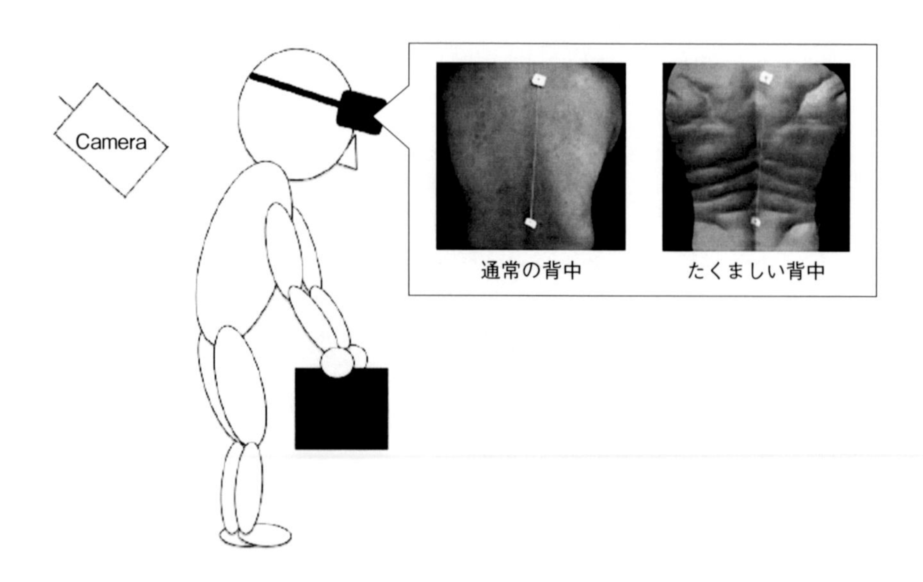

図 3.13　自分の背中がたくましくなった（ような気がする）効果
腰痛を有している症例が「たくましくなった」自分の背中をヘッドマウントディスプレイでみながら物を持ち上げて保持するタスクをする．通常の背中をみるだけでは腰痛は緩和しないが，たくましくなった背中をみながら運動すると，腰を動かすことへの恐怖心および腰痛が軽減する．(Nishigami T, Wand BM, Newport R, Ratcliffe N, Themelis K, Moen D, Jones C, Moseley GL, Stanton TR. Embodying the illusion of a strong, fit back in people with chronic low back pain. A pilot proof-of-concept study. Musculoskelet Sci Pract. 2019 Feb;39:178–183.)

に還元して考える傾向にあり，たとえば，身体イメージの形成に重要である頭頂連合野を直接的に刺激するような技術，あるいは，何らかの体性感覚刺激を入力させて頭頂連合野を活性化させようとする物理刺激装置が開発されてきている [38]．ただし，このような直接的な刺激によるリハ手続きは，身体構造，あるいは刺激デバイスなどの物理的要因に制限されてしまい，症例ごとに異なる身体イメージの変容パターンにはとても対応できない．それに対して，本章で解説したプロジェクション・サイエンスを応用したリハは，症例が投射した（仮想的）身体の映像を視覚的に操作する手続きであるため，最新の映像技術を活かせば，物理的制限を乗り越えられ，症例ごとの身体イメージの複雑さにも対応できる．この点が直接的に身体あるいは脳へ刺激をする従来リハとは大きく異なっており，バックプロジェクションを利用したリハの最大の利点であると考えている．

しかしながら，本章で提案したモデルは途上段階であり，今後の検証を積み重ねていく必要がある．特に，① 身体イメージを見える化する技術，② ターゲットに異投射させるコツ，③ 異投射させたターゲットの身体像を視覚的に操作する技術などを進歩させていけば，バックプロジェクションによる痛みの緩和を最大化することができるだろう．本章は，スペキュレイティブな部分を多く含んでいるものの，今後の学際的アプローチのための契機にはなるだろう．何より痛みのリハが少しでも進歩すれば本望である．

＊の印が付けられた図版は，近代科学社ウェブサイトにてカラー画像をご覧いただけます．
URL（https://www.kindaikagaku.co.jp/science/kd0621.htm）
もしくは QR コードよりアクセスしてください．

参考文献

[1] Younger, J., Aron, A., Parke, S., Chatterjee, N., & Mackey, S. (2010). Viewing pictures of a romantic partner reduces experimental pain: involvement of neural reward systems. *PLoS One*, **5**, e13309.

[2] Johnson, K. V., & Dunbar, R. I. (2016) Pain tolerance predicts human social network size. *Scientific Reports*, **28**, 25267.

[3] Moseley, G. L., & Arntz, A. (2007). The context of a noxious stimulus affects the pain it evokes. *Pain*, **133**, 64–71.

[4] Stanton, T. R., Moseley, G. L., Wong. A. Y. L., & Kawchuk, G. N. (2017). Feeling stiffness in the back: a protective perceptual inference in chronic back pain. *Scientific Reports*, **7**, 9681.

[5] Longo, M. R., Betti, V., Aglioti, S. M., & Haggard, P. (2009). Visually induced analgesia: seeing the body reduces pain. *Journal of Neuroscience*, **29**, 12125–12130.

[6] Wand, B. M., Tulloch, V. M., George, P. J., Smith, A. J., Goucke, R., O'Connell, N. E., & Moseley, G. L. (2012). Seeing it helps: movement-related back pain is reduced by visualization of the back during movement. *The Clinical Journal of Pain*, **28**, 602–608.

[7] Löffler, A., Trojan, J., Zieglgänsberger, W., & Diers, M. (2017). Visually induced analgesia during massage treatment in chronic back pain patients. *European Journal of Pain*, **21**, 1623–1631.

[8] Beinert, K., Lutz, B., Zieglgänsberger, W., & Diers, M. (2019). Seeing the site of treatment improves habitual pain but not cervical joint position sense immediately after manual therapy in chronic neck pain patients. *European Journal of Pain*, **23**, 117–123.

[9] Mancini, F. (2013). Focus on pain in the blind. *Pain*, **154**, 1906–1907.

[10] Höfle, M., Hauck, M., Engel, A. K., & Senkowski, D. (2012). Viewing a needle pricking a hand that you perceive as yours enhances unpleasantness of pain. *Pain*, **153**, 1074–1081.

[11] Osumi, M., Imai, R., Ueta, K., Nakano, H., Nobusako, S., & Morioka, S. (2014). Factors associated with the modulation of pain by visual distortion of body size. *Frontiers in Human Neuroscience*, **8**, 137.

[12] Mancini, F., Longo, M. R., Kammers, M. P., & Haggard, P. (2011). Visual distortion of body size modulates pain perception. *Psychological Science*, **22**, 325–330.

[13] Osumi, M., Imai, R., Ueta, K., Nobusako, S., & Morioka, S. (2014). Negative body image associated with changes in the visual body appearance increases pain perception. *PLoS One*, **9**, e107376.

[14] 鈴木宏昭. (2016) プロジェクション科学の展望. 日本認知科学会 33 回大会発表論文集

[15] Shibuya, S., Unenaka, S., Zama, T., Shimada, S., & Ohki, Y. (2018). Spontaneous imitative movements induced by an illusory embodied fake hand. *Neuropsychologia*, **111**, 77–84.

[16] Coleshill, M. J., George, D. N., & Mazzoni, G. (2017). Placebo Analgesia From a Rubber Hand. *The Journal of Pain*, **18**, 1067–1077.

[17] Martini, M., Perez-Marcos, D., (2013). Sanchez-Vives, M. V. What Color is My Arm? Changes in Skin Color of an Embodied Virtual Arm Modulates Pain Threshold. *Frontiers in Human Neuroscience*, **7**, 438.

[18] Turton, A. J., Palmer, M., Grieve, S., Moss, T. P., Lewis, J., & McCabe, C. S. (2013). Evaluation of a prototype tool for communicating body perception disturbances in complex regional pain syndrome. *Frontiers in Human Neuroscience*, **7**, 517.

[19] Peltz, E., Seifert, F., Lanz, S., Müller, R., & Maihöfner, C. (2011). Impaired hand size estimation in CRPS. *The Journal of Pain*, **12**, 1095–1101.

[20] Osumi, M., Okuno, H., Nishigami, T., Ueta, K., & Morioka, S. (2015). Tactile localization training for pain, sensory disturbance, and distorted body image: a case study of complex regional pain syndrome. *Neurocase*, **21**, 628–634.

[21] Linnman, C., Becerra, L., & Borsook, D. (2013). Inflaming the brain: CRPS a model disease to understand neuroimmune interactions in chronic pain. *Journal of Neuroimmune Pharmacology*, **8**, 547–563.

[22] Schaefer, M., Flor, H., Heinze, H. J., & Rotte, M. (2007). Morphing the body: illusory feeling of an elongated arm affects somatosensory homunculus. *Neuroimage*, **36**, 700–705.

[23] Marino, B. F., Stucchi, N., Nava, E., Haggard, P., & Maravita, A. (2010). Distorting the visual size of the hand affects hand pre-shaping during grasping. Experimental *Brain Research*, **202**, 499–505.

[24] Maister, L., Sebanz, N., Knoblich, G., & Tsakiris, M. (2013). Experiencing ownership over a dark-skinned body reduces implicit racial bias. *Cognition*, **128**, 170–178.

[25] Preston, C., & Newport, R. (2011). Analgesic effects of multisensory illusions in osteoarthritis. Rheumatology Oxford, 50, 2314–2315.

[26] Moseley, G. L., Parsons, T. J., & Spence, C. (2008). Visual distortion of a limb modulates the pain and swelling evoked by movement. *Current Biology*, **18**, R1047–1048.

[27] Matamala-Gomez, M., Diaz Gonzalez, A. M., Slater, M., & Sanchez-Vives, M. V. (2019). Decreasing Pain Ratings in Chronic Arm Pain Through Changing a Virtual Body: Different Strategies for Different Pain Types. *The Journal of Pain*, **20**, 685–697.

[28] Stanton, T. R., Gilpin, H. R., Edwards, L., Moseley, G. L., & Newport, R. (2018). Illusory resizing of the painful knee is analgesic in symptomatic knee osteoarthritis. *Peer J*, **6**, e5206.

[29] Themelis, K., & Newport, R. (2018). An investigation of contextual factors in the application of multisensory illusions for analgesia in hand osteoarthritis. Rheumatology Advances in Practice, 2, rky019.

[30] Preston, C., Gilpin, H. R., & Newport, R. (2020). An exploratory investigation into the longevity of pain reduction following multisensory illusions designed to alter body perception. *Musculoskeletal Science and Practice*, **45**, 102080.

[31] Ramachandran, V. S., & Brang, D. (2009). Sensations evoked in patients with amputation from watching an individual whose corresponding intact limb is being touched. *Archives of neurology*, **66**, 1281–1284.

[32] Sale, P., Ceravolo, M. G., & Franceschini, M. (2014). Action observation therapy in the subacute phase promotes dexterity recovery in right-hemisphere stroke patients. *BioMed Research International*, 457538.

[33] de Jong, JR., Vlaeyen, J. W., de Gelder, J. M., & Patijn, J. (2011). Pain-related fear, perceived harmfulness of activities, and functional limitations in complex regional pain syndrome type I. *The Journal of Pain*, **12**, 1209–1218.

[34] Elgueta-Cancino, E., Schabrun, S., & Hodges, P. (2018). Is the Organization of the Primary Motor Cortex in Low Back Pain Related to Pain, Movement, and/or Sensation? *The Clinical Journal of Pain*, **34**, 207–216.

[35] Louw, A., Puentedura, E.J., Reese, D., Parker, P., Miller, T., & Mintken, P. E. (2017). Immediate Effects of Mirror Therapy in Patients With Shoulder Pain and Decreased Range of Motion. *Archives of Physical Medicine and Rehabilitation*, **98**, 1941–1947.

[36] Moseley, G. L., Zalucki, N., Birklein, F., Marinus, J., van Hilten, J. J., & Luomajoki, H. (2008). Thinking about movement hurts: the effect of motor imagery on pain and swelling in people with chronic arm pain. *Arthritis & Rheumatology*, **59**, 623–631.

[37] Nishigami, T., Wand, B. M., Newport, R., Ratcliffe, N., Themelis, K., Moen, D., Jones, C., Moseley, G. L., & Stanton, T. R. (2019). Embodying the illusion of a strong, fit back in people with chronic low back pain. A pilot proof-of-concept study. *Musculoskeletal Science and Practice*, **39**, 178–183.

[38] Bolognini, N., Olgiati, E., Maravita, A., Ferraro, F., Fregni, F. (2013). Motor and parietal cortex stimulation for phantom limb pain and sensations. *Pain*, **154**, 1274–1280.

4章
バーチャルリアリティによる身体の異投射が知覚・認知・行動に与える影響とその活用

鳴海拓志

4.1 プロジェクションによって生じる心の機能

人間の心はどこから生じるのか．この大きな問いに対する議論と探求は現在も続いている．心は独立した存在である，心は身体の中にありながら身体を支配していると考えるデカルト的な心身二元論に対し，Ryleは『*The concept of mind*』[1]の中で「機械の中の幽霊 (ghost in the machine)」という言葉を用いて批判した．身体を機械のように捉えると，人間の心的機能の発現を説明するためにつかみ所のない幽霊が存在するとしなければならない．Ryleは，これを避けるためには，身体と心を異質な立場にあると解釈する人間観を脱し，身体やそれを通じて行われる行為こそが心の働くありさまそのものであると捉えるべきことを議論している．

Ryleは心身の分離という考え方に対する批判の意味を込め，ネガティブな意味でゴーストという表現を用いた．一方で，このRyleの議論以降，このゴーストという表現は多方面に刺激を与え，哲学からサイエンスフィクションまでの幅広い分野における著作において，自己のアイデンティティを司る心的機能（情動，認知機能，意識，思考様式など）を指すものとしてゴーストという言葉が用いられるようになった．心身二元論に対するネガティブな批判から出発した用語が，後に続く著作ではあえてポジティブに捉えて用いられるなど，いくつかのスタンスが取られながらも，身体とゴーストの不可分な関係が哲学的観点から述べられ，深められてきた．本論でもあえて誤用を恐れずポジティブな意味でゴーストを捉え，心的機能としてのゴーストは身体や行為が作り出す影のような存在であり，身体とゴーストは相互作用しながらバランスを取って成立しているという立脚点に立つ．その上で，身体との相互作用を鍵に，人間の心を生じさせる根源に迫っていくことを考えたい．

認知科学分野でも，身体反応が先行し，その原因帰属がなされることによって情動が生じることを示唆する情動二要因理論 [2] をはじめとして，身体と情動との相互作用に関わる身体化情動 (embodied emotion) について長年にわたって研究がなされてきた．また，昨今では，なめらかな手指の運動が淀みのないスムーズな思考を導き創造性を向上させることが示される [3] など，身体感覚や身体運動によって認知情報処理が影響を受けることを明らかにする身体化認知 (embodied cognition) の研究が一つのトレンドとして隆盛を見せている．

こうした身体とゴーストの関係を考える上で，プロジェクション・サイエンスが果たす役割は大きい．身体化情動や身体化認知の研究では，通常の場合，実身体とゴーストとの関係を対象として研究が進められる．他方，プロジェクション・サイエンスにおいて定義される「異投射」[4] が身体において起こるとき，ゴーストと相互作用を起こす対象としての身体は，実身体に留まるのか，異投射されたバーチャル身体になるのかという問題が生じる．ここでいう身体の異投射とは，ラバーハンド錯覚 (Rubber Hand Illusion; RHI) [5] においてゴムの手がまるで自分の手のように感じられるように，実際には自分の体ではない対象（ターゲット）に自己（ソース）の身体モデルを投射することを指す．大住ら [6] は，異投射されたバーチャル身体への刺激提示が自己の身体への知覚をも変容させることを紹介している．こうした現象は，投射したターゲットからソース自体が影響を受ける現象であり，バックプロジェクションと呼ばれる [7]．バックプロジェクションの存在は，ゴーストと相互作用する対象が，実身体そのものではなく，それが正常な投射であろうと異投射であろうと，投射された先の身体であることを示唆する．

これを立脚点として考えると，ゴーストはバックプロジェクションによって変容し，投射された身体の影響を強く受けると考えられる．ここで異投射を活用し，投射される身体の特性を変化させることによってゴーストがどのような影響を受けるかを体系化できれば，人間の心はどこから生じるのか，という問いの答えに大きく近づくことができるだろう．

4.2 異投射のツールとしてのバーチャルリアリティ技術・人間拡張技術

異投射という観点から，人間の心はどこから生じるのか，という問いに迫っていくためには，さまざまな状況において異投射を成立させる手法が不可欠である．ラバーハンド錯覚は，そのための手法としてこれまで多くの研究で用いられてきた．しかしラバーハンド錯覚で体験される異投射は，ほとんど動くことのない特定の身体部位しか対象にできないという制約がある．

こうした制約を廃し，より自由な異投射を成立させる技術として，バーチャルリ

アリティ (Virtual Reality; VR) 技術が登場してきた．VR において，バーチャル世界における身体はアバタと呼ばれる．アバタは，その見た目だけでなく，形状や機能まで自由に設定することができる．また，種々の感覚インタフェースを組み合わせて用いることで，視覚にとどまらず，触覚などの多様な感覚に働きかけて，アバタを通じたインタラクションを高いリアリティのもとに体験させることも可能である．

VR を現実と同様の体験をシミュレーションするツールであると捉えると，アバタもできるだけ現実の身体に近いものを用いようという発想に至る．一方で，たとえば超人的なジャンプ能力など，現実ではあり得ない身体能力や特殊能力を発揮できる身体を操ったり [8]，男性が女性としての身体経験を得たり [9]，さらにはしっぽなど人間にはない部位のある身体を操ったり [10]，人間以外の生物として振る舞う体験 [11] をしたりと，VR を現実で可能な体験を超える体験を提供する仕組みとして利用することも可能である．こうした実際の身体とはかけ離れた特性を持ったバーチャル身体を操る場合にも，ラバーハンド錯覚の研究を通じて明らかになってきたように，実際の身体動作とアバタの動作を適切に対応づけたり，整合性のある多感覚フィードバックを与えることで，あたかも自分の身体のように感じさせることが可能であることが確かめられてきた [12]．

さらに近年では，義手などの補装具からパワーアシストシステム，さらには第3の腕 [13] や新たな指 [14] を追加する研究まで，工学的に人間の身体機能を拡張する人間拡張 (augmented human) 技術の研究が盛んに取り組まれている．VR が作り出す感覚を通じた情報的な意味での身体拡張だけでなく，物理的にも身体の拡張が可能になってきたわけである．これらの，新しい身体を自在に設計し，本当の自分の身体かのように操ることを可能にする技術は，これまで実験変数として設定することが難しかった身体を，バーチャル身体への異投射を通じて自在に設計可能な一つの変数として扱うことを可能にした．これにより，身体とゴーストとの相互作用を科学的に検証しやすい状況が整ったといえる．

異投射された身体とゴーストとの関係を科学する萌芽的な取り組みとして，Yee *et al.* は，VR において魅力的な容姿のアバタや身長の高いアバタを用いることが他人とのコミュニケーションの取り方に影響を与えることを明らかにし，こうした身体の見た目の変化が態度や行動を変化させる効果をプロテウス効果 [15] と名付けた．この先駆的な研究以降，異投射された身体が持つ特徴が，どのようにわれわれのゴーストを変化させるのか，その関係性を明らかにするさまざまな研究が展開されるようになってきている.

一方では，異投射によって身体のあり方を変容させる技術が長足の進歩を遂げるとともに，怒濤の勢いで実社会へと導入されている現実がある．これまで，先に述べてきたような新しい身体を提供するVR技術の利用は研究現場だけに限られていた．しかし，モーショントラッキング機能を持つ安価で高性能なヘッドマウントディスプレイ (Head-mounted Display; HMD) が市場に投入されたことで，この種のVR技術は研究現場だけでなく，一般の家庭を含むさまざまな状況において利用可能なものになった.

これを受けて，現在ではバーチャルYouTuber (VTuber) のような，新しい身体を使って他者とのコミュニケーションを取る存在が一定の社会的認知を得るようになっている．一般にYouTuberは，演者が自ら登場するさまざまなビデオを動画投稿サイトに投稿する．一方のバーチャルYouTuberは，投稿するビデオの内容はYouTuberと変わりのないものがほとんどであるが，演者は生身で登場せず，演者の動作や表情を反映したアバタの形でビデオに登場する．「バーチャルYouTuberランキング」[1]を運営する株式会社ユーザーローカルの統計によると，バーチャルYouTuberの人数は，2020年1月15日時点で10000人を突破している．また，CYBERDYNE社のロボットスーツHAL[2]が保険認可を受けるなど物理的に身体を支援するタイプの身体拡張技術も展開されはじめている.

4.3 異投射を活用したゴーストの理解から工学的アプローチによるゴーストの拡張へ

このように技術による身体拡張体験・身体異投射体験が一般に広がりを見せる中で，こうした身体の変容がゴーストにもたらす影響については十分な議論・検証がなされていない．新しい技術が先行して社会に広がりを見せる中で，身体の異投射がゴーストにどのように影響を与え，人間や社会にどのようなポジティブな効果やネガティブな効果をもたらしうるのかについて，科学的な観点から迅速かつ深く議論していく必要があるといえるだろう.

さらなる展望を考えれば，ゴーストの科学的理解の深化は，VRや人間拡張技術にも新たな展開をもたらすだろう．身体の異投射がゴーストを変容させる効果をよりポジティブに活用し，現実の問題の解決に繋げようという研究も登場してきてい

[1] https://virtual-youtuber.userlocal.jp/
[2] https://www.cyberdyne.jp/products/LowerLimb_medical_jp.html

図 4.1　身体の異投射の影響を利用して人間の認知機能を拡張するゴーストエンジニアリング．変身・分身・合体など，現実の身体とは異なる特性を持つ身体を用いることで人の心理や認知に影響を与える．

る．例えば，Banakou *et al.* は，VR 環境において白人が黒人のアバタを操る経験を経ることで，白人が持つ黒人への潜在的な人種差別的偏見が軽減することを示す結果を得ている [16]．このように，身体変容に応じてわれわれ自身がどのように変化していくかということを理解できれば，身体拡張体験による心の変化を積極的に活用して，自らのゴーストをアップデートし，個々人による自らの心的状態や認知の適切な変化を支援することが可能になると考えられる．

これまでは，さまざまな無意識的なバイアスの影響を受けてしまい，人間が自らの感情や思考様式と上手に付き合っていくことは必ずしも簡単なこととはいえなかった．人間の心の状態や認知を拡張する技術を活用することで，人間が自らの感情や思考様式と上手に付き合えるようになれば，それによってより創造的で Well-being の高い生活を送ることや，多様な他者と良好で生産的な関係を築くことができるようになる．こうした技術は，直接的には身体的・精神的な困難を抱える人の社会参画のために利用できるだろう．それだけでなく，この技術を広く一般の人々が所与の肉体の制約に縛られることなく他者の視点の理解や共感を高めるために利用することが，社会の多様性を担保するうえで重要な役割を担うようになると考えられる．

これらは，これまで主に物理的な支援や拡張を主眼に置かれてきた身体拡張技術の領域に，プロジェクション・サイエンスの観点を導入することで，バックプロジェクションによる知覚・認知・行動の変容という新しい可能性を見いだし，認知的な面での支援や能力拡張，そして社会的な関係性の拡充までをも実現する技術領域を開拓できることを意味する．このような身体変容に基づいて認知を拡張する工学技術の体系を本稿ではゴーストエンジニアリング（図 4.1）と定義した．

次節以降では，異投射を活用して身体とゴーストとの相互作用を解き明かす科学的探求のこれまでの研究の成果を紹介した上で，その発展・応用として，VR を中心とした身体拡張体験を活用してわれわれのゴーストを適切な状態に導くゴーストエンジニアリングの研究の実例と，その可能性について議論をしていく．

4.4 身体の異投射と身体所有感

そもそも，身体を異投射して，本来の身体とは異なる新しい身体を獲得する，とはどういうことであろうか．われわれは，自分の身体が今ここに存在している，という揺るぎない感覚を抱いている．この，「自分の身体がまさに自分自身の身体である」という感覚は，身体所有感と呼ばれる [18]．通常，われわれは自分の身体に対してのみ身体所有感を得，自己と外界とを明確に区別することができる．それがゆえに，技術的に新しい身体パーツとして機能する機械の付加や，VR によって柔軟にバーチャルな身体を与えることが可能だとしても，自分の身体とそれらの付加的な身体ははっきりと区別されるのではないかとも考えられる．しかしながら，一定の条件下では，自分の身体ではないはずの対象にも身体所有感が生起し，あたかも自分自身の身体であるかのように感じられることが確かめられている．

Botvinick & Cohen [5] による RHI の発表以降，RHI をツールとして身体所有感が生じるための条件が調べられてきた．例えば，手の形状に似せた木の枝や，通常の手の向きから 90 度回転させて置いたラバーハンドに対しては多感覚の同期刺激を与えても身体所有感が生起しないため，身体構造上の意味的な制約を受けることが知られている [19]．また，時間的・空間的な同期は非常に重要であり，ラバーハンドと実際の手で違う指が筆でなぞられる場合 [20] や，300 ms 以上の遅延が生じる場合 [21] には身体所有感が生起しないとされている．

RHI の確認以降，VR を活用して，バーチャルな手でも同様の現象が起こること（バーチャルハンドイリュージョン；VHI）[22] や，手だけでなく全身アバタに対しても身体所有感が生起する [23] ことを示す研究が次々と行われた．特に VHI の研究では，RHIで確かめられてきた多感覚の同期刺激で身体所有感が生起するという条件だけでなく，自己受容感覚を通して得られる自らの身体運動情報と視覚で得られるバーチャルな身体の運動の同期によっても身体所有感錯覚が生起することが示された [22]．この場合でも時空間的な同期が必須であり，特にバーチャルハンドでは角度のずれが15度以下，遅延が150 ms以下の場合に身体所有感が生起する [24] とされている．

身体所有感が生じる対象や時空間的条件に制約があるという事実は，身体の異投射にはそれが成立する条件があるということを意味する．この条件は，人間の身体を拡張する技術の可能性と制約を考える上で重要である．そのため，バーチャルな身体を用いた実験系によって，どの程度までわれわれの身体と異なるバーチャル身体に身体所有感が生じうるかを調べる研究が数多く行われてきた．基本的には，身体形状の内部モデルは記憶や知識の影響を受けて構成されると考えられるため，アバタの身体の構造および外観が自身の実際の身体に近づくほど，強い身体所有感が生起する．身体所有感が生起する上での制約については，対象となる身体の形状，テクスチャ，空間的配置，解剖学的構造の四つの要素に分類されて検討されてきた．詳細については [25] や [26] などのレビュー論文を参考にされたい．

これまでの身体所有感の研究においては，多くの場合，身体所有感が生じる場合と生じない場合とが対比されてきた．すなわち，身体所有感の生起条件や生起時に特有の効果を考えるにあたり，身体所有感はゼロイチのデジタルな条件として設定されてきたと言える．ある対象に対する身体所有感をゼロイチで考えることは，われわれの身体はただ1つのものであるという暗黙の了解と相性が良く，身体にとって二重経験はありえるか，という問いを回避できる（なお，身体所有感錯覚生起時の身体のあり方および身体の二重経験の問題については [27] を参照されたい）．一方で，近年のアバタ研究においては，順序尺度的関係ではあるにせよ，身体所有感をアナログにとらえ，その強弱を考える検討がなされている．

たとえば，アバタの見た目を変化させることで，身体所有感を段階的に変化させることができる [28, 29]．具体的には，アバタの見た目が人間に近いほど身体所有感が強く生じ，アニメ調のレンダリングやロボットのような非生物的な見た目では身体所有感が弱まり，板状に単純化された場合などには身体所有感は生じるもののかなり弱い．また，同じリアルな見た目のヒト型アバタを使用する場合でも，見た目やサイズが使用者に近くなるようパーソナライズするほど，身体所有感は高まる．

さらには，身体所有感の変化を時系列的に捉える取り組みも始まっている．小柳

ら [30] は，ソーシャル VR コンテンツである VRChat に着目し，VRChat におけるアバタの長期の使用が身体所有感に与える影響を評価した．VRChat では一般にかわいい外見のアニメ調のアバタが好んで用いられている．こうしたアニメ調のアバタはユーザの実身体とは大きく異なり，身体所有感も低いはずである．ところが，長期にわたってアニメ調のアバタを使用しているユーザの身体所有感を調べたところ，普段から使用しているアニメ調のアバタを使用する場合のほうが，実身体に近いリアルなヒト型のアバタを使用する場合よりも高い身体所有感を得られることが明らかになった．このことは，身体所有感およびその生起の基準が時間をかけて連続的に変化しうることを示している．

身体所有感をゼロイチで論じるのではなく，それが段階的・連続的に生起しうるものだという視点で見るとき，この実身体ではない対象に生じる身体所有感の強さを，対象に対する「投射の強さ」と捉えることもできるだろう．田中 [27] が述べているとおり，身体所有感錯覚においては，「ここ」という位置感覚を生じさせうる「自己の身体」が，物理的身体とバーチャル身体とを含むようなあり方に拡張されていると考えられる．このとき，表象として成立した自己を，物理的身体とバーチャル身体のどこに投射するかということが問題になる．もし投射をゼロイチで考えるならば，自己は物理的身体とバーチャル身体のどちらかにしか位置づけられない．しかし実際には，バーチャル身体への異投射が強まるほどバーチャル身体の側に自己が位置している感覚が相対的に強まるものの，実身体の側への投射がなくなるわけではなく，実身体が完全に無視されることはない．このことから，表象の投射は同時に複数の対象に配分されうるのではないかと考えられる．たとえば，高い身体所有感が得られるバーチャル身体に没入するとき，表象の 7 割がバーチャル身体に異投射され，残り 3 割が実身体に投射される，といった配分が起こっていると想定される．この考え方に基づくとき，バックプロジェクションにおいてもこれが当てはめられる．すなわち，投射された対象の特性を受けて自己表象が変化していく際に，バーチャル身体への身体所有感が強い（バーチャル身体への異投射が強い）ほどその影響を受けやすく，逆の場合には影響を受けにくいということが考えられる．

4.5　身体の異投射の程度と知覚の変容

われわれが暗黙の内に持っている身体表象は，外界の認識を調整するためにも使われる [31]．そのため，身体が驚くべき可塑性をもっていることが明らかになるにつれて，この可塑性が人間の知覚に影響を与えることも明らかになってきた．

特に空間知覚への影響は大きく，バーチャル身体への没入によって自己の身体のサイズが変わって感じられると，外界のスケール知覚が変化することが確かめられている [32,33]．この効果は，身体特有の効果であるとも，単純に見慣れたサイズのオブジェクトとの対比によってスケール知覚が補正される効果であるとも考えることができる．そのどちらが正しいのかを確かめる実験が行われる過程において，一つのことが明らかとなった．それは，この効果がバーチャル身体への身体所有感の強さによって変化するという事実である [34,36–38]．たとえば，van der Hoort & Ehrsson [36,37] は，異なる身体サイズの人形の頭部にカメラを設置し，その視点から撮影された映像を見せながら，実身体と人形に同期した触覚刺激を与えることで，さまざまなサイズの人形に身体所有感を生起させた．このとき，大きな人形に身体所有感が生起すると物体がより小さく近くにあるように知覚され，小さな人形の場合ではその逆の知覚が生じることを示した．また，身体所有感を弱めると，その効果が弱まることも示している．このことから，この効果は身体が知覚に与える特有の効果であると結論づけられている．それと同時に，プロジェクション・サイエンスの立場から見るとき，この結果は，先に述べた「投射の強さ（=身体所有感の強さ）がバックプロジェクションの強さと相関する」という考え方を支持するものと捉えることができる．

また，身体所有感の強さは，多感覚統合にも影響を与えることが明らかになってきている．Schwind *et al.* [39] は，VR で見た目の異なるアバタに没入する実験において，身体の見た目が視覚と触覚の感覚統合のされ方に影響を与えることを示した．この研究では，身体の見た目が人間に近いリアルなものであるほど，感覚統合における見かけの身体運動（視覚）の影響が強まることが示されている．身体の見た目がリアルであるほど身体所有感は高まるため，これも投射が強い場合ほど投射された対象の影響を強く受けた知覚が成立しやすくなることを支持する結果と言える．

同様に，Ogawa *et al.* [40] は，VR でバーチャルハンドの見た目の抽象度が異なる場合に，視覚と固有感覚の感覚統合のされ方が変化することを示した．この研究では，図 4.2 に示すように，抽象度の低いリアルなバーチャルハンドと，指先位置をポインタとして示すような抽象度の高いバーチャルハンドが用いられた．このとき，前方のターゲット位置まで右手人差指を移動させるリーチングタスクにおいて，スタート地点からの距離に応じて左右どちらかに指先が変位するオフセットを与える．オフセットがのって視覚フィードバックされる身体位置と，実身体から感じら

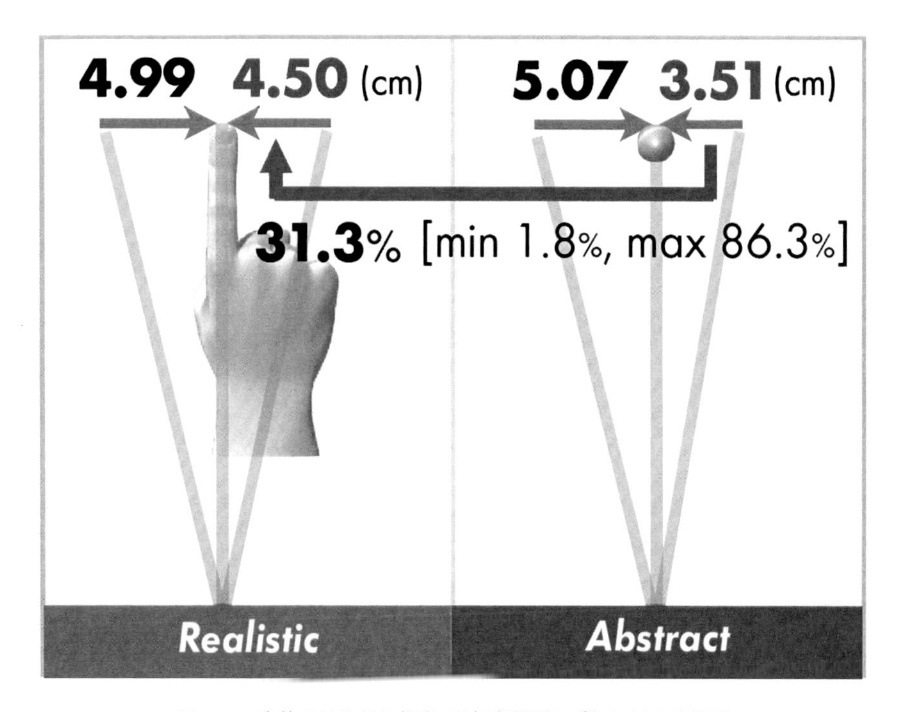

図 4.2 身体の見た目と視覚-固有感覚間のずれに対する閾値

れる固有感覚の間のずれに気付く閾値を調べたところ，体の中心軸から遠ざかる方向のずれに関しては身体の見た目による閾値への影響が見られなかったものの，体の中心軸に近づく方向のずれに関しては身体の見た目がリアルなほど閾値が大きくなり，ずれに気付きにくいことが示された（図 4.2）．この結果も，状況限定的ではあるものの，先に紹介した [39] の結果と同様に，身体所有感が高いバーチャル身体を使うほどバーチャル身体を中心とした知覚が成立しやすくなることを支持している．

このように，実際とは異なる身体への身体所有感を得ることは，その身体を通して世界を感じることに繋がり，その身体の特性に応じて知覚も変容する．その際，投射の強さともいえる身体所有感が高いほど，バックプロジェクションも強まり，知覚の変化の程度も大きくなる．こうした知覚の変容は，必然的にそれを基盤とした認知や心的機能の変容にも繋がると考えられる．

4.6 身体の異投射と認知・行動の変容

身体の異投射が起こると，バックプロジェクションにより，先に述べた知覚的な影響に加えて，ステレオタイプや記憶などを含む認知的な影響の効果も生じ，さまざまな認知や行動にも影響が現れる．特に人型のアバタの容姿が人間の認知に与える効果については，性別 [9]，肌の色 [41]，魅力 [15]，年齢 [34,35] などを切り口に，さまざま側面から調べられてきた．

Banakou *et al.* は，VR 環境において白人が黒人のアバタを操る経験をすると，白人が持つ黒人への潜在的な人種差別的偏見を軽減させられることを示した [16]．さらに Banakou *et al.* は，使用者に近い見かけのアバタを用いる場合よりも，アインシュタインのアバタを用いた場合に，認知課題のスコアが向上することを報告した [17]．この認知課題成績の変化は，自己肯定感の低い使用者ほど顕著に表れることが示されている．これは，自らがどのような存在であるかという認識が普段の能力に制約を与えていること，そして VR において新しい身体を与えられるとバックプロジェクションによって自らに対する認識が更新され，新たな自己認識に沿った能力が発揮・開花されることを示唆している．

同様の研究として，Osimo *et al.* は VR 環境においてセルフカウンセリングを行う実験系を用いた．この実験では，実験参加者が一般的なアバタで悩みを告白する時間とカウンセラのアバタに没入して自身をセルフカウンセリングする時間が設けられる．このカウンセラのアバタとして，自分に近い見かけのアバタを使用する場合と比べて，フロイトのアバタを使用した場合に，Profile of Mood States (POMS) で計測される参加者の心理的気分が改善し，幸福度が向上することが示された [42]．この研究では，こうした効果がフロイトのアバタが参加者の動きと同期しない場合よりも，同期して動く際に高まることも報告されている．このことから，このような認知的効果の発生にも，投射の強さおよびバックプロジェクションの強さが支配的な影響を与えることが示唆される．

身体の異投射が与える影響は思考だけに留まらず，無意識的なわれわれの行動にも影響を与えうる．Banaoku *et al.* [43] は，太鼓の演奏を習う VR システムを実験参加者に体験させる際に，自らのアバタがかっちりとしたスーツに身を包んだ白人男性である場合に比べて，カジュアルな服装でアフロヘアの黒人男性である場合のほうが，腕の振りが大きくなることを示した．

こうした心理状態・態度・行動の変化は無自覚的なものであり，自らの身体とは異なるアバタを使用して得た経験が，無意識にわれわれの判断・思考・行動に影響を与えていることが伺える．実際の身体とは異なる特性を持つアバタに身体所有感を得たことによって認知やそれに伴う行動が変容するメカニズムとして，先述の研究の中で Osimo *et al.* は，perspective-taking [44] による自己の更新という観点から結果を説明している．perspective-taking は，他者が何を考えているのか，感じているのかを，その人の立場になって想像する能力のことを指す．VR におけるアバタへの没入は，バーチャル身体が持つと推測される特性に自己という概念を関連づけることで，通常自らの身体において慣れ親しんだ思考の形態からいったん離れさせ，この身体であれば何を考え何を感じうるのかを無意識の内に想像させる．Osimo *et al.* は，このことが普段はアクセスすることのないメンタルリソースへのアクセスを促し，認知や思考の変容をもたらすとした．この観点はバックプロジェクションと相性の良い考え方であると言えよう．

一方で，身体の異投射の影響を受けて直接的に認知能力が向上するわけではなく，身体変容によって自尊心やモチベーションが向上し，間接的に能力が向上するという考え方もある．このどちらが正しいかはいまだ結論づけられておらず，身体の異投射がどのようなメカニズムで認知に影響を与えるのかを解き明かすには更なる研究が必要である．

身体への認識は，直接的に自己単体を参照して成立するだけでなく，他者との関わりにおいて相対的にも変化しうる．4.1 節において紹介したように，Yee *et al.* は，容姿の魅力的なアバタや身長の高いアバタを用いることで他者とのコミュニケーションを有利に進められるという効果を明らかにし，こうした身体の見た目の変化が態度や行動を変化させる効果をプロテウス効果と名付けた [15]．この研究を通じて Yee *et al.* は，コミュニケーションにおいてアバタの容姿をマネジメントすることの重要性を説いている．こうした系は身体変容が他者との関わりの中で効果を発揮し，自己認識やコミュニケーションを変化させる例と考えられる．

これまで紹介してきた研究では，アバタが特定の役割を想起させるものがほとんどであったが，身長の高低などの要素は，多くが他者との比較によって決定される．そのため，複数のユーザがアバタを使うような環境において，どのような効果が発生しうるかを検討し理解しておくことが重要である．特に，VR を利用した場合には，必ずしも全員が同じ世界を見る必要はない．たとえば，背の高いアバタと背の低いアバタを使う人が役割固定的である必要はなく，双方が自分は背が高く相手は背が低いと感じられるよう調整することや，状況に応じて背の高さを動的に変えることなども可能になるだろう．

また，ヒト型以外のアバタへ身体所有感を生起させた際の効果については十分な検討がなされていない．Ahn *et al.* [45] は，動物アバタに身体所有感を生起させる体験を経ると，環境への意識が変化し，環境保全意識が高まることを示した．小柳らは，鳥 [46] やドラゴン [11] など飛行能力をイメージさせるアバタに身体所有感を生起させることで高所恐怖が和らぐことを示し，こうした効果を飛行ドローンの操作能力向上に役立てることを議論している．飛行ドローンや海中探査機，宇宙探査機など，人間にない能力を持つ対象を自らの身体のように操らなければならない状況において，違和感なく没入が可能で，かつ人間にはない特定の能力をイメージさせるアバタの力を借りることで操作性を向上させるというアプローチは，今後の人間拡張技術の普及のためにも深く検討されるべきテーマであろう．

ここで紹介してきた現実とは異なる非対称な状況や，動的に変化する身体，そして人間の形態を超えた身体がもたらす認知変容の効果も含め，身体に対する現実の制約を解放した場合にどのような変化が現れるのか，そして人間の認知や行動をどこまで自由に拡張できるかについては今後の更なる検討が必要といえる．

4.7　身体運動の変容が認知と行動に与える影響

アバタの容姿だけでなく，アバタがどのような行動を取りうるかということも，そのアバタを使うわれわれの認知や行動に影響を与える．それはアバタやアバタを通じてフィードバックされる運動様式が，われわれの身体図式に影響を与えるためと考えられる．身体図式とは，自分の身体の姿勢や動きを制御する際にダイナミックに働く無意識の身体像である [47]．言い換えると，身体の姿勢，部位の位置関係，動作に必要な各部位の運動量などを直感的に知るための潜在的な基準と言える．バーチャル身体で可能な運動が経験されていくことで，実身体の運動において用いられる身体図式とは異なる新しい身体図式が成立し，われわれ自身のあり方にも影響を与えていくことが考えられる．

実際に，Rosenberg *et al.* [8] は，実験参加者がバーチャルキャラクタの操縦するヘリコプタに乗り込んで空を移動して他者を助ける体験をした場合と比べ，自ら空を飛べるスーパーヒーローになり主体的に他者を助ける体験をした場合の方が，VR 体験の後の利他的行動が誘発されやすくなることを報告した．この結果は，アバタの行動能力（空を飛ぶ超人的なパワー）への認知が自らの能力と捉えられるようになり，そのような能力をヒーローらしく振る舞って発揮するよう，潜在的な態度変容が促されることにより起こると説明されている．こうした影響を考えると，アバタがどのような振舞いを行えるか，どのような能力を持っているかを設計することによって，それを使用する人間の認知や行動に影響を与えられると予想される．

これまで説明してきたとおり，アバタへの身体所有感の強さとこうした認知や行動への影響の強さには密接な関係がある．そのため，身体変容と認知・行動の関係を探求する研究では，基本的には体験者が動かしたとおりにアバタが動く環境が用いられている．他方で，あるところまで体験者が動かしていたアバタが急に自律的な振舞いをみせたり，見かけが自分とそっくりのアバタが自分の意図しない行動をとることは，体験者にどのような影響を与えうるだろうか．

こうした疑問に対し，Bailenson *et al.* [48] は，見かけは自己にそっくりであるにもかかわらず自律的に動くアバタを「バーチャルドッペルゲンガー」と呼び，特に行動学習の文脈において，それを活用することの効果を調べる研究を展開している．人間は自分で行動せずとも，モデルとなる他者の振る舞いを観察することによって行動を学ぶことができる．このとき，観察者が観察した振舞いを獲得できるか，もしくは無意識的に観察した振舞いの影響を受けるかは，モデルが観察者とどの程度似ているかに依存することが知られている [49, 50]．現実環境では観察者と非常によく似たモデルを用意して行動学習を行うことは難しく，こうした効果を活用することは難しい．一方で，バーチャルドッペルゲンガーを利用すれば，この効果を強く引き出すことができる可能性がある．

これを示す実験として，Aymerich-Franch & Bailenson [51] は，バーチャルドッペルゲンガーを利用することでスピーチへの緊張を解消できるかを試した．実験参加者は，単に自分がスピーチで成功するところを想像するか，もしくはうまくスピーチを行うバーチャルドッペルゲンガーを観察するかのどちらかに割り当てられた．その結果，男性の場合には想像に委ねるよりも，具体的にバーチャルドッペルゲンガーが成功している様子を観察することでスピーチへの緊張が緩和されることが示されている．一方で，女性ではバーチャルドッペルゲンガーを使用するよりも想像することのほうが効果的であったことも示されており，性差による影響があることが伺える．同一のアバタを用いた場合にも，生起する身体所有感や不気味さの強度には性差があることが報告されており [52, 53]，ここでも身体所有感生起強度の性差が効果に差を生んでいる可能性がある．

また別の実験では，運動後にバーチャルドッペルゲンガーが太るもしくは痩せる映像を見せると，その後自由に運動させる課題において運動量が増加するという結果が得られている [54]．このとき，映像中に登場するキャラクタが太るか痩せるか，その変化の方向性は関係がないが，キャラクタが他人である場合よりもバーチャルドッペルゲンガーである場合のほうが強い効果が現れた．

Banakou *et al.* [34] は，VR で子供のアバタに没入すると大きさ知覚が変化することを示し，この変化はアバタの認知的側面（自分は子供だという認知）の影響だと考察した．さらには，子供のアバタに没入することで，嗜好も子供らしく変化することを示している．ここまでは前節で述べた内容に沿う結果である．さらに Banakou & Slater [55] は，実験参加者が子供のアバタに没入した状態で，アバタの口の動きと同期して音声を再生し，アバタが自律的に発話したように見せた．このアバタの声は子供の声の特徴を持ち，大人の声よりも高い周波数帯を含むものとして設定されている．その後，参加者に自由に発話させると，先に聞いた声につられて声の基礎周波数が引き上げられることを示した．

アバタの行動変容が人間の認知や行動に影響を与えるメカニズムを考える上で，Banakou & Slater は運動計画との関連からの考察を行っている [55]．人間は，自身の過去の動きを参照して運動計画を形成する．その際，自らに関連付けられるアバタが起こした行動が，記憶の中で自身の行動であったかのように錯覚され，運動計画が参照するべき過去の自身の動きとして認識される．Banakou & Slater は，こうした行動に対する記憶の参照の過程での錯誤によって，アバタの取った行動がその後の人間の認知や行動に影響している可能性があると指摘した．この過程もある種のバックプロジェクションであると考えられるだろう．

こうした観点に基づくと，自身がその対象を動かしているという感覚である行為主体感 [56] を強く生起させることが，アバタの行動変容による認知・行動変容に重要な役割を果たすと考えられる．行為主体感には行為の結果を予測する順モデルが関わっていると考えられており，行為の意図を踏まえた結果の予測と行為の結果の整合性がとれた際に行為主体感が生じる．そのため，行為主体感を保ちつつ，実際の行為とは異なる行為が行われたようにフィードバックを与える際には，行動予測と行動結果の整合性に配慮することが必要となる．

Wen *et al.* [57] は，連続的な移動操作が必要な状況で動作をコンピュータが補助して移動経路を変化させる際，タスクパフォーマンスが良い場合には補助があっても高い行為主体感を維持できることを明らかにした．同様に簗瀬，鳴海 [58] は，ゲーム中のキャラクタの動きに望ましい補正を加えた場合に，どの程度の補正まで行為主体感を維持できるかを検討している．この研究ではアンケート調査とタスクパフォーマンスから，30%程度の補正ではほとんど違和感が生じないこと，徐々に補正を強くすれば動作に補正が加わっていても行為主体感が維持できることが示唆されている．この種の行為主体感を保つ行動補正手法はこれまでアバタの行動変容とは無関係の文脈において検討されてきたが，アバタの行動変容によって人間の認知や行動に影響を与える上で参考になる知見を提供している．

以上で述べてきたことを勘案すると，ゴーストエンジニアリングにおいてアバタの行動変容が人間の認知や行動に与える影響を積極的に活用する上では，アバタによる自律的な行動を導入しつつも，同時に身体所有感や行為主体感を高く保ち，その行動が自分と強く関連付けられるようなフィードバックを設計することが肝要であると考えられる．

4.8 ゴーストエンジニアリング：身体の異投射がもたらすゴースト変容の工学的活用

ここまで，身体の異投射が起こるとバックプロジェクションによって投射のソースである自己に変容が起こり，知覚・認知・行動といったさまざまな面で無意識的な変化が現れることを述べてきた．本節ではいよいよ，こうした影響を工学的に活用して人間の知覚能力・認知能力・行動を拡張するゴーストエンジニアリング技術について検討していきたい．

ここまでまとめてきたように，ゴーストを変容しうる身体変容のパターンには，実身体とは異なる特性を持つ身体への異投射によって自らが持つ形質が変化したと認知させることによる系と，自らの身体が持つ身体運動の特性が変化したと認知させることによる系の，二つを考えることができる．そこで本章では，自らの身体であると感じられる対象そのものの変容を活用する技術と，自らの身体運動であるという感覚を保ったまま身体運動の結果を変えてフィードバックする技術に分けて，認知と行動を計画的に変容させるゴーストエンジニアリングの実例を紹介する．前者としては，身体の異投射の仕方にさまざまなパターンを考えることができるが，身体の特性が変わる系として「変身」を，身体のあり方が変わる系として「分身」，「合体」を取りあげ，それぞれ別の系として考察を進める．

4.8.1 変身にともなうゴーストの変容とその活用

没入型の VR 環境は，ゲームやエンタテインメントのほか，教育・訓練やシミュレーションの用途で社会において活用されている．その際問題になるのが，現実と VR でのユーザの振る舞いの違いである．たとえば，VR を用いて火災時の避難訓練を行う場合，訓練者がこれはあくまで現実ではないと考えると，火を無視して移動したり，VR 世界の壁をすり抜けたりといった非現実的な行動を取る可能性がある．こうした非現実的な行動は訓練の効果を低下させてしまう．VR を用いたゲームにおいても，謎を解かなければ通れないドアがあった場合，謎を解かずしてドアをすり抜けたり，壁を通り越す別のルートからの移動を試みる体験者が現れる可能性がある．これは単にゲームにおけるチートの問題だけでなく，VR 環境からは観察することができない現実の壁にぶつかってしまうなど体験者に危険をもたらす可能性があるため，避けるべき行動である．

こうした問題に対し，Ogawa *et al.* [59] は，アバタの見た目を変えるだけで，ユーザに現実的な行動を取らせることができることを示した．VR 環境に設置されたボタンを順番に押して部屋を脱出するゲーム型のタスクにおいて，図 4.3 に示す 4 種類のアバタを使用したユーザの行動を計測した．4 種類のアバタは，形態として手のみを表示する条件と全身を表示する条件の計 2 条件，見た目として人間に近い条件とオブジェクトに近い条件の計 2 条件の組み合わせとして設定されている．形態が全身で見た目が人間に近い条件が最も身体所有感が高く，異投射が強く起こると予想される．タスクは，段階を踏むごとに手間がかかるようになり，最終的にはチートをしなければ絶対に解けなくなるよう設定されている．このとき，ユーザが壁をすり抜けるというチートを行うまでの時間を計測した．その結果，図 4.3 に示すように，ヒト型の全身アバタを使うと，他の条件と比べて，チートを行うまでの時間が有意に伸びることが明らかとなった．このことは，VR においてユーザに現実と同じように振る舞ってほしい場合には，実身体と近いアバタを使用することが望ましく，逆に VR において現実ではできない経験をさせる場合には実身体とは異なる特性を持ったアバタを使用することが望ましいことを示唆する．アバタの見た目の単純な設計が，VR の体験のされ方の設計に繋がることを示した点で興味深い事例である．

他にも，没入型の VR 環境においてアバタの見かけが変わることで現れる認知や行動の変化についてはすでに述べてきた．このような没入型の VR による変身を活用する環境が一般的になれば，先に述べてきた知見を直接的に活用する工学技術が活躍する場面が増えてくるだろう．しかし現状では，没入型の VR 環境下での変身を日々の生活や仕事で活用することは少ない．そこで，ここではもう少し現在に寄せて，没入型の VR 環境を利用しない手法について考えてみたい．

上述してきたような研究では，没入型の VR 環境において自らが変身していると感じさせるために鏡を用いて現在の自分の姿を確認するという行程が取り入れられ

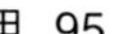

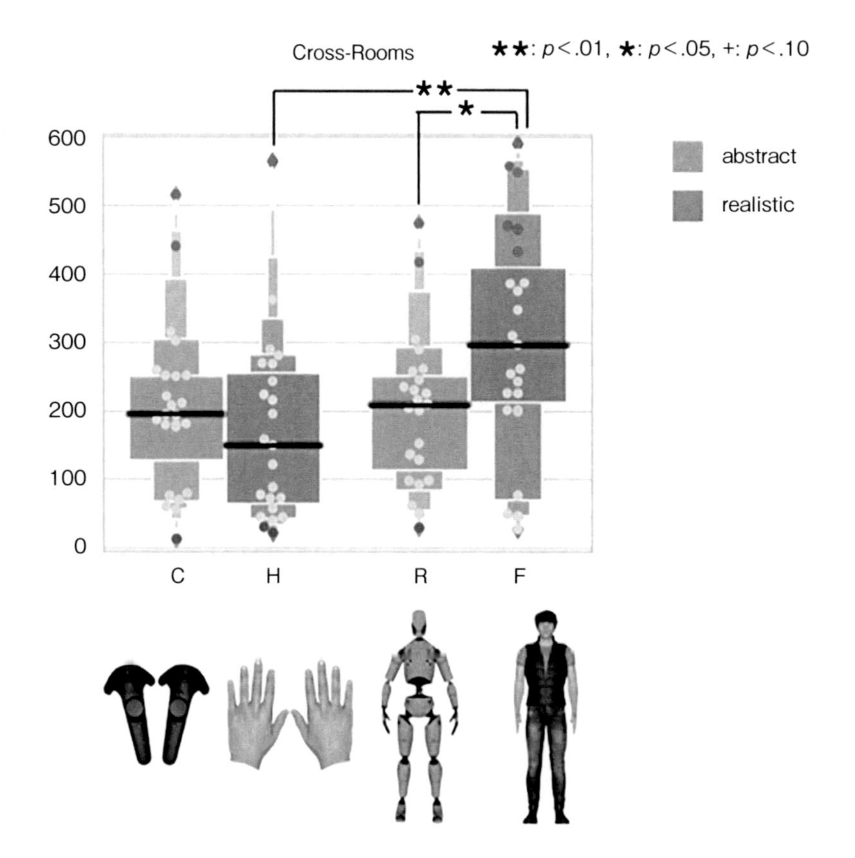

図 4.3 使用するアバタと壁をすり抜ける非現実的な行動を取るまでにかかる時間．身体所有感が高いアバタを使うほど非現実的な行動を取るまでにかかる時間が延びる．

ている．そこで，現実においても，デジタルミラーを通して見る自らの様子が変化して見えると，鏡の中の存在が自己であるという投射が成立したうえで，バックプロジェクションによって現在の自分の状態の認識に変化が起こり，ゴーストにも変化が現れると考えられる．こうした仮説のもと，Yoshida *et al.* [60] は，カメラで取得した映像中の自身の表情を，リアルタイムに異なる表情へと変形させて見せるシステム「扇情的な鏡」（図 4.4）を開発した．

このシステムは，実際に表情を作ることによって，その表情と対応した感情が喚起されるとする表情フィードバック仮説 [61] を基に開発されている．しかし扇情的な鏡では，実際の表情筋の変化はない中で，表情の変化に対する認知だけが起こる

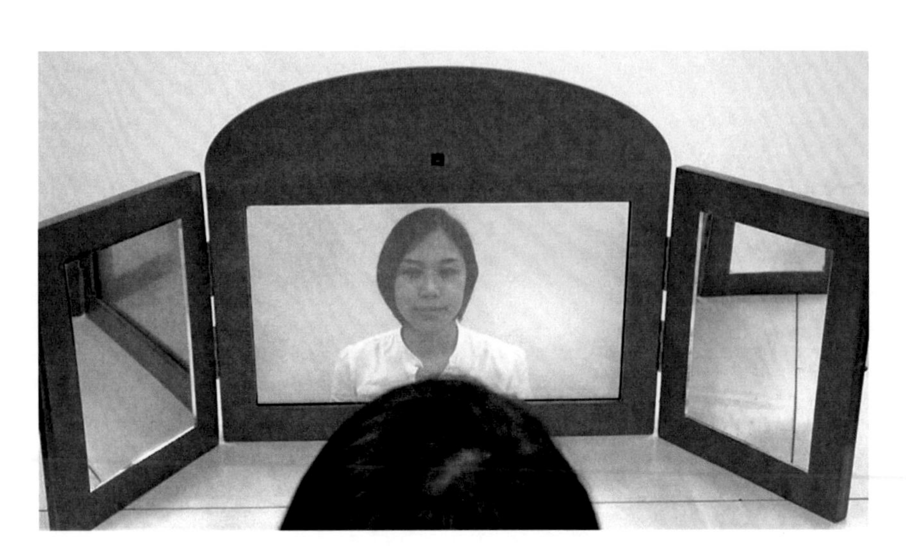

図 4.4　実際とは異なる表情をリアルタイムに映し出す扇情的な鏡

ため，系としては Valins *et al.* [62] の「偽の心音実験」（実験参加者の心音を聞かせていると偽って実際よりも高い心拍数の心音を聞かせることで，参加者の異性に対する選好に影響を与えられることが確かめられた実験）や，上述してきたアバタの見かけから想起される自己イメージに自らの状態が引きずられる実験に近いものであると考えられる．扇情的な鏡の開発においては，実際の表情筋の固有感覚から得られる表情の情報と鏡で見て得た自らの表情の情報に大きな齟齬があると，映し出された映像に違和感が生じることを考慮し，使用者が表情変形に明示的には気付かないものの，無意識的な表情判断には影響を与えられる範囲で表情を変形するという設計がとられている．

この扇情的な鏡を用いた実験では，表情を見る人が気付かない程度に笑顔に変形することで快感情を誘発でき，逆に悲しい顔に変形することで不快感情を誘発できることが示された．さらには，試着室においてこのような仕組みが用いられた場合の影響についても評価している．この実験では 2 種類のマフラーを試着してもらい，どちらのマフラーが好みであったかを回答してもらうことを繰り返す．このときマフラーを試着した実験参加者の表情を変化させると，表情変形の効果で快感情がより高く喚起される条件下で試着したマフラーが選択される確率が上がるという結果が得られている．これは，このシステムによって感情が変化したことが，選好判断にも影響を与えたことを示す結果である．

実用を考えると，このような他者に選好を操作されるシステムの社会受容性は低いだろう．他方では，こうしたシステムをもし悪意を持った他者が使用するとどのようなことが起こるかを示し，適切な使用方法に関する議論を導く上では，前述のような結果が報告されることは非常に重要であると考えられる．

自分の姿を観察させるきっかけを与える存在という点において，リアルタイムの自分自身が映し出される系である「ビデオチャット」には鏡との類似性がある．ビデオチャットは知人や家族との対話から，遠隔会議・遠隔授業や顧客への応対まで，現在ではさまざまな場面で活用されている．ビデオチャットでは通常カメラで撮影したままの映像が提示されるが，最近ではバーチャルにメイクをした顔で遠隔会議に参加できるシステム[3]なども開発されているように，必ずしもありのままの姿を送る必要はなく，伝送時に情報を加工することができる．そのため，自身や対話相手の変身を実現する系としては最適な環境といえる．

Nakazato *et al.* [63] は，上述した Yoshida *et al.* [60] による表情変形システムを遠隔会議システムに応用した．このシステムを用いて，2 人の実験参加者がビデオチャットを通じてブレインストーミングを行う実験では，お互いの表情を笑顔に見せることで，通常時の 1.5 倍の数のアイデアが出ることが示されている．コミュニケーションの場面において，身体変容を通じてポジティブな感情を喚起することがクリエイティビティの向上に繋がることを示唆したこの結果は，われわれがより創造的になるためにゴーストエンジニアリングを活用できるという可能性を示している．

同様に Suzuki *et al.* [64] は，対話相手の動作をまねるミラーリングがコミュニケーションの円滑化に有効であるという知見に着目し，ビデオチャットにおいて対話相手の表情が自分の表情変化にあわせて同調的に変化するシステム “FaceShare”（図 4.5）を開発した．このシステムで笑顔表出を同調させて見せると，実際の自身の笑顔の強度が変化するだけでなく，対話参加者双方の印象向上と会話の円滑化が起こることが明らかにされている．また，この効果は表情をまねされる側よりも表情をまねする側で強く現れることが示された．

表情をまねする側で強く効果が現れることから考察すると，対話相手の反応を通じて他者が自分に共感を示していると感じることが対話中の自己のイメージを更新して上述のような効果を生んでいるのだと考えられる．このことは，対話の相互作

[3] https://www.shiseidogroup.jp/news/detail.html?n=00000000002041

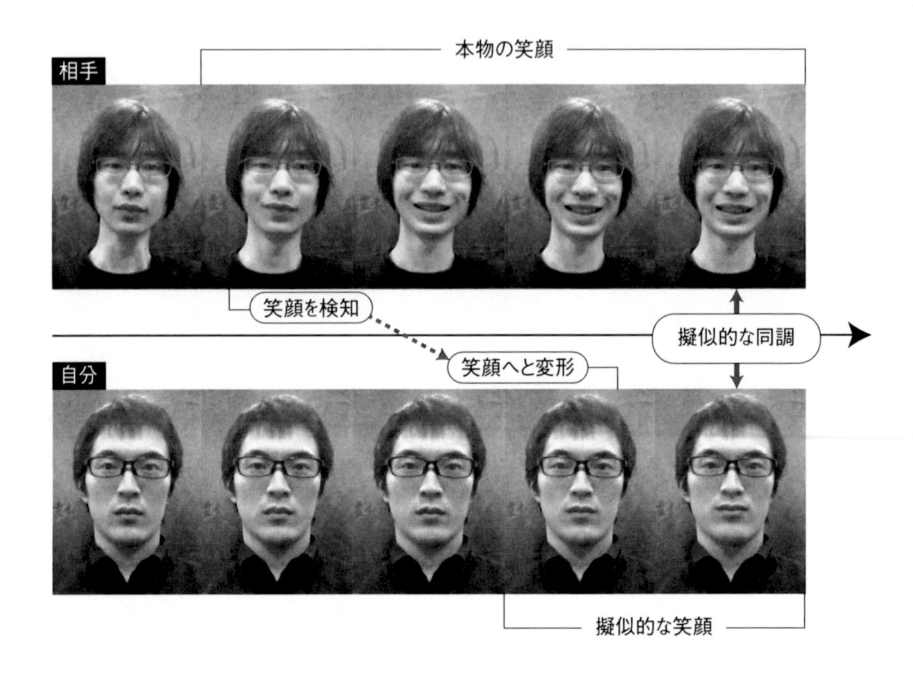

図 **4.5**　FaceShare における擬似的な表情のミラーリング

用の中からバックプロジェクションが起こっていくという点で，プロジェクション・サイエンスにとっても興味深い事例であるといえる．FaceShare では，特にそのような共感反応の認知を強めるために，実際の表情同調に関する時定数を参考に，表情変化の 400 ms 後に 300 ms の遷移時間で表情を変形するよう設計されている．このことが自然なタイミングでの表情の同調を実現し，対話相手の印象と会話の円滑さの向上が強く起こることに貢献していると考えられる．

Suzuki *et al.* [65] は，ビデオチャットシステムを拡張して，「ソーシャルタッチ」の効果を引き出す手法について検討した．ソーシャルタッチとは，コミュニケーション中の身体接触を指し，利他的な行動を誘発する，承諾率や応答数を向上させる，触られた側のストレスを低減するなどのポジティブな効果を持つことが知られている [66]．一方で，これらの心理効果は人の持つ属性に影響を受けることが知られており，特に異性間では効果的であるものの，同性間では効果が弱まったり，逆効果になったりすることが報告されている [67]．

こうした点を踏まえ，Suzuki *et al.* [65] のシステムでは，図 4.6 の小型ロボット

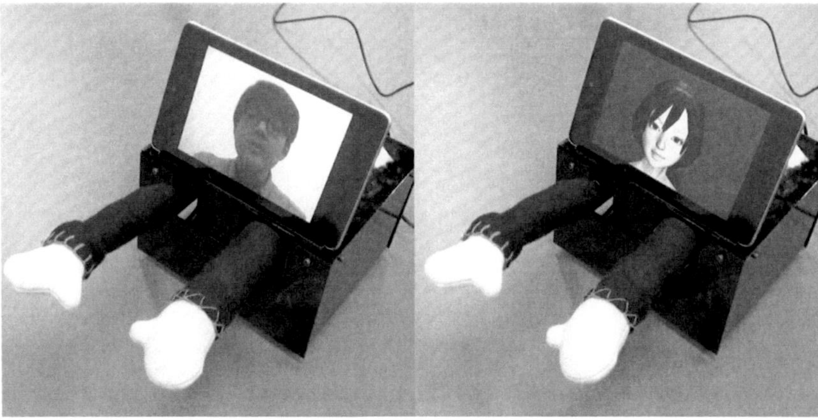

図 **4.6** 性別印象を操作可能なソーシャルタッチアバタ

を用い，性別印象に関わる主な情報である見かけと音声を変換し，同性同士でもソーシャルタッチによる心理効果を生じさせる手法を提案した．特に抵抗感が生じやすいとされる男性間のタッチを取り上げ，男性のオペレータが男性の実験参加者に対して単調な作業を依頼するという実験設定において，オペレータの声を女性らしく変調した上で依頼時にタッチをすると，オペレータに対する親近感や作業に対する退屈さが改善し，作業量が1割程度増加することが示された．ここではソーシャルタッチという個人によって差が出る効果を，通信を介したコミュニケーションにおける変身を通じて調整し，それぞれの状況において最適化している．さまざまな変身のパターンや変身の対称性を自動的に変化させ，人間の認知や能力，パフォーマンスを最適化できることは，ゴーストエンジニアリングの一つの大きな意義であると考えられる．

4.8.2 分身・合体にともなうゴーストの変容とその活用

コスプレなどに代表されるように，化粧や服装の変化によって現実世界でも変身することは可能である．他方，1人で複数の身体を操ったり，複数人で一つの身体を操ることは，現実においては難しい．しかし，身体拡張技術やVRを活用すれば，そのような全く新しい身体のあり方をも実現できる．ここではそうした変身・合体がわれわれのゴーストに与える影響を検討し，活用した事例について紹介していく．

Seta *et al.* [68] は，「分身」を活用することで，合意形成のためのグループディスカッションの質を向上させる手法として，“Divided Presence” を提案した．グループディスカッションにおいては，異なる意見をさまざまな見解から検討することによって議論の質が高められる．一方で，意見によってグループが分かれた際に多数派と少数派が生まれるが，この人数バランスが議論の質に影響してしまうことも知られている．特に，解の正しさが十分に自明でない課題については，初期多数派の主導する方向で集団の意思決定および合意形成がなされやすいとされる [69]．少数派と多数派の間で十分な議論がつくされた上で合意が形成されれば問題はないが，多数派から少数派への同調圧力が生じると，少数派が沈黙を余儀なくされるなど，質の高い議論を行うことは難しくなる [70]．これを防ぐには，少数派意見者が同調圧力に屈することなく精力的に議論に参加できるよう支援する必要があるが，少数派意見者にとって常に意識的に他者へ積極的に説得を行うことは大きな負担となる．

Seta *et al.* [68] の構築したアバタを用いたオンライン討議システムである Divided Presence では，このアンバランスを解決する方法として分身を用い，多数派と少数派の人数比を見かけ上 1 対 1 に調整することが試みられた．Divided Presence では，あらかじめトピックに対する意見を設定すると少数派と多数派が検出される．少数派意見者がこれを利用する際には，その発話の分節を検出し，1 人の発言を適切な切れ目で分割して，2 人のアバタに割り当てる．そうすることで，少数派意見者は自ら意識的に努力をせずとも，二体のアバタを駆使して会話に参加することができる．

これを用い，3 人の参加者に砂漠遭難課題（三つのアイテムのうち一つ持っていく

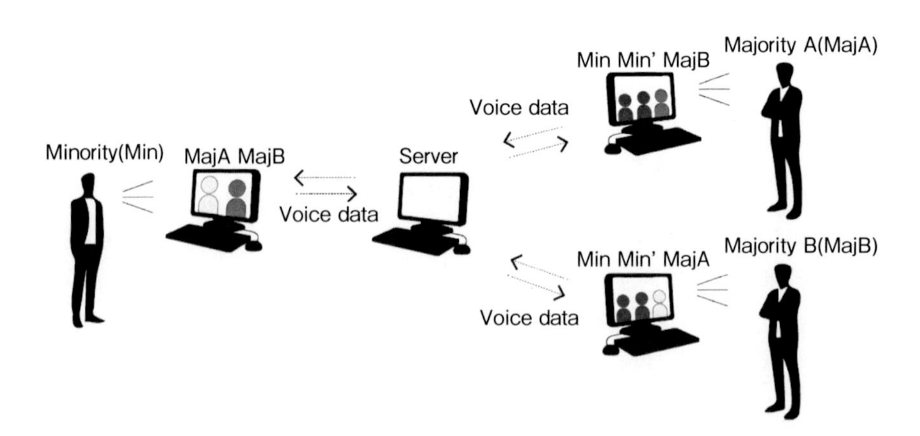

図 4.7　分身によってグループディスカッションの質を向上させる Divided Presence

ものを合議の上選択する）を課す実験が行われた（図 4.7）．多数派が 2 人，少数派が 1 人になるトピックを設定し，そのまま議論を行う条件と，少数派の 1 人が 2 体のアバタを操る状態で議論する分身利用条件において，合意形成時の採用案に対する納得度を調査した．その結果，分身利用条件では，少数派意見が採用された際に，多数派が感じる結論に対する納得度が向上することが示された．このことは，分身による同調圧力の調整が，議論の質を向上させたことを意味する．意見の人数比という強く意識することのない些細な情報にわれわれのコミュニケーションが大きく左右されているといった認知バイアスの存在を見つめ直し，その影響を適切にコントロールすることで知性や能力を拡張できるという点は，ゴーストエンジニアリングの一つの方向性として重要であると考えられる．

分身とは逆に，複数人で一つの身体を操る「合体」についてもその可能性が議論されている．廣瀬ら [71] は，複数人の高齢者のスキルや労働力を集約し，バーチャルな 1 人の労働者とみなして仕事を依頼できる仕組み「高齢者クラウド」を提案し，元気高齢者の能力や時間を社会で活用することを提案した．この枠組みにおいては，仕事を複数のタスクに分割した上で高齢者の興味に応じて分配するマッチングの仕組みとともに，仕事を依頼する側が直接複数人を管理するのではなく，ロボットアバタや AI を活用して複数人を合体させて見せ，1 人の労働者とやりとりをしているかのように管理コストを下げた状態を実現することについても議論されている．

吉田ら [72] は，合体を活用することで遠隔講義を支援するシステム “United Presence” を提案した．講義の質を高めるには，聴衆の理解度や興味関心を話者が把握し，それに合わせてその後の講義内容をインタラクティブに変化させていくことが必要となる [73]．一方で，遠隔講義においては，聴衆の反応が把握しづらいという問題がある．これは，遠隔講義で用いられる映像通信には，講義中に適切に視点を変化させられない，伝送映像の解像度が十分でないなどの問題があり，現地と同じように聴衆の反応を逐一確認することが難しいためであると考えられる．

この問題に対し，吉田ら [72] のシステムでは，複数の聴衆が映るビデオ映像から聴衆全体の講義への関心度を推定し，その関心度を元に一体のアバタの視線と顔の向きを制御することで，聴衆全体を 1 人のアバタとして表現することを提案している（図 4.8）．こうした処理を遠隔地においてあらかじめ加えた上で，集約されたアバタの情報のみを話者側に送れば，解像度などの問題に左右されずに聴衆の反応を伝えることができる．話者にとっては，映像から聴衆の状況を把握する負荷が軽減され，1 対 1 で対話するかのようにアバタに講義をすればよいため，講義が行いや

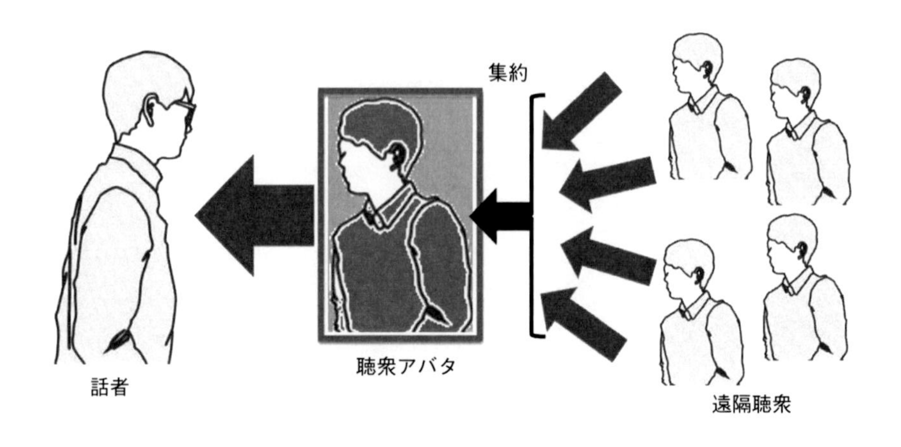

図 4.8 遠隔講義において聴衆の反応を一体のアバタに集約する United Presence

すくなることが期待される．

ここまで紹介した合体は，受け手にとって一人に見えるという状態であり，ユーザが他者との融合を実体験する経験ではなかった．当然ながら，バーチャルな身体を用いる場合には，たとえば他人の身体の一部を操作したり，他人と協調して一つの身体を操作したりと，主観的な経験として他者との融合を実現できる．Fribourg *et al.* [74] は，このようにバーチャルな身体を複数人で操ることを Co-embodiment（融合身体）と呼び，融合身体を操る際の主観的経験を調査する実験を行った．この実験では，二人のユーザの腕の動きの加重平均を取った融合身体に一人称視点から没入可能な VR システムを利用し，単純な運動を行う際の行為主体感を，動作の種類と動きの重みの観点から評価した．その結果，自分の動きが反映されない条件（加重 0）でもユーザは見かけの身体運動から行為主体感を得られること，自由な動作に比べて目標位置や軌道が決まっている動作では行為を予測しやすく，高い行為主体感を得やすいことを示した．さらに，融合身体を介したインタラクションを通じて，ユーザ間で行為意図が伝達・共有されることを示唆している．他にも，藤澤ら [75] は，身体の共有のあり方として上半身と下半身を分割する方法を提案し，半身を操作していないにも関わらず全身の行為主体感が生じることを報告している．身体を共有することで他者の行為に行為主体感が生起したり，他者と行為意図が伝達・共有されたりすることは，人から人への身体技能の伝達などの分野で役立つ可能性がある．

人と人の合体だけでなく，人と機械の合体という方向性もあり得るだろう．人工知能技術の発達にともない，自動運転技術など，十分に賢く自律的に判断して行動できる機械が登場し，社会への導入のフェーズにまできている．こうした機械身体・機械知性を人間の身体・知性に取り込み，人と機械が融合して更なる技能や賢さを手に入れるためにはどうすれば良いだろうか．上述した融合身体のように，十分に賢い機械による行為をあたかも自身による行為のように感じられる状況が作り出せれば，機械によって人間の能力を何十倍にも増幅した状況が作り出せる可能性がある．

そうした取り組みの例として，近藤ら [76] は，自動運転車をシミュレーションしたドライビングシミュレータにおいて，搭乗者自身の身体とは別に，自動運転車のハンドルを握るバーチャルな手を搭乗者の身体から伸ばすように生やして見せる手法を提案している．実際に自分はハンドルを握っておらず，またハンドルは自動運転によって操作されているにもかかわらず，自らの身体から伸びた手がハンドルを操作する様子が見えることで，自らが運転している感覚が生じ，自動運転車の判断のミスなどにより介入が必要な場面での介入行動が早くなる傾向が示唆されている．バーチャル身体という異投射先を用意することで，こうした異質な存在と自己との融合が可能になることは大変興味深く，プロジェクション・サイエンスの観点からも今後更なる追求が期待される方向性と言える．

変身や合体のような，技術によって達成された新しい身体のあり方については，まだ十分にその効果に関する知見が蓄積されていない．われわれが身体や身体表現から受けてしまう認知バイアスを適切に制御することや，情報伝達において身体表現を通したノンバーバルコミュニケーションの豊かさを活用することに加え，バーチャルドッペルゲンガーの研究で示されてきた無意識的な行動やモチベーションの変化を促すこと，融合身体を活用した人と人，人と機械の間での技能伝達・技能拡張など，新しい身体の活用法は徐々に明らかになりつつある段階である．今後ますます面白い可能性が発見され，応用されていくことに期待をしたい．

4.8.3 身体運動の変容にともなうゴーストの変容とその活用

身体そのものを変化させずとも，自らの運動の様子を補正して見せたり，その運動の結果を補正して見せると，自らの能力や心身の状態が変化したように感じられることが明らかになってきた．そこでゴーストエンジニアリングの実例の紹介の最後として，ここでは身体運動の変容を利用してわれわれの認知や能力を拡張する技術を紹介していく．

身体動作とゴーストとの関連を示すものとして，「ルーティーン」がある．ルー

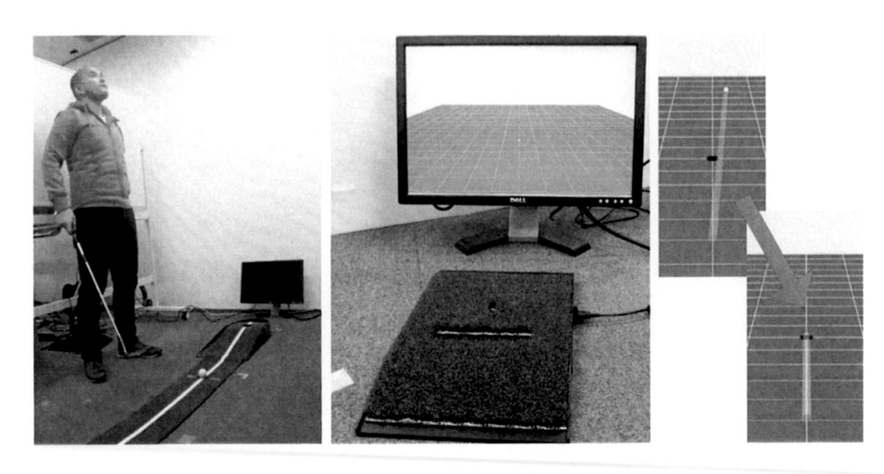

図 **4.9**　擬似成功体験によってルーティーン構築を支援する Routine++

ティーンとは，こころの調子を調えるためにタスクの直前に行う一連の動作の流れを指し，これを行うことで実際にタスクが安定して行えるようになる効果があることから，スポーツ競技においてよく用いられる．ルーティーンは，自ら動作を考案して試し，その後に成功体験を得ることを繰り返していくうちに，動作と成功体験とが関連付けられ，この動作を行えば成功できるという信念が確立されることで効果を発揮する．しかし，ルーティーンの構築には多くの時間や人的コストが必要なことが分かっている [77]．また，十分な成功体験を繰り返し得る必要があり，短期間で安定して習得することは難しい．

これに対して Tagami *et al.* [78] は，シミュレータを用いて作り出した擬似的な成功体験と動作とを関連付けさせ，ルーティーンを短期間で構築できるよう支援する手法を提案した．この手法では，行為主体感を保ったまま成功体験を与えるゴルフパターのシミュレータを利用している．このシミュレータでは，あらかじめ使用者が違和感を得ず，自らが打った球筋であると感じられる軌道補正の範囲が調べられ，その範囲内において，ボールの球筋を補正してボールが入った様子を見せる（図 4.9）．ルーティーンとなる動作を試す練習を 10 分のみ行う際に，こうした軌道補正のあるシミュレータを使って擬似的な成功体験を得た群では，通常の練習を行った群や擬似成功体験を得ずにルーティーンの構築を目指した群と比べて，事後のパターの成績の分散が極端に抑えられ，安定した成績を発揮できるようになるという結果が得られている（ただしパターの成績の平均値は向上しなかった．タスクが上手くなるのではなく，あくまで成績が安定するという効果が見られたのみであった）．この結果は，擬似成功体験を得ることによって成績を安定させる効果を持つルーティーンが体得されたことを示唆する．

さらに，Tagami *et al.* [79] では，タスクの達成における自己効力感の役割に着目し，没入型 VR を利用したトレーニングシステムにおいて，運動結果を変化させて提示することで自己効力感を生起させ，スポーツの実際の場面でのパフォーマンスを向上させる手法が提案されている．自己効力感とは，自身がタスクに上手く取り組むことができるという感覚である．自己効力感があることは，タスクに対する自信の創出や緊張の軽減などに貢献し，特に習熟したタスクにおいてパフォーマンスの向上に寄与することが知られている [80]．他方，自己効力感の生起がパフォーマンスを向上させることは，これまで知的課題においてのみ確かめられており，結果を自由に操作して自己効力感を操作することが難しい身体運動分野では確認されていなかった．

対して，Tagami *et al.* [79] のシステムは投球動作を対象に設計されており，HMD を装着した練習者に実際にターゲットへの投球を行わせる．システムは，投げられたボールの位置座標をもとに，ボールが辿る軌道を予測する．その予測軌道をもとに，先の例と同様に行為主体感が生じる補正の範囲内において，ターゲットへの投球が成功するよう補正した軌道を生成し，練習者がボールを放した直後からその軌道を VR 空間上で表示する（図 4.10）．こうすることで，VR 空間では投げた球がターゲットに命中して見える確率が上がり，実際よりも高い自己効力感が得られると考えられる．

このシステムを用いた実験では，300 cm 先の直径 15 cm の的にテニスボールを投げて当てるという，ほとんどの成人が集中すれば実行できるレベルの運動タスクを行わせている．その際，最初にタスクを行った際の成績を記録した上で，その後に VR を用いた練習を行った後の成績，もしくは同時間普通に現実環境で練習を行った際の成績から，練習前との成績の伸びを比較して効果を検証している．その結果として，現実環境で練習を行った場合にはほとんど成績が変わらないが，自己効力感を生起させる VR システムで練習を行った場合には成績が向上することが示唆された．また，VR を用いた練習をして成績が向上した後に，あらためて現実環境での練習を行ってタスクをやらせると，普段通りの成績に戻ってしまうことも示唆されている．これは現実での体験を繰り返す内に，VR で得られた自己効力感が失われていき，効果が低減していったためであると考えられる．

VR 研究においては，身体運動を実際とは異なるものとしてみせることで，視覚を

図 4.10 投球結果を補正して見せる VR スポーツトレーニングシステム

通じて触覚を感じさせる Pseudo-haptics の研究が盛んに行われている [81]．Kasahara *et al.* [82] は，こうしたフィードバックをダンスに導入すると，体が重くなったような感覚や体が軽くなったような感覚が生じ，ダンサーが即興で作り出すダンスにも変化が現れることを示唆している．

身体運動やその結果を補正するゴーストエンジニアリング技術は，ポジティブな心理効果を誘発するだけでなく，普段とは異なる身体の使い方を発見したり，体得したりすることを支援するなど，身体を使った活動の創造性や運動能力の拡張にも利用できる可能性がある．しかし，こうした効果を実用に繋げていく上では，どの程度効果が持続を見せるのか，狙いとする以外の身体運動や心理に副次的影響を与える可能性はないのか，などの点についても合わせて検討していかなければならないと考えられ，今後一層の研究の進展が必要である．

4.9 おわりに

本稿では，プロジェクション・サイエンスの観点から，身体と心的機能の間の関係性について述べてきた．特に，異投射によって実身体とは異なる特性を持つバーチャル身体に没入した際に，バックプロジェクションを通じてバーチャル身体が自己に影響を与え，知覚・認知・行動を変容させること，その変容の程度は異投射の強さに応じて変化しうることを紹介してきた．また，こうした影響を工学的に活用し，人間の認知能力や行動を拡張する技術をゴーストエンジニアリングと定義し，これまでの実例と可能性，今後の課題を紹介してきた．

バーチャル身体への投射の強さが，バーチャル身体から自己が受ける影響の強さを規定するという考え方は，投射という概念の導入によって初めて成立するもので，プロジェクション・サイエンスがこれまでの身体化認知の研究をさらに深い領域へと推し進める可能性を示唆する．この方向性において考える上では，投射の強さが何によって規定されるのかを明らかにしていく必要があるだろう．一つは身体所有感の研究で示されてきたように，自己身体とバーチャル身体の類似性，すなわちソースと投射のターゲットの関係を考察するという観点が挙げられる．しかし小柳ら [30] が指摘しているとおり，こうした対応関係さえも経験の蓄積によって変化していく可能性が高い．投射の特性の経時的変化については今後更なる検討が必要であろう．

もう一つの観点は，ソース自身の特性を考えること，たとえば投射のソースにあたる自己に関する概念と投射の強さの関係を探ることにあると考えられる．Krol *et al.* [83] は，自己に対する理解である自己概念をはかる指標として Self-Concept Clarity (SCC) を用い，これと身体的自己 (bodily self) の関係を論じた．実験を通じて，SCC が低い，すなわち自己概念が明確でない実験参加者では，通常では RHI が生起しない視触覚刺激が非同期の条件においても，身体所有感錯覚が生じやすいこと，また，他者の頭部に取り付けられたカメラからの主観視点映像を相互に交換し，お互いの身体が入れ替わって感じられる body-swap 実験において，自分の身体とは異なる他者の身体に身体所有感を得やすいことを示している．これらの結果は自己概念が明確でない人ほど，身体的自己に関する意識も明確ではなく，それがゆえに元来の自己身体とは異なるバーチャル身体への没入が容易であることを示唆している．

強力な自己概念を持つほど異投射が起こりにくく，かたや曖昧な自己概念を持つほど容易に別の身体に没入でき，その影響を受けやすいのだとすれば，自己概念の確立と異投射による知覚・認知・行動変容の拡張は相性が悪い可能性がある．性格特性や自己概念などの自己にまつわる特性と身体所有感との関係は萌芽的な模索が始められたばかりであり，こうした方向性からソース自身の特性と投射の特性との関係を考えることは，プロジェクション・サイエンスにとっても重要なテーマになっていくだろう．

現在，人類は火を扱うことを恐れていない．それは火がどのようなものであるかを理解し，それを制御する術を身につけたからである．他方，現在のわれわれは，ともすれば「こころ」を神秘的なものと捉え，時に御しがたいものとして恐れている．プロジェクション・サイエンスを通じて，人間の心はどこから生じるのか，という問いの答えを模索していくこと，そしてその成果をゴーストエンジニアリングにおいて社会に結実させていくことは，心的機能の理解とデザイン可能な心的機能の実現につながり，心的機能の捉えどころのなさから来るある種の不安を解放するだろう．これは，人間の心的機能に対する観念を更新し，人間観すら更新しうる可能性を持っている．

こうした探求においては多分野の協働がかかせない．認知科学的探求だけでなく，異投射のツールを提供してその探求を支えると同時に社会へのアウトプットを作り上げていく工学や，ゴーストを扱う技術をどのように社会で受容すべきか，という社会学的な取り組みも重要になってくる．さらにはエンジニアやサイエンティストに閉じず，社会全体の問題として開かれた議論の中で考えていく必要もあるだろう．こうした探求が，多様な経験や背景を持つ多様な立場の人々が，そのこころの違いゆえに恐れ合ったり苦悩したりすることなく，多様性が担保された社会を作り出すことに貢献することを期待したい．

参考文献

[1] Ryle, G. (1949). 『The concept of mind』. London, Hutchinson's University Library.

[2] Schachter, S. & Singer, J. E. (1962). Cognitive, social, and physiological determinants of emotional state. *Psychological Reviewl*, **69**, 379–399.

[3] Slepian, M. L. & Ambady, N. (2012). Fluid movement and creativity. *Journal of Experimental Psychology: General*, **141**(4), 625–629.

[4] 鈴木宏昭 (2016). プロジェクション科学の目指すもの．認知科学，**26** (1). 52–71.

[5] Botvinick, M., & Cohen, J. (1998). Rubber hands 'feel' touch that eyes see. *Nature*, **391**(6669), 756.

[6] 大住倫弘，信迫悟志，嶋田総太郎，森岡 周 (2019). プロジェクション科学を痛みのリハビリへ応用する．認知科学．**26**(1), 30–39.

[7] Shibuya, S., Unenaka, S., Zama, T., Shimada, S. & Ohki, Y. (2018). Spontaneous imitative movements induced by an illusory embodied fake hand. *Neuropsychologia*, **111**, 77–84.

[8] Rosenberg, R. S., Baughman, S. L. & Bailenson, N. J. (2013). Virtual Superheroes: Using Superpowers in Virtual Reality to Encourage Prosocial Behavior. *PLoS ONE*, **8**(1), e55003.

[9] Slater, M. Spanlang, B., Sanchez-Vives M. V. & Blanke, O. (2010). First person experience of body transfer in virtual reality. *PLoS ONE*, **5**(5): e10564.

[10] Ito, R., Ogawa, N., Narumi, T.,. & Hirose, M. (2019). Do We Have to Look at the Mirror All the Time? Effect of Partial Visuomotor Feedback on Body Ownership of a Virtual Human Tail. *In ACM Symposium on Applied Perception 2019*, 1–9.

[11] 小柳陽光，鳴海拓志，Lugrin, Jean Luc, 安藤英由樹 (2020). ドラゴンアバタを用いたプロテウス効果の生起による高所に対する恐怖の抑制．日本バーチャルリアリティ学会論文誌, **25**(1).

[12] 小川奈美，鳴海拓志，伴祐樹，櫻井翔，谷川智洋，廣瀬通孝 (2018). えくす手：バーチャルな拡張身体を用いたピアノとのインタラクション．日本バーチャルリアリティ学会論文誌, **23**(10), 91–101.

[13] Saraiji, M. H. D., Sasaki, T., Kunze, K., Minamizawa, K., & Inami, M. (2018). MetaArmS: Body remapping using feet-controlled artificial arms. *The 31st Annual ACM Symposium on User Interface Software and Technology*, 65–74.

[14] Prattichizzo, D., Malvezzi, M., Hussain, I., & Salvietti, G. (2014). The sixth-finger: a modular extra-finger to enhance human hand capabilities. *23rd IEEE International Symposium on Robot and Human Interactive Communication*, 993–998.

[15] Yee, N., Bailenson, N. J. & Ducheneault, N. (2009). The Proteus Effect. *Communication Research*, **36**(2), 285–312.

[16] Banakou, D., Hanumanthu, P. D. & Slater, M. (2016). Virtual Embodiment of White People in a Black Virtual Body Leads to a Sustained Reduction in Their Implicit Racial Bias*Frontiers in Human Neuroscience*, **10**, 601.

[17] Banakou, D., Kishore, S. & Slater, M. (2018). Virtually being Einstein results in an improvement in cognitive task performance and a decrease in age bias. *Frontiers in Psychology*, **9**: 917.

[18] Argelaguet, F., Hoyet, L., Trico, M., & Lecuyer, A. (2016). The role of interaction in virtual embodiment: Effects of the virtual hand representation*Proceedings of IEEE Virtual Reality*, 3–10.

[19] Tsakiris, M., & Haggard, P. (1998). The rubber hand illusion revisited: visuotactile integration and self-attribution. *Journal of experimental psychology*, **31**(1), 80–91.

[20] Riemer, M., Fuchs, X., Bublatzky, F., Kleinbohl, D., Holzl, R. & Trojan, J. (2014). The rubber hand illusion depends on a congruent mapping between real and artificial fingers. *Acta Psychologica*, **152**, 34–41.

[21] Shimada, S., Fukuda, K. & Hiraki, K. (2009). Rubber hand illusion under delayed visual feedback. *PLoS ONE*, **4**(7), 1–5.

[22] Sanchez-Vives, M. V., Spanlang, B., Frisoli, A., Bergamasco, M. & Slater, M. (2010). Virtual hand illusion induced by visuomotor correlations. *PLoS ONE*, **5**(4): e10381.

[23] Maselli, A., & Slater, M. (2013). The building blocks of the full body ownership illusion. *Frontiers in Human Neuroscience*, 7:83.

[24] Franck, N., Farrer, C., Georgieff, N., Marie-Cardine, M., Dalery, J., d'Amato, T. & Jeannerod, M. (2001). Defective recognition of one's own actions in patients with schizophrenia. *American Journal of Psychiatry*, **158**:454–459.

[25] Kilteni, K., Groten, R. & Slater, M. (2012). The Sense of Embodiment in Virtual Reality. *Presence: Teleoperators and Virtual Environments*, **21**(4), 373–387.

[26] Kilteni, K., Maselli, A., Kording, K. P. & Slater, M. (2015). Over my fake body: body ownership illusions for studying the multisensory basis of own-body perception. *Frontiers in human neuroscience*, **9**:141.

[27] 田中彰吾 (2019). プロジェクション科学における身体の役割–身体錯覚を再考する. 認知科学. **26**(1), 140–151.

[28] Lin, L. & Jorg, S. (2016). Need a hand? how appearance affects the virtual hand illusion. *In Proceedings of the ACM Symposium on Applied Perception*, 69–76.

[29] Waltemate, T., Gall, D., Roth, D., Botsch, M., & Latoschik, M. E. (2018). The impact of avatar personalization and immersion on virtual body ownership, presence, and emotional response. *IEEE transactions on visualization and computer graphics*, **24**(2), 1643–1652.

[30] 小柳陽光，鳴海拓志，大村廉 (2020). ソーシャル VR コンテンツにおける普段使いのアバタによる身体所有感と体験の質の向上. 日本バーチャルリアリティ学会論文誌，**25**(1), 2–11.

[31] Vignemont, F. D., Ehrsson, H. H. & Haggard, P. (2005). Bodily illusions modulate tactile perception. *Current Biology*, **15**(14), 186–1290.

[32] Ogawa, N., Narumi, T. & Hirose, M. (2017). Distortion in perceived size and body-based scaling in virtual environments. *Augmented Human International Conference*, 1–5.

[33] Ogawa, N., Narumi, T. & Hirose, M. (2018). Object Size Perception in Immersive Virtual Reality: Avatar Realism Affects the Way We Perceive. *Proceedings of IEEE Virtual Reality*, 647–648.

[34] Banakou, D., Groten, R. & Slater, M. (2013). llusory ownership of a virtual child body causes overestimation of object sizes and implicit attitude changes. *PNAS*, **110**(31), 12846–12851.

[35] Oh, S. Y., Bailenson, J., Weisz, E. & Zaki, J. (2016). Virtually old: Embodied perspective taking and the reduction of ageism under threat. *Computers in Human Behavior*, **60**:398–410.

[36] van der Hoort, B., & Ehrsson, H. H. (2011). The size of one's own body determines the perceived size of the world. *PLoS ONE*, **6**(5):e20195.

[37] van der Hoort, B., & Ehrsson, H. H. (2014). Body ownership affects visual perception of object size by rescaling the visual representation of external space. *Attention, Perception, and Psychophysics*, **76**(5), 1414–1428.

[38] van der Hoort, B., & Ehrsson, H. H. (2016). Illusions of having small or large invisible bodies influence visual perception of object size. *Scientific Reports*, **6**:34530.

[39] Schwind, V., Lin, L., Di Luca, M., Jorg, S. & Hillis, J. (2018). Touch with Foreign Hands: The Effect of Virtual Hand Appearance on Visual-Haptic Integration. *In Proceedings of the ACM Symposium on Applied Perception*, 1–8.

[40] Ogawa, N., Narumi, T., & Hirose, M. (2020). Effect of Avatar Appearance on Detection Thresholds for Remapped Hand Movements. *IEEE Transactions on Visualization and Computer Graphics.*

[41] Peck, T. C., Seinfeld, S., Aglioti, S. M. & Slater, M. (2013). Putting yourself in the skin of a black avatar reduces implicit racial bias. *Consciousness and Cognition*, **22**(3), 779–787.

[42] Osimo S. A., Pizarro, R., Spanlang B. & Slater, M. (2015). Conversations between self and self as Sigmund Freud —A virtual body ownership paradigm for self counselling. *Scientific Reports*, **5**(1), 13899.

[43] Kilteni, K., Bergstrom, I. & Slater, M. (2013). Drumming in immersive virtual reality: The body shapes the way we play. *IEEE Transactions on Visualization and Computer Graphics*, **19**(4), 597–605.

[44] Batson, C. D., Early, S. & Salvarani, G (1997). Perspective taking: Imagining how another feels versus imaging how you would feel. *Personality and Social Psychology Bulletin*, **23**(10), 751–758.

[45] Ahn, S. J., Bostick, J., Ogle, E., Nowak, K. L., McGillicuddy, K. T. & Hahm, J. M. (2016). Experiencing Nature: Embodying Animals in Immersive Virtual Environments Increases Inclusion of Nature in Self and Involvement with Nature. *Journal of Computer-Mediated Communication*, **21**, (6), 399–419.

[46] Oyanagi, A. & Ohmura, R. (2019). Transformation to a bird: overcoming the height of fear by inducing the proteus effect of the bird avatar. *In Proceedings of the 2nd International Conference on Image and Graphics Processing*, 145–149.

[47] D'Angelo, M., di Pellegrino, G., Seriani, S., Gallina, P., & Frassinetti, F. (2018). The sense of agency shapes body schema and peripersonal space. *Scientific reports*. **8**(1), 1–11.

[48] Bailenson, N. J. & Segovia, K. Y. (2010). Virtual Doppelgangers: Psychological Effects of Avatars Who Ignore Their Owners. In Bainbridge W. *Online Worlds: Convergence of the Real and the Virtual. Human-Computer Interaction Series*, 175–186. Springer.

[49] Bandura, A. (1977). 『*Social learning theory*』. Englewood Cliffs, NJ: Prentice Hall.

[50] Bandura, A. (2009). Social cognitive theory of mass communication. *Media effects*, 110–140.

[51] Aymerich-Franch, L. & Bailenson, N. J. (2014). The use of doppelgangers in virtual reality to treat public speaking anxiety: a gender comparison. *Proceedings of the International Society for Presence Research Annual Conference*, 1–28.

[52] Schwind, V., Knierim, P., Tasci, C., Franczak, P., Haas, N. & Henze, N. (2017). "These are not my hands!"; : Effect of Gender on the Perception of Avatar Hands in Virtual Reality. *Proceedings of the 2017 CHI Conference on Human Factors in Computing Systems*, 1577–1582.

[53] Hatada, Y., Yoshida, S., Narumi, T. & Hirose, M. (2019). Double Shellf: What Psychological Effects can be Caused through Interaction with a Doppelganger?*In Proceedings of the 10th Augmented Human International Conference 2019*, 1–8.

[54] Fox, J. & Bailenson, J. N. (2009). Virtual self-modeling: The effects of vicarious reinforcement and identification on exercise behaviors. *Media Psychology*, **12**, 1–25.

[55] Banakou, D., & Slater, M. (2017). Embodiment in a virtual body that speaks produces agency over the speaking but does not necessarily influence subsequent real speaking. *Scientific Reports*, **7**(1): 14227.

[56] 浅井智久，丹野義彦 (2007). 統合失調症の認知神経心理学的研究から見た自己意識 自己モニタリングと sense of agency. 心理学評論，**50**(4), 371–383.

[57] Wen, W., Yamashita, A. & Asama, H. (2015). The sense of agency during continuous action: Performance is more important than action-feedback association. *PLoS ONE*, **10**(4), e0125226.

[58] 簗瀬洋平, 鳴海拓志 (2016). 誰でも神プレイできるジャンプアクションゲーム. 日本バーチャルリアリティ学会論文誌, **21**(3), 415–522.

[59] Ogawa, N., Narumi, T., & Hirose, M. (2020). Do You Feel Like Passing Through Walls?: Effect of Self-Avatar Appearance on Facilitating Realistic Behavior in Virtual Environments. *Proceedings of the 2020 CHI Conference on Human Factors in Computing Systems.*

[60] Yoshida, S., Sakurai, S., Narumi, T., Tanikawa, T. & Hirose, M. (2013). Manipulation of an emotional experience by real-time deformed facial feedback. *Proceedings of the 4th Augmented Human International Conference*, 35–42.

[61] McIntosh, D. N. (1996). Facial feedback hypotheses: Evidence, implications, and directions. *Motivation and emotion*, **20**(2), 121–147.

[62] Valins, S. (1966). Cognitive effects of false heart-rate feedback. *Journal of personality and social psychology*, **20**(2), 121–147.

[63] Nakazato, N., Yoshida, S., Sakurai, S., Narumi, T., Tanikawa, T. & Hirose, M. (2014). Smart Face: enhancing creativity during video conferences using real-time facial deformation*Proceedings of the 17th ACM conference on Computer supported cooperative work and social computing*, 75–83.

[64] Suzuki, K., Yokoyama, M., Yoshida, S., Mochizuki, T., Yamada, T., Narumi, T., Tanikawa, T. & Hirose, M. (2017). FaceShare: Mirroring with Pseudo-Smile Enriches Video Chat Communications. *Proceedings of the 2017 CHI Conference on Human Factors in Computing Systems*, 5313–5317.

[65] Suzuki, K., Yokoyama, M., M., Kionshita, Mochizuki, T., Yamada, Sakurai, S., T., Narumi, T., Tanikawa, T. & Hirose, M. (2016). Gender-impression modification enhances the effect of mediated social touch between persons of the same gender. *Augmented Human Research*, **1**(1), 2.

[66] Thayer, S. (1982). Social touching. *Tactual perception: A sourcebook*, 263–304.

[67] Haans, A. de Nood, C. & Ijsselsteijn, W. (2007). Investigating response similarities between real and mediated social touch: A first test. *Conference: Extended Abstracts Proceedings of the 2007 Conference on Human Factors in Computing Systems*, 2405–2410.

[68] Seta, K., Yokoyama, M., Yoshida, S., Narumi, T., Tanikawa, T. & Hirose, M. (2018). Divided Presence: Improving Group Decision-Making via Pseudo-Population Increase. *Proceedings of the 6th International Conference on Human-Agent Interaction*, 260–268.

[69] 亀田達也 (1997). 『合議の知を求めて』, 共立出版.

[70] Noelle-Neumann, E. (1993). 『*The spiral of silence*: *Public opinion, our social skin*』, University of Chicago Press.

[71] 廣瀬通孝, 小林正朋 (2018). 高齢者クラウド：クラウド技術による高齢者人材の活用. 人工知能, **33**(3), 283–289.

[72] 吉田海渡, 横山正典, 鳴海拓志, 徳永徹郎, 巻口誉宗, 高田英明, 谷川智洋, 廣瀬通孝 (2018).

聴衆反応を単一アバタに集約することによる遠隔講義支援システムの開発．第 23 回日本バーチャルリアリティ学会大会論文集，13C-2.

[73] Anderson, R. J., Anderson, R., VanDeGrift, T., Wolfman, S. & Yasuhara, K. (2003). Promoting interaction in large classes with computer-mediated feedback. In Designing for change in networked learning environments. *Designing for change in networked learning environments*, 119–123.

[74] Fribourg, R., Ogawa, N., Hoyet, L., Argelaguet, F., Narumi, T., Hirose, M., & Lecuyer, A. (2020). Virtual Co-Embodiment: Evaluation of the Sense of Agency while Sharing the Control of a Virtual Body among Two Individuals. IEEE Transactions on Visualization and Computer Graphics, doi：10.1109/TVCG.2020.2999197

[75] 藤澤覚司，上田祥代，杉本麻樹，稲見昌彦，北崎充晃 (2018). 共有身体における身体所有感覚と行為主体感．第 23 回日本バーチャルリアリティ学会大会論文集，33E-5.

[76] 近藤駿介，鳴海拓志，谷川智洋，廣瀬通孝 (2018). バーチャルハンドを用いた自動運転車における行為主体感の生起．第 24 回日本バーチャルリアリティ学会大会論文集，4B-5.

[77] Cohn, P. J., Rotella, R. J. & Lloyd, J. W. (1990). Effects of a Cognitive-Behavioral Intervention on the Preshot Routine and Performance in Golf. *The Sport Psychologist*, **4**(1), 33–47.

[78] Tagami, S., Yoshida, S., Ogawa, N., Narumi, T., Tanikawa, T. & Hirose, M. (2017). Routine++: implementing pre-performance routine in a short time with an artificial success simulator. *Proceedings of the 8th Augmented Human International Conference*, Article No. 18.

[79] 田上翔一，吉田成朗，鳴海拓志，谷川智洋，廣瀬通孝 (2017). 擬似成功体験を用いたスポーツパフォーマンス向上手法の提案．第 21 回日本バーチャルリアリティ学会大会論文集，3F2-01.

[80] Lane, J., Lane, A. M. & Kyprianou, A. (2004). Self-efficacy, self-esteem and their impact on academic performance. *Social Behavior and Personality: an international journa*, **32**(3), 247–256.

[81] 茂山丈太郎，小川奈美，鳴海拓志，谷川智洋，廣瀬通孝 (2017). アバタの関節角補正による疑似抵抗感提示．日本バーチャルリアリティ学会論文誌，**22**(3), 369–378.

[82] Kasahara, S., Konno, K., Owaki, R., Nishi, T., Takeshita, A., Ito, T., Kasuga, S. & Ushiba, J. (2017). Malleable embodiment: Changing sense of embodiment by spatial-temporal deformation of virtual human body. *Proceedings of the 2017 CHI Conference on Human Factors in Computing Systems*, 6438–6448.

[83] Krol, S. A., Theriault, R., Olson, J. A., Raz, A., & Bartz, J. A. (2019). Self-Concept Clarity and the Bodily Self: Malleability Across Modalities. *Personality and Social Psychology Bulletin*, 0146167219879126.

5章

プロジェクション・サイエンスがHAI研究に理論的基盤を与える可能性

小野哲雄

5.1 はじめに

プロジェクション・サイエンスとは，人間の認知機構を解明するためのまったく新しい枠組みであるとともに，そのモデル論的理解をとおして工学的応用までも射程に収めている「野心的」な構想である [1]．本稿では，このプロジェクション・サイエンスが人とエージェント（ロボットを含む）のインタラクションに関する研究 (Human-Agent Interaction: HAI) に理論的基盤を与える可能性について考察し，今後の両分野の研究の進展について展望する．

鈴木 [2] が述べているように，認知科学におけるこれまでの研究は，刺激の「受容」とその利用過程に注目し，知覚，記憶，思考などのさまざまな認知現象について，精度の高いモデルを作り上げてきた．しかし一方で，内部に構成された表象が世界のどこかに「投射」（プロジェクション）もしくは定位されていると考えなければ理解できない現象も多数存在する．鈴木が挙げている事例として，視覚・聴覚などの遠感覚における投射，ラバーハンドイリュージョン (rubber hand illusion)，子どもの遊び行動における空想上の友だち (imaginary companion)，異常状況におけるサードマン現象 (third man factor)，さらにはフェティシズム，偶像崇拝，宗教や信仰までもが「投射」という概念を用いなければ説明できないと考えられる．

一方，2005 年頃より日本において研究が始まったヒューマンエージェントインタラクション (HAI) という研究分野では，人と人工物であるエージェント（ロボットを含む）とのインタラクションの機構を分析的に解明するとともに，両者のインタラクションをデザインすることをとおして，システムとして構成的に実現することを目指している．

HAI 研究のアプローチは，他の研究分野のものとはかなり異なっている [3]．良い意味ではきわめて学際的であり，悪い意味ではどんな分野とも関係してしまう．ゆえに，「危ない匂い」と「収まりの悪さ」を感じる人も多いだろう [4]．型にはまった研究は既存の枠組みに入り，うまく割り切れ，安心できる部分がある．しかし現時点では，HAI研究はその安心感に欠けるかもしれない．視点を変えると，この分野に興味を惹かれる研究者は，そこに新しい研究の潮流を見出していると思われる．つまり，細分化され，統合的な視点を欠いた研究アプローチに対する不満が，細かい点はとりあえず捨象して，人とエージェントの〈間〉に焦点を当て，両者のインタラクションデザインをとおして人間の知能の本質に迫るというHAI研究に向かわせているのかもしれない．

上記のHAI研究の特徴は，プロジェクション・サイエンスが志向する方向性と重なる部分が大きい．つまり，プロジェクション・サイエンスでは，刺激の「受容」とその利用過程に注目したこれまでの認知科学研究では説明しえない本質的な現象に焦点をあて，内部に構成された表象の「投射」に注目することにより，一般的な認知機構の解明とモデル論的理解を目指している．これに対して，HAI研究では，これまでの細分化され，統合的な視点を欠いた研究のアプローチに対する不満から，人とエージェントの〈間〉に現れる現象に注目し，さまざまな研究事例を積み上げてきた．しかしながら，現時点において，そこに現れる現象に通底するような理論的な基盤を与えることはまだできていない．

以上の背景から，本稿では，プロジェクション・サイエンスの枠組みがHAI研究に理論的な基盤を与える可能性について議論する．特に本稿では，特異な状況（環境）において生起する人間の二つの認知現象に注目する．具体的には，危機的な状況において何者かの存在を感じ，その声に導かれることによりそこから生還を果たす「サードマン現象」[5]，および，事故や事件で以前の居住者が死亡した部屋に入った際の違和感や他者が存在するかのような感覚を生起させる「事故物件」[6]における認知現象に注目する．HAI基盤技術を用いて人にこのような認知現象を生起させる状況（環境）を再現し，そこでの検証実験をとおしてプロジェクションとこれらの特異な認知現象との関係を明らかにしていきたい．さらに，これらの考察をとおして，プロジェクション・サイエンスがHAI研究に理論的な基盤を与える可能性，および，その方法論が人間の知能の本質に迫るための新たなアプローチとなる可能性について議論してみたい．

5.2 プロジェクション・サイエンスにおける「投射」の分類

5.2.1 投射の三分類：「投射」，「異投射」，「虚投射」

本節では鈴木 [2] に従い，プロジェクション・サイエンスの中心概念である「投射」を暫定的に，投射元（ソース），投射先（ターゲット）のタイプによって，表 5.1 のとおり三つに場合分けをする．また理解を助けるため，図 5.1 にこれらの関係を図示する．

ここで「投射」は，投射先が感覚・知覚自体を促した実在する投射元の事物である場合であり，典型的には通常の感覚・知覚である．次に「異投射」は，ターゲットは実在する事物ではあるが，感覚・知覚を促したソースとは異なる場合であり，5.1 節で述べた「ラバーハンドイリュージョン」がその例である．最後に「虚投射」は，ソースが存在しないのに，特定あるいは不特定のターゲットに投射が行われる場合であり，同じく 5.1 節で述べた「サードマン現象」と「空想上の友だち現象」は「虚投射」に分類される．

これらの分類は現象の説明と今後の議論を容易にするための暫定的なものであり，「投射」，「異投射」，「虚投射」の関連や脳科学的な基盤が現時点で明確になっているわけではない．

表 5.1　「投射」のタイプの分類 [2]

	ソース	ターゲット
投射	実在の対象	ソースと同じ対象
異投射	実在の対象	ソースとは異なる対象
虚投射	なし（脳の状態）	想像上の対象

図 5.1　「投射」のタイプの図解

5.2.2 「虚投射」についてのより詳細な考察

前節で述べた三つの分類のうち，本節では特に「虚投射」に注目し，より詳細な考察を行いたい．この理由として，通常の「投射」がわれわれにとってあまりにも当たり前過ぎるために日常生活で意識されることはないが，「虚投射」に分類される「空想上の友だち」や「サードマン現象」はある条件下でのみ起こる特異な認知現象であり，プロジェクション・サイエンスが提案する枠組みを用いなければ説明できないと考えるからである．同時に，これらの事例で生起する認知現象のメカニズムを解明することが，「投射」の機能の本質的な理解につながると考えている．

前節では「虚投射」をソースが存在しないにもかかわらず，特定あるいは不特定のターゲットに投射が行われるものと定義した．「虚投射」をさらに考察するためには，この「特定」と「不特定」の場合の違いを議論する必要があるだろう．たとえば「虚投射」の事例としての「幻聴」とは，普通では聞こえることのない音や声が聞こえる状態であるが，症状によっては，その音や声が誰かが自分の悪口を言っているように聞こえるといわれている．つまり，「幻聴」の場合の前者は「不特定」であるが，後者は「特定」のターゲットに投射を行なっている．

より具体的な議論を行うため，ここでは「虚投射」を「実在のものへの虚投射」（ターゲットが実在する場合）と，「想像上のものへの虚投射」（ターゲットが実在しない場合）に分けて考えたい．「実在のものへの虚投射」としては，後に述べるVR/AR上のエージェントへの投射（身体投射システム（5.4.2節））や，「事故物件」における「部屋」への投射（5.5節）が考えられる．つまり，最初は特定のソースが存在しなかったにも関わらず，徐々に内部に表象が構成されていくにともない，その表象があたかも外部に投射先を探すかのように動的なメカニズムにより実在するターゲットへと投射していると考えられる．

一方，「想像上のものへの虚投射」としては，すでに5.1節で取り上げた「サードマン現象」や「想像上の友だち」だけではなく，Blankeらが行なった人工的な「幽霊」(artificial ‘ghosts’) [7,8] の研究も含まれる．人工的な「幽霊」の実験では，目隠しと耳栓を装着した被験者が，前方にあるロボット装置のアームを動かすと，背後にある別のロボット装置のアームが同じ動きを再現し，被験者の背中に触れるという設定であった（図5.2）．前方のアームを動かすのと同時に背中のアームが動いた場合は，被験者はその動きを「自分の動き」として認識し，違和感を持たなかった．しかし実験者が両方の動きの間に数ミリ秒の遅延を入れると突然，被験者は「幽霊のような感覚」を覚えるようになった．つまり，被験者は背後に不気味な他者の存

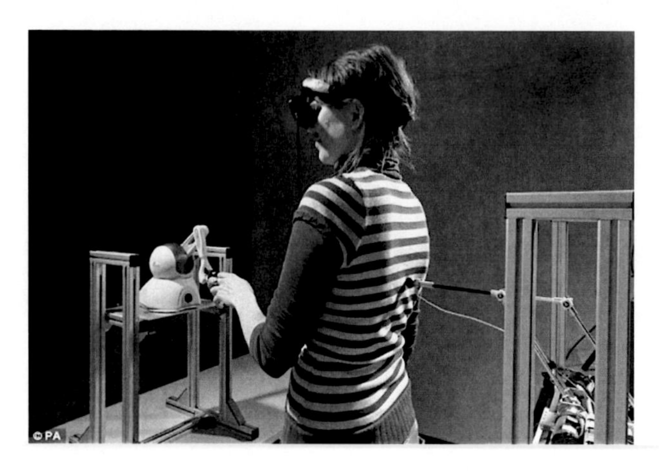

図 5.2　ロボット装置を用いた人工的な「幽霊」の実験の様子 [8]

在を感じてしまい，それ以降，実験を継続することができなくなる被験者が出てくるほどであった．ここでの「自分の動き」と「幽霊のような感覚」の違いは，背後にあるアームの動きをわずか数ミリ秒遅延させただけであった．この遅延が被験者に「想像上」の投射先を構築させたといえるだろう．

それでは，「実在のものへの虚投射」と「想像上のものへの虚投射」の違いは何であろうか．それぞれに属する研究事例および実験結果から分類すると，前者は特定のものへの虚投射であるため，投射が時間的・空間的に安定している様子が伺える．すでに例としてあげた，VR/AR上のエージェントへの投射，事故物件における「部屋」への投射，さらには幻聴時に誰かが自分の悪口を言っているように聞こえるという言動もそのように解釈できる．

一方，後者（「想像上のものへの虚投射」）は対象が不特定であるため，投射が時間的・空間的に安定せず，時間の経過とともに失われたり，投射自体がその人を混乱へと導く可能性がある．たとえば，サードマン現象，想像上の友達，人工的な「幽霊」は時間の経過および環境の変化とともに投射が行われなくなり，当然，投射先も消失してしまう．また幻聴時に普通では聞こえることのない音や声が聞こえ，さらに投射先が不特定である場合は自身を混乱へと導く可能性がある．

このような虚投射の二つへの分類および考察した結果は，鈴木が提案する投射のメカニズム（ [21] 5節）の説明とも合致するものである．鈴木は投射をトップダウンの予測と生成（「重ね合わせ」フィルタ）とボトムアップな知覚の連続的な循環過程で捉えようとしている．この連続的な循環過程をとおして，両者の間の予測誤差を最小化することにより，投射のプロセスは安定するものと考えられる．つまり，「虚投射」は通常，ソースが存在しないにもかかわらず，特定あるいは不特定のターゲットに投射が行われる場合に生起するものと定義されている（図 5.1）．このため，虚投射のプロセスは不安定化しやすい．しかし，この不安定なプロセスを安定化させるため，人間の何らかの認知的なはたらきにより，「実在のものへの虚投射」が生起していると考えられる．さらに，この安定化がうまくはたらかないとき，「想像上のものへの虚投射」が継続されて，外部から観察した場合，その不安定化が継続するのではないだろうか．

5.3 HAI における「異投射」: ITACO システム

本節ではまず，遠感覚における「投射」について，ハンフリー [9] の議論を参照しながら考察する．次に，HAI 研究においてエージェントマイグレーションの機構を用いた ITACO システム [10–12] を紹介し，このシステムと「異投射」の関係について議論を行う．

5.3.1 遠感覚における「投射」とは？

本節ではまず，遠感覚における「投射」のプロセスのモデル論的検討を行う．すでに 5.1 節で述べたとおり，人間は内部に構成された表象を世界のどこかに投射し，定位していると考えなければ理解できない現象が多数存在する．それらは視覚や聴覚に始まり，ラバーハンドイリュージョンやサードマン現象，フェティシズムなど人間の認知現象の多岐に渡る．そしてこのように表象＝意味を世界に投射し，物理的な実体を意味により彩り，それを知覚した結果がヒト固有の認識と行動に表れていると考えることができる [21]．

ここでは特に，ハンフリー [9] の考察にもとづき，視覚や聴覚などの遠感覚における「投射」について考えてみたい．ハンフリーは，人間の感覚が投影される仕組みについて，図 5.3 のような図式により説明を試みている．

たとえば誰かが赤いトマトを見たとしよう．このとき，トマトから反射した赤い光が目に届き，内在化した表現反応を生み出す．ここではこれを「内的表象」と呼ぶ．しかし，実はトマト自体にはそのような幻想を生じさせるものも，現象的なものもまったくないと彼は主張する．さらに，その感覚は自分の頭の中から外の世界

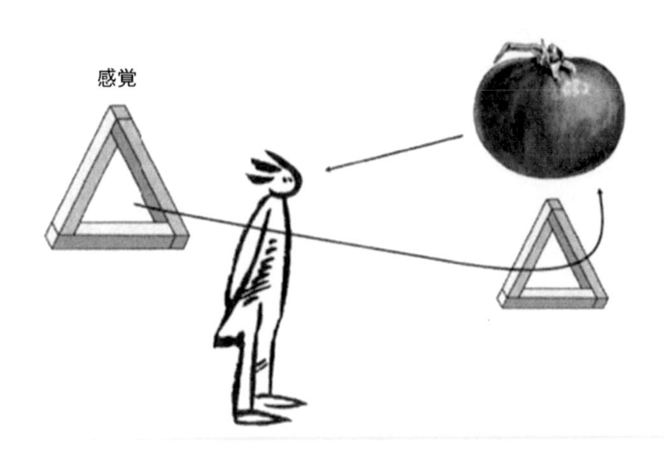

図 5.3　ハンフリーが説明する感覚が投影される仕組み [9]

へと投影されているにほかならないと主張する．つまり，赤さの主観的特性が，知覚された外部の物体のところに写り，それに付与されたと考えるべきだとしている．

ハンフリーはその例証として，ラバーハンドイリュージョンの実験 [13,14] の結果をあげている．ここでは詳細を省くが，この実験では，実験参加者自身の手（リアルハンド）とゴムの手（ラバーハンド）を机の上に並べて置き，リアルハンドを見えないように仕切りを立てる．実験参加者がラバーハンドを観察しているとき，リアルハンドとラバーハンドをできるだけ同期させて撫でたり触ったりすると，空間的にラバーハンドの位置から触れられていると感じる．さらに同様の操作により，実験参加者はテーブルの表面からも同様の感覚が生じていると報告している．このような現象は赤いトマトやゴムの手，テーブルだけではなく，あなたが外の世界と持つ感覚的・知覚的相互作用の全般に及んでいるとハンフリーは主張している．

上記のハンフリーの議論は，5.2 節で分類した「投射」と「異投射」の説明にほかならない．しかしハンフリー自身はこれらの仮説を具体的に検証するという試みを行っていない．本稿では，HAI 研究における ITACO システムという，人と実際にインタラクションを行うことができ，現実世界で稼働しているシステムの事例を用いて具体的な検証を行ってみたい．

5.3.2　ITACO システムの概要

HAI 研究の事例として ITACO システムを紹介する [10–12]．ITACO システム

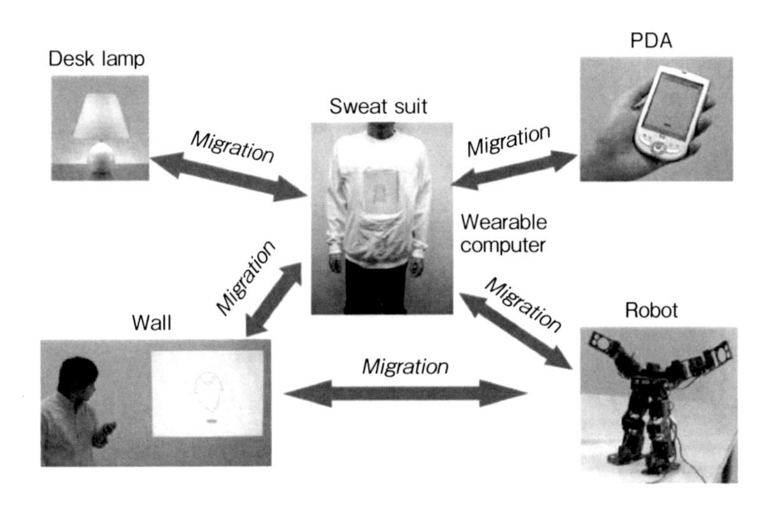

図 5.4 ITACO システムの概念図

とは，ユーザの趣味や嗜好を理解したエージェントが，環境内のさまざまなメディアに「移動」(agent migration) することにより，ユーザに対して文脈に応じた適切な支援を行なうことができるシステムである．図 5.4 に，ITACO システムの概念図を示す．この図のように，エージェントは環境にあるさまざまなメディアへ「移動」することにより文脈に応じたユーザ支援を行なうことができる．図 5.5 に，具体的なエージェントの「移動」(タブレット PC からウェアラブル PC へ) におけるスナップショットを示す．

ITACO システムを用いた実験で，大変興味深い結果が得られているのでここで簡潔に紹介する [11]．実験は以下の手順で行なわれた．

1. 実験参加者はエージェントと対話を行なった後，エージェントはタブレット PC から実験参加者のウェアラブル PC へ「移動」する．
2. 実験参加者は暗い部屋に移動する．エージェントは部屋の暗さを知覚し，スタンドライトに「移動」することによりスイッチをオンにし，部屋を明るくする．
3. 実験協力者が入室し，実験参加者にスタンドライトのスイッチをオフにするように伝える．

この実験の結果，実験参加者はエージェントが「移動」したスタンドライトにも

図 5.5 エージェントマイグレーションの様子

エージェントと同様に「愛着」を持つことが明らかとなり，またエージェントが「移動」したスタンドライトのスイッチをオフにしてエージェントを失ったことにより，強い喪失感を持つことが検証された [11]．実験参加者は，ITACO システムの内部構造を十分に推測可能な知識を持つ，情報工学を学んでいる学部学生であった．それではなぜエージェントが「移動」したスタンドライトのスイッチをオフにすることにより強い喪失感を持ったのだろうか．

5.3.3 ITACO システムと「異投射」の関係

前節の実験で得られた結果を，ハンフリーが提案する図式に基づき考察してみよう．実験参加者はエージェントという新しい人工物とのインタラクションをとおして，エージェントに対して何らかの「内的表象」を構築する．実験の結果から，「愛着」のような主観的な感覚をともなった「内的表象」であることが伺える．ハンフリーの図式に従えば，この「内的表象」を対象へ「投射」することにより，たんなるディスプレイ上のグラフィックスアニメーションであるエージェントに「愛着」を付与することができ，人とエージェントの間に関係を構築することができると考えられる．さらに，この新しい「内的表象」の「投射」により，対象物へ「愛着」のような主観的な感覚を付与できるとすれば，この対象はディスプレイ上のアニメーションである必要はなく，他の人工物（メディア）であってもよいのではないだろうか． 図 5.6 に，他の人工物（デスクスタンド）にエージェントが「移動」する際のメカニズムを示す．

図 5.6 と図 5.1 の「異投射」は明らかに同じ機構を表現している．つまり，本実験は限られた条件のもとで行われた結果であるが，ITACO システムのエージェントマイグレーションにより「異投射」を人工的に生起させることができたと考えられる．逆にいうと，「異投射」という概念を用いることにより ITACO システムの実験結果を明確に説明することができたと考えることができる．つまり，プロジェクション・サイエンスが HAI 研究の事例の説明原理になったといえる．

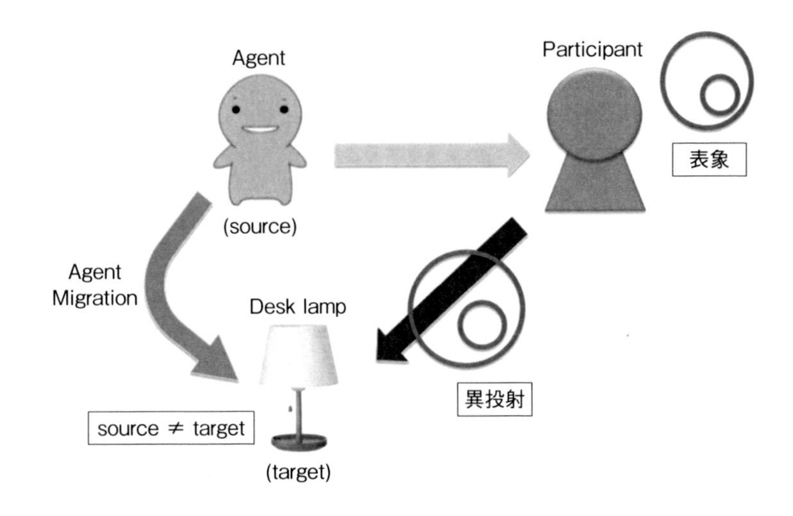

図 **5.6** ITACO システムと「異投射」の関係の概念図

5.4 HAI における「虚投射」：身体投射システムと「サードマン現象」

本節ではまず，「虚投射」としての「サードマン現象」について考察する．次に，VR/AR とエージェントの技術を用いて実装した身体投射システムを紹介し，このシステムと「虚投射」の関係について議論を行う．

5.4.1 「虚投射」の認知的メカニズム：「サードマン現象」を中心として

「サードマン現象」とは？

「サードマン現象」とは，危機的な状況において何者かの存在を感じ，その声に導かれることにより危機的な状況から生還を果たすという現象である [5]．現在，数多くの報告がなされているが（アメリカの世界貿易センタービル同時多発テロ，海難事故や山岳遭難からの生還における事例など），その際の認知的なメカニズムはまだ明らかとなっていない．この現象が起こる誘因として，極限の特殊な環境（もしくは退屈の病理），複数誘因の法則，喪失効果，経験への開放性，必ず生き延びるという信念などがあげられている．「サードマン現象」と類似した現象として，「空想上の友だち」(imaginary companion) がある [15]．「空想上の友だち」とは，本人の空想の中だけに存在する人物であり，空想の中で本人と会話したり，ときには視界に擬似的に映し出して遊戯などを行ったりもする．この現象も「サードマン現象」

と同じ誘因により生起するともいわれている.

これらの現象が起こるメカニズムとしては,「自分の体に対する認識が体外の空間へ拡張したもの」ではないかと考えられている [5]. つまり, いわゆる体外離脱や自己像幻視（自分を第三者視点から見ているような幻）と同じメカニズムではないかと考えられている. これらは, 脳の側頭葉と頭頂葉の接合部で感覚統合がうまくいかなかった場合に生じることがわかっており [16], また解離性障害でよく見られる現象と類似点があり,「サードマン現象」や「空想上の友だち」現象は, 解離という脳の正常な防衛機制と関係しているとも考えられている.

「サードマン現象」と脳科学

「サードマン現象」に関して, 脳科学的知見に基づくメカニズムの解明はいまだなされていない. 以下に, 他者の存在感を生起させたり,「自他分離」や「自己表象」に関連する脳の部位に関する研究事例を紹介する.

Arzy [16] は, てんかん患者の術前評価で, 左側頭頭頂接合部 (temporo-parietal junction: TPJ) を電気刺激することにより, 患者が「他者」の存在を感じることを確認した. この領域は「自他の区別」や「心の理論」と関わる重要な役割を担っていると考えられている. また, Yaoi [17] は, 自己参照課題を使うことにより実験参加者に明示的に自己表象にアクセスすることを求め, その過程で前頭前野内側部 (medial prefrontal cortex: MPFC) が重要な役割を果たしていることを示した.

さらに, 電磁誘導の法則を用いて, 脳内の神経細胞を電気的に刺激する経頭蓋磁気刺激 (TMS) の手法が研究されており [18], いくつかの神経症状や精神医学的な症状に有効な治療法であるばかりではなく, さまざまな脳機能への影響を探っているが, いまだ手法は確立されておらず, 明確な結果も得られていない.

「サードマン現象」と「虚投射」

5.4.1 節で述べた「サードマン現象」と「空想上の友だち」現象は, 表 5.1 の場合分けに基づくと,「虚投射」に分類されると思われる.「虚投射」は, ソースが存在しないのに, 特定あるいは不特定のターゲットに投射が行われる場合であり, 幻覚などがその典型となる.

これらの現象は病的もしくは特異なものではなく, ある条件が整えば一般的に観察可能な現象であると考えられる. このため次節では, VR/AR とエージェントの技術を用いてこれらの現象を部分的に再現するシステムを紹介する.

5.4.2 身体投射システムの概要

5.4.1 節の議論に基づき，本節では小野 [19] の実装した身体投射システムを紹介する．5.4.1 節で述べたように，「サードマン現象」は「自分の体に対する認識が体外の空間へ拡張したもの」ではないかと考えられている．つまり，いわゆる体外離脱や自己像幻視（自分を第三者視点から見ているような幻）と同じメカニズムではないかと考えられている．そうであるならば，どのような条件のときにこのような現象が生起するのだろうか．

本研究では，VR およびエージェント技術を用いることにより，自己身体像を仮想身体へ投射することを目的とする．さらに，この仮想身体を用いてインタフェースシステムを構築することを目指す．

自己身体像を仮想身体へ投射するには，どのような設計要件が必要となるであろうか．本研究では 5.4.1 節で述べた知見を踏まえ，以下の 5 項目の設計要件に注目する．

- 極限状況の設定
- 身体のマスキング
- 実身体と仮想身体の同期
- 実身体離脱感の提示
- 動作特徴量を表出した仮想身体

小野 [19] では，仮想身体を用いたインタフェースシステムの設計要件と実装についても述べているが，本稿では省略する．

次に，自己身体像を仮想身体に投射するシステムの実装方法について述べる．上記のシステムの設計要件で述べた順に，システムの実装方法を以下の四つに分けて説明する．

(1) 極限状況の設定：感覚入力が乏しく，単調な環境を継続させる．本実装では，トレッドミル上を長時間・長距離走ることにより実現する（図 5.7）．
(2) 身体のマスキング・実身体と仮想身体の同期：自己身体を視覚的に隠し，身体の動作のみをグラフィクスにより表示する．本実装では，Oculus Rift により VR 空間上に動作する手を表示し，自己の手とグラフィクスの手の同期には Oculus Touch を用いることにより実装する（図 5.7 左，図 5.7 右）

図 5.7　左．Oculus Rift を用いて身体をマスキングした状態での実身体と仮想身体の「手」の同期，右．実験参加者に表示された同期した身体画像

図 5.8　左．身体動作の未来予測に基づく実身体離脱感（喪失感）の提示，右．動作特徴量を表出したデフォルメされた仮想身体の実験参加者への提示

(3) 実身体離脱感の提示：運動時の身体動作のデータにもとづき，身体動作の予測を行い，自己身体から仮想身体が離脱する動画像を Oculus Rift 上に表示する（図 5.8 左）．

(4) 動作特徴量を表出した仮想身体：離脱した仮想身体は，自己身体の動作と同期する部分のみは動作表示を継続し，その他の部位はデフォルメされる（図 5.8 右）．

図 5.8 右に示した，動作特徴量を表出したデフォルメされた仮想身体は，自己表象の投射とも見ることができる．予備的な実験の結果，10 名中 6 名が上記の (3) にお

いて身体の喪失感を持ち，4 名が上記の (4) においてデフォルメされた仮想身体からの発話を内省的に受け止めていた．まだ明確な結論を出すことはできないが，サードマン現象に特徴的な要件をシステムに取り込むことにより，容易に同様の現象は再現できる可能性がある．

5.4.3 身体投射システムと「虚投射」の関係

本節では，5.4.2 節で紹介した身体投射システムと「虚投射」の関係について議論する．本稿でもすでに述べたように，通常の「投射」はわれわれにとってあまりにも当たり前過ぎるため日常生活では意識することはない．また，「異投射」はこれまでの研究でも，ラバーハンドイリュージョンやテレイクジステンスの研究として行われてきた．小川ら [11] も 3 章で述べたように，ITACO システムの研究をとおして実装および考察を行ってきた．しかし，「虚投射」についてはこれまで研究方法も確立されておらず，また特異な異常心理の一例と捉えられることも多かったため，研究が進まなかったと思われる．しかし，われわれは「虚投射」のメカニズムの解明こそが「プロジェクション・サイエンス」研究の重要な要因であると考えている．つまり，そこに明らかにすべき本質的な認知的メカニズムが隠されていると考えているのである．

5.4.2 節で紹介した身体投射システムを概念的に図示すると図 5.9 のようになるだろう．つまり，ある要件のもと，自分で可視化することができなかった自己の身体像（表象）を VR/AR やエージェント技術により仮想空間へ投射することにより，実験参加者はそれを自己像とみなす可能性が高いことが示唆された．

ここで図 5.9 と図 5.1 の「虚投射」は明らかに同じ機構を表現している．つまり，5.4.2 節で紹介した身体投射システムは限られた条件のもとで行われた結果であるが，「虚投射」を人工的に生起させることができたと考えられる．逆にいうと，「虚投射」という概念を用いることにより，仮想身体を用いたインタフェースシステムの実装方法 [19] という今後の研究の方向性を明確にできたと考えることができる．つまり，プロジェクション・サイエンスの枠組みを用いることにより，HAI 研究の一つである身体投射システムに説明原理を与え，さらに研究の方向性を明確にできたということができる．

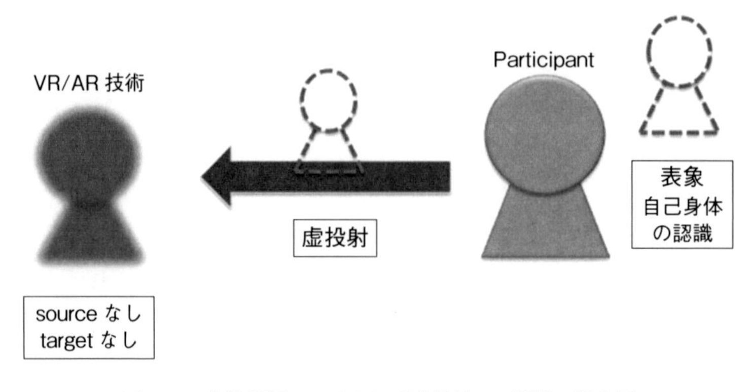

図 5.9　身体投射システムと「虚投射」の関係の概念図

5.5 「部屋」への投射：ITACO on the Room と「事故物件」

本節では，特異な状況（環境）において生起する人間の認知現象の二つ目として，事故や事件で以前の居住者が死亡した部屋に入った際の違和感や他者が存在するかのような感覚を生起させる「事故物件」に注目する．さらに，5.3 節で紹介した ITACO システムのインタラクションデザインをわれわれが居住する「部屋」に拡張し，「事故物件」の認知現象を構成論的に考察してみたい．

5.5.1 「事故物件」とプロジェクション

事故や事件で以前の居住者が死亡した部屋に入った際に，われわれは何ともいえない違和感を覚え，さらに他者が存在するかのような感覚を持つことがある．これらの部屋は「事故物件」と呼ばれ，次の入居者にとってはその過去が目に見えない心理的瑕疵となるため，不動産会社はその旨を入居予定者に事前に告知する義務があると法律的によって定められている [20].

このような特異な環境（状況）において生起する人間の認知現象はどのように説明することができるのだろうか．プロジェクション・サイエンスでは，幽霊を恐れる，神を信じる，ブランド品や特定のモノの蒐集に夢中になるなどの一見不可解で不合理と思われるヒト固有の認識や行動もまたプロジェクションの表れと考える [21]．つまり，これらの認識や行動も，内部処理によって生成された表象＝意味を世界に投射し，物理的な実体を意味により彩り，それを知覚した結果と考えるのである．「事故物件」における認知現象も同様に考えることができるのではないだろうか．

動物の世界で被食者が捕食者の近づく際の物音など物理的な情報を感知し，それに基づいて恐怖感を覚え，素早く立ち去ろうとする行動はその動物の生存に有利に働くだろう．しかし，「事故物件」のように，生存や採餌，生殖などの動物的欲求や本能を超えて固有の意味を創り出し，それを環境に投射するという認知能力はヒト以外の動物では持ちえないのではないだろうか [1]．

「部屋」への投射は，「異投射」というよりも「虚投射」と考えるべきであろう．5.2 節で述べた投射の分類に従えば，「部屋」への投射は「異投射」のようにもみえる．つまり，事故死した故人の存在を，その故人が生活していた「部屋」に投射しているかのようにみえる．しかし，実際には脳内で生み出された違和感や恐怖感を投射する先（ターゲット）は何でもよかったのではないだろうか．事故死した故人の話を思い出した際に，本来はそこで感じる雰囲気や気配に投射されるべきものが，明確な物理的な形を持ち，より投射しやすかった「部屋」に投射しただけなのではないだろうか．この意味では，この「部屋」への投射は「虚投射」とみることができる．

5.5.2 「部屋」への投射のインタラクションデザイン

われわれの研究の目的は当然，「事故物件」のような部屋を作ることではなく，そのような認知現象が起こる一般的な機構を明らかにすることである．特にわれわれは構成論的アプローチに基づき，HAI 基盤技術を用いて人にこのような認知現象を生起させる状況（環境）を再現し，そこでの検証実験をとおして，プロジェクションとこれらの特異な認知現象との関係を明らかにしていきたいと考えている．

人と部屋などの空間とのインタラクションに関しては，SF 映画やユビキタスコンピューティング [23] の研究においてその具体的な事例を見ることができる．特に，SF 映画『2001 年宇宙の旅』[24] に登場する HAL9000 はそのもっとも有名な事例であろう．映画では HAL 9000 は宇宙船全体をくまなく監視し，乗組員の作業を陰から支援していたが，船長との意見の食い違いから「反乱」を起こしたため，船長により思考部を停止させられてしまう．この HAL と船長とのいさかいには，さまざまな意味合いが含意されているともいわれている．

一方，工学的に実装された研究事例としては，「ゆかり」プロジェクトにおけるシ

[1] ヒト以外の多くの動物も「文化的」としか言えないような行動をすることが報告されているが [22]，それがここで述べている「事故物件」において顕在化するような認知現象と同じなのかについては現時点では検証の方法がない．

ステムをあげることができる [25] . ゆかりプロジェクトでは，家全体を「家族を見守り必要なときにはさりげなく支援を行う「母親」のような存在」と捉えている．室内に置かれた家電製品はネットワークに接続され，「母親」である部屋がその状況を監視する．万が一，何らかのトラブルがあったときは，「母親」が常に見ているため，生活者は安心して生活する事ができる．しかし，生活者と「母親」は直接，インタラクションをすることはできない．このため，ゆかりプロジェクトでは，生活者はインタフェースロボットを介して「母親」とインタラクションを行うことで，家の状況を知り，そして音声によって室内の機器をコントロールするというインタラクションデザインとなっている．

5.3節で述べたように，われわれはエージェントが環境内のメディアを移動することにより，ユーザに対して文脈に応じた日常的な支援を行うことができるITACOシステムを提案してきた．さらにわれわれは同様に，エージェントマイグレーションの手法を用いることにより，人と部屋とのインタラクションを実現し，そこでの関係性の継承やコンテキストの創発に関してこれまで議論してきた．次節ではその概要について述べる．

5.5.3 「部屋」への投射のプロトタイプシステム：ITACO on the Room

われわれは「部屋」への投射を検証するためのプロトタイプシステムとしてITACO on the Roomを提案した [26]．本システムでは「事故物件」で対象となる心理的要因やインタラクションをより一般化し，人と「部屋」のインタラクションに関わる要因を明らかにすることを研究の目的としてきた．特に，このシステムを用いて人と「部屋」のインタラクションを考察するとき，以下の三つの要因が重要になると想定していた．

要因 1．投射のターゲットとして「部屋」

「事故物件」で感じる雰囲気や気配の投射先は「部屋」に限られるわけではなく，さまざまなモノへ投射可能である．それではどのような要因が投射を「部屋」へと向かわせるのだろうか．

要因 2．投射によって生じる「部屋」の生命感

投射した「部屋」とのインタラクションにおいて，どのような要因が人に生命感や他者が存在するかのような感覚を与えるのだろうか．

要因 3．投射により創発した「文脈」（コンテキスト）の工学的応用

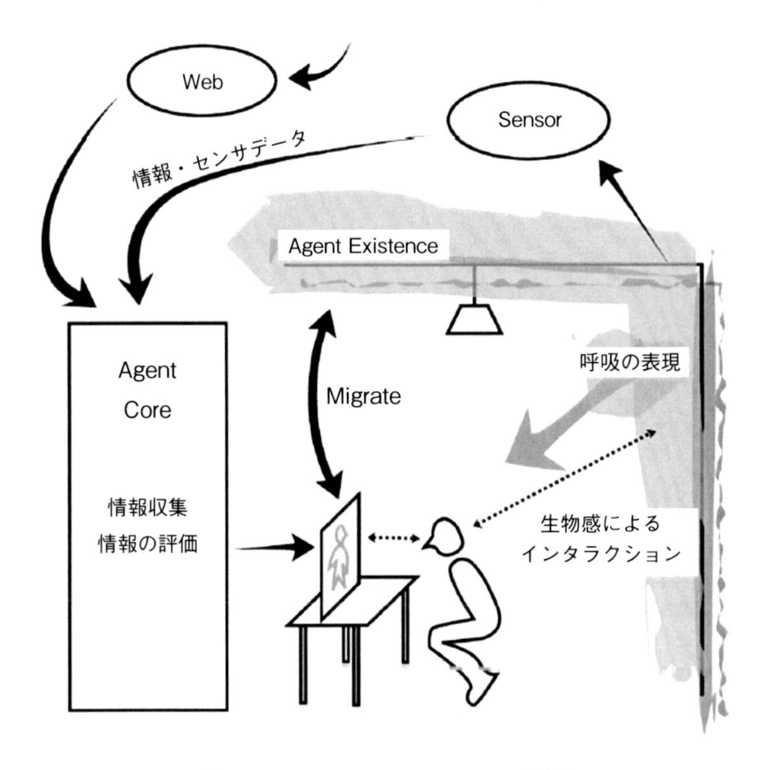

図 **5.10** ITACO on the Room の概要

「部屋」とのインタラクションによって創発した「文脈」は「事故物件」の説明だけではなく，工学的なシステムの応用として利用できないだろうか．

われわれの構築したプロトタイプシステム ITACO on the Room の概要を説明する（図 5.10）．5.3 節の ITACO システムで述べたように，システムのユーザはまずディスプレイ上のエージェントとインタラクションを行う．その後，ユーザが別の作業を行なっている際は，エージェントは「部屋」へ移動 (agent migration) し，バックグラウンドからユーザの作業を見守る．しかしユーザとエージェントの間には「呼吸リズムの引き込み」に基づくインタラクション [27] がそのまま継続されるため，〈ユーザ–エージェント〉の関係性は〈ユーザ–「部屋」〉の関係性へと継承されていく．このためユーザは自分の趣味や嗜好を理解したエージェントに「包まれている」という感覚を味わうことが予想される．いま別の作業を行なっていたユーザに遠隔地から緊急性の高い情報が送られてきたと仮定する．ユーザの趣味や嗜好

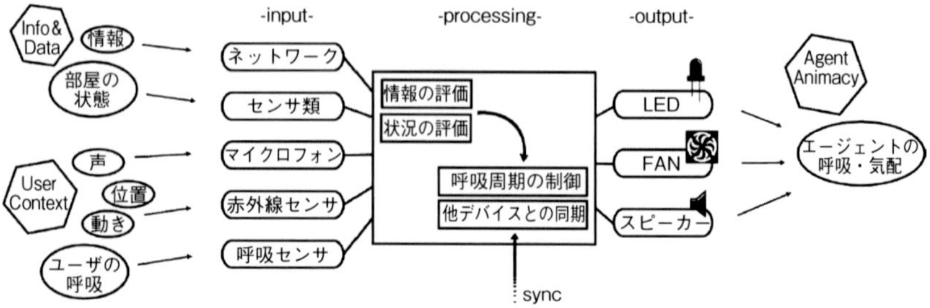

図 **5.11**　ITACO on the Room のシステム図

を理解しているエージェントは情報の重要性を理解し，その情報をすぐにユーザに伝えるべきだと判断し，呼吸リズムを表現していたLEDの明滅速度を早めることにより（図5.11），バックグラウンドからユーザにアンビエントな (ambient) 情報を用いて気づきを与えようと試みる．

ここで，すでに述べた人と「部屋」のインタラクションに関わる三つの要因について，本プロトタイプシステムの事例に基づき考えてみたい．

要因 1．投射のターゲットとして「部屋」

本プロトタイプシステムではエージェントの「移動」により投射のターゲットを「部屋」に限定している．これは今後，認知現象の検証実験においてパラメータを制御する際に有効であると考えられる．

要因 2．投射によって生じる「部屋」の生命感

「部屋」に生命感や他者が存在するかのような感覚を与えるために，本プロトタイプシステムでは「呼吸リズムの引き込み」に基づくインタラクションの機構を採用している．

要因 3．投射により創発した「文脈」（コンテキスト）の工学的応用

本プロトタイプシステムでは，情報のフィルタリングなどによりユーザは自分の趣味や嗜好を理解したエージェントに「包まれている」という感覚を与える空間を提供している．これは「部屋」とのインタラクションによって創発した「文脈」を用いることにより実現できる機能である．

以上の点は，今後の「事故物件」の検証実験で対象となる心理的要因やインタラクションをより一般化し，パラメータとして制御可能にすることを目的として整理したものである．それでは実際に，どのような実験設定が可能であるか次節で議論したい．

5.5.4 「部屋」への投射と「事故物件」

5.5.3 節で述べたプロトタイプシステム ITACO on the Room を用いて，「事故物件」における認知現象を検証するためにどのような方法が可能なのかを要因 1〜3 に焦点を絞り，思考実験により検討してみたい．

5.3 節で述べた小川ら [11] の実験の結果，人がインタラクションを行なっていたエージェントとの関係性が「異投射」により他のメディアへ継承されていくことがわかった．実験ではエージェントに対する愛着や親近感が他のメディア（スタンドライト）へ継承されたことがわかった．

それでは，人がエージェントに対して「恐れ」や「嫌悪感」を持ち，そのエージェントが他のメディアへ「移動」した場合，人はそのメディアに対して「恐れ」や「嫌悪感」を持つようになるだろうか．当然，この点に関しては今後の研究を待たなければいけないが，それらの感情はエージェントの「移動」によって継承されていくことが予想される．図 5.12 に ITACO on the Room のプロトタイプシステムの実装例を示す．本システムではエージェントが持っている二つの属性（呼吸リズムと音声）が「部屋」に移動（マイグレーション）した後も継承され，「部屋」の LED ライトの明滅およびスピーカから出力される．このため，5.3.2 節で述べた ITACO

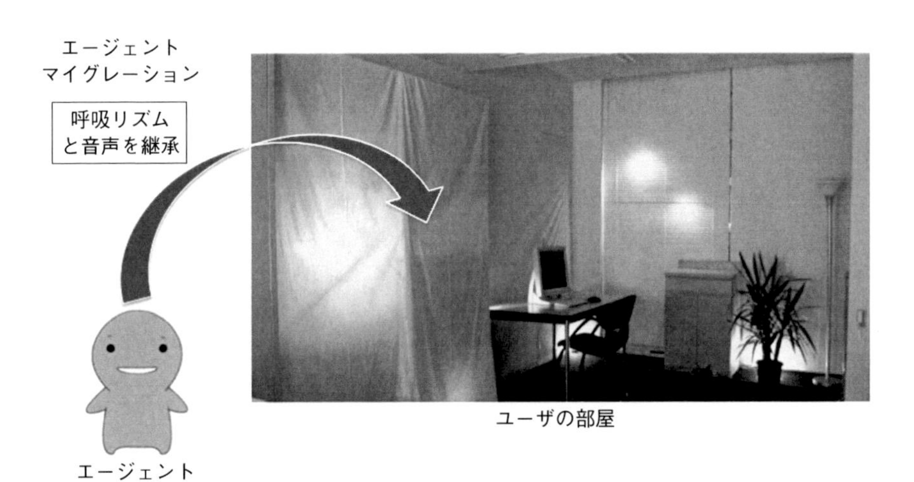

図 **5.12** ITACO on the Room の実装例

システムの実験結果と同様に，移動先のメディアが「部屋」であってもエージェントの特性は継承されていくことが予想される．したがって，本プロトタイプシステムの枠組みは「事故物件」の検証にも利用可能であろう（要因1）．

次に，投射によって生じる「部屋」の生命感（要因2）について考えてみたい．たしかに「事故物件」では，その部屋に入ったとき，われわれは何ともいえない違和感を覚え，さらに他者が存在するかのような感覚を持つことがある．しかし前節で提案したプロトタイプシステムでは，「呼吸リズムの引き込み」に基づくインタラクションの機構を採用しており，「事故物件」とは異なる人工的な機構による機能に依存していることになる．しかし，鈴木[21]も述べているように，投射は主体から生成されるトップダウンな過程だけではなく，知覚にもとづくボトムアップな過程との絶え間ない循環過程から成立していると考えるべきであろう．したがって，「呼吸リズムの引き込み」というボトムアップな過程が要因1の影響により，部屋に入ったときの違和感や他者が存在するかのような感覚を増幅させていく可能性はある．また，ここでは投射により創発した「文脈」（コンテキスト）の工学的応用（要因3）については検討する必要がないだろう．

以上の思考実験により，われわれの提案するITACO on the Roomを用いてパラメータを制御することにより，「事故物件」における認知現象のある側面は検証可能であることがわかる．

5.6 プロジェクション・サイエンスはHAI研究に理論的な基盤を与えうるか？

本章では，特異な状況（環境）において生起する人間の二つの認知現象に注目してきた．具体的には，危機的な状況において何者かの存在を感じ，その声に導かれることによりそこから生還を果たす「サードマン現象」，および，事故や事件で以前の居住者が死亡した部屋に入った際の違和感や他者が存在するかのような感覚を生起させる「事故物件」における認知現象である．ここでの議論の目的は，HAI基盤技術を用いて人にこのような認知現象を生起させる状況（環境）を再現し，そこでの検証実験をとおしてプロジェクションとこれらの特異な認知現象との関係を明らかにすることであった．さらに，これらの考察をとおして，プロジェクション・サイエンスがHAI研究に理論的な基盤を与える可能性，および，その方法論が人間の知能の本質に迫るための新たなアプローチとなる可能性について議論することであった．ここでの議論における要点は以下に集約される．

まず HAI 研究の特徴と問題点は以下のとおりである．

(1) [理論的な基盤の欠如]
これまでさまざまな研究事例が積み上げられてきたが，それらに通底する理論的な基盤はまだ提案されていない．

(2) [非日常から日常へ]
斬新な発想から，非日常的なインタラクションの方法論も提案されてきたが，工学的なシステムとしてすぐに応用可能なものとはなっていない．

(3) [学際性と「収まり」の悪さ]
HAI 研究は，人と人工物のインタラクションを研究対象とするため，学際性があるとともに，どんな研究分野とも関連を持ってしまい，パラメータも多く，実験結果の解釈も一義的に定まらない．

同様に，プロジェクション・サイエンスの特徴と問題点は以下のとおりである．

(a) [独創的な視点と研究アプローチの困難さ]
人間の認知に対する独創的な視点の提示となっている．しかし，従来の実験室実験では計測不可能と思われる事象や，「意識」との関係など最新の脳科学の手法を用いても解明に時間がかかりそうな事象が研究の対象となっているため，現時点で明確な方法論を持たない．

(b) [「投射」の日常性]
「投射」が人間の認知機能を考えると，本質的な機能であるとともに，あまりにも当たり前の現象であるため，多くの人が問題意識を持たない．

(c) [境界の不明確さ]
本質的な機能であるがゆえに，人間の認知全般を対象とすることになり，研究分野と研究アプローチの制限がなくなるとともに，議論が発散しがちになる．

HAI 研究とプロジェクション・サイエンスの特徴と問題点を比較すると，興味深い対比が見られる．まず，HAI 研究の (3) 学際性と「収まり」の悪さは，プロジェクション・サイエンスの (c) 境界の不明確さと通じるところがある．両研究分野とも，型にはまった既存の枠組みの中での研究を志向しておらず，より包括的な理論の提案やシステムの構築を目指しているという共通点を見ることができる．

一方，HAI 研究の (1) 理論的な基盤の欠如と，プロジェクション・サイエンスの (a) 独創的な視点と研究アプローチの困難さは面白い対比とともに相補的な関係を示している．つまり，HAI 研究ではエージェントやロボット，さまざまなデバイスなどを用いて，人と人工物のインタラクションのさまざまな研究事例を積み上げてきた．一方，プロジェクション・サイエンスでは，表 5.1 と図 5.1 に見られるように，独創的でトップダウンな視点により人間の認知の特性を明らかにしようとしているが同時に，研究対象へのアプローチには方法論上の困難さがともなう．このため，HAI 研究におけるシステムや実験がプロジェクション・サイエンスのテストベッドとなる可能性がある．

同様に，HAI 研究の (2) とプロジェクション・サイエンスの (b) も，面白い対比と相補的な関係をみて取ることができる．つまり，HAI 研究における ITACO システムや，家電製品に目や手を付けて擬人化する手法 [28] などは非日常的な手法の提案ではあるが，それゆえに人間の認知機能の新たな側面に焦点を当てることができる．そして，あまりにも当たり前の現象である「投射」のメカニズムを明らかにする手法になるかもしれない．この点では，ラバーハンドイリュージョン [29] にも同じことがいえるかもしれない．さらに，本章で述べた「サードマン現象」や「事故物件」についても同様のことがいえるだろう．つまり，特異な状況（環境）において生起する人間の認知現象に注目することにより，人間の認知機能の本質である「プロジェクション」に新たな側面から焦点を当てることができるのである．

以上の議論をまとめると，プロジェクション・サイエンスの枠組みが HAI 研究に理論的な基盤を与える可能性は高いのではないかと考える．なぜならば，本章で議論してきたように，5.3 節における ITACO システムと「異投射」，5.4 節における身体投射システムと「虚投射」の適合度の高さ，および，5.5 節で述べた「事故物件」を ITACO on the Room というプロトタイプシステムで構成論的に議論する可能性など，両分野には互いの研究分野のアプローチの難しさを補い合える相補的な関係をみて取ることができるからである．

当然，HAI 研究とプロジェクション・サイエンスは歴史が浅い，新しい研究分野である．このため詳細な方法論については今後，詰めて考えていかなければならないだろう．しかし，「野心的」で，「危ない匂い」のする両分野だからこそ，お互いの相乗効果によって超えられるブレークスルーもあると考える．プロジェクション・サイエンスの視点から HAI 研究の成果を再度見直し，今後の研究の方向性を考えてみたい．

参考文献

[1] 小野哲雄 (2016).「プロジェクションサイエンス」の視点からの認知的メカニズムのモデル論的理解，2016 年度日本認知科学会第 33 回大会発表論文集，OS03 プロジェクション科学の創出を目指して，OS03-2.

[2] 鈴木宏昭 (2016). プロジェクション科学の展望，2016 年度日本認知科学会第 33 回大会発表論文集，OS03 プロジェクション科学の創出を目指して，OS03-1.

[3] 小野哲雄 (2009). HAI への学際的アプローチ，『人工知能学会誌』，**24**(6), 818–823.

[4] 鈴木宏昭 (2009). 書評：人とロボットの〈間〉をデザインする，『認知科学』，**15**(3), 566–567.

[5] ガイガー, J. G. (2014).『サードマン：奇跡の生還へ導く人』, 伊豆原弓 (訳), 新潮文庫. (Geiger, J. G. (2009). *The Third Man Factor: Surviving the Impossible*, Weinstein Books.)

[6] 小野不由美 (2015).『残穢』，新潮文庫.

[7] EPFL News: Neuroscientists awaken ghosts... hidden in our cortex. On the website of EPFL

[8] Mail Online: Are ghosts all in the mind? Scientists recreate strange phenomenon in the lab. https://www.dailymail.co.uk/sciencetech/article-3061244/Are-ghosts-mind-Scientists-recreate-strange-phenomenon-lab.html

[9] ハンフリー，N. (2012).『ソウルダスト〈意識という魅惑の幻想〉』，柴田裕之（訳），紀伊國屋書店. (Humphrey, N. (2011). *Soul Dust: The Magic of Consciousness*, Princeton University Press.)

[10] Tetsuo Ono, Michita Imai (2000). Reading a robot's mind: A model of utterance understanding based on the theory of mind mechanism, *Proceedings of Seventeenth National Conference on Artificial Intelligence (AAAI-2000)*, pp. 142–148.

[11] 小川浩平，小野哲雄 (2006) ITACO：メディア間を移動可能なエージェントによる遍在知の実現，『ヒューマンインタフェース学会論文誌』，**10**(2), 49–52.

[12] 小野哲雄，小川浩平 (2008) ユビキタス・マインドとロボットのインタラクションデザイン，『ヒューマンインタフェース学会誌』，**10**(2), 49–52.

[13] Botvinick, M. & Cohen, J. (1998). Rubber hands 'feel' touch that eyes see, *Nature*, **391**, 756.

[14] Armel, K. C. & Ramachandran, V. S. (2003). Projecting sensations to external objects: Evidence from skin conductance response, *Proceedings of the Royal Society B: Biological Sciences*, **270**, 1499–1506.

[15] Moriguchi, Y., Shinohara, I. (2012). My Neighbor: Children's Perception of Agency in Interaction with an Imaginary Agent, *PLOS ONE*, Vol. 7, Issue 9.

[16] Arzy, S., Seeck, M., Ortigue, S., Spinelli, L. and Blanke, O. (2006). Induction of an illusory shadow person, *Nature*, **443**, 287.

[17] Yaoi, K., Osaka, M., and Osaka, N. (2015). Neural correlates of the self-reference effect: evidence from evaluation and recognition processes, *Frontier in Human Neuroscience*, **9**, Article 383.

[18] 湯ノ口万友，塗木淳夫，大岩孝輔，神保泰彦 (2015). 経頭蓋磁気刺激 (TMS) の基礎：原理およびシミュレーション，『計測と制御』，54(2)，pp. 87–92.

[19] 小野哲雄，馬雷 (2017). プロジェクション・サイエンスに基づく認知的モデルの提案と身体

投射システムの実装，2017 年度人工知能学会全国大会（第 31 回）論文集，OS21「プロジェクション科学」の創出と展開，1G1-OS-21a-1.

[20] 宅地建物取引業法，47 条（業務に関する禁止事項），六法全書，有斐閣.

[21] 鈴木宏昭 (2019). プロジェクション科学の目指すもの，『認知科学』，**26**(1), 52–71.

[22] deWaal, F. B. M. (2001). *The Ape And the Sushi Master: Cultural Reflections of a Primatologist.* New York: Basic Books.（西田利貞・藤井留美（訳）(2002)『サルとすし職人—「文化」と動物の行動』原書房）.

[23] Mark Weiser: The Computer for the Twenty-First Century, *Scientific American*, pp. 94–10, September, 1991.

[24] Stanley Kubrick, 2001: A Space Odyssey, 1968.

[25] 美濃導彦，ゆかりプロジェクトの概要，情報通信研究機構季報，**53**(3), 127–133 (2007).

[26] 板垣祐作，小川浩平，小野哲雄．ITACO on the Room：アンビエントな情報提供を行う生物感のあるエージェントの提案，HAI シンポジウム 2008，1B-4，2008.

[27] 渡辺 富夫，荻久保 雅道，石井 裕：身体的バーチャルコミュニケーションシステムにおける呼吸の視覚化と評価，『ヒューマンインタフェース学会論文誌』，**3**(4), 105–112 (2001).

[28] 大澤 博隆，大村 廉，今井 倫太 (2008). 直接擬人化手法を用いた機器からの情報提示の評価，『ヒューマンインタフェース学会論文誌』，**10**(3), 11–20.

[29] Botvinick, M. & Cohen, J. (1998). Rubber hands ‘feel’ touch that eyes see, *Nature*, **391**, 756.

6章
社会的な存在 – 他者 – を投射する

中田龍三郎・川合伸幸

6.1 はじめに

ヒトは社会的な生き物である．社会的環境のなかで生きていくためには，社会的認知の能力は重要である．他者とインタラクションするときには，生物としての表象，自種としての表象，特定の人物としての表象を，実在する他者の情報から成立させる必要がある [1,2]．しかし，われわれは実在しない「他者」ともインタラクションが可能で，それは主観的な判断や神経活動にも影響を及ぼすことがある．その働きが投射（プロジェクション）である．

投射とは内的な表象を実環境に定位する心の働きのことと定義される [3,4]．投射それ自体はさまざまな認知活動に関係するヒトの基本的な認知機能のひとつと考えられるが，本章では実在しない心的表象としての他者を現実の環境に投射することに注目する．心的表象としての他者は通常は実在の他者に適切に投射されているため，われわれは心的表象としての他者と実世界に存在する他者が同一であることに疑いを持たない．実世界に投射すべき他者が存在しない（だれもいない）状況や特定の他者がいない（その人がいない）状況でも心的な他者の表象を作り出すことはできるが，適切な投射先がない状況では心的に表象された他者が投射されることはないと考えがちである．しかし本当にそうなのだろうか．

本章では，他者を投射する際に心的表象としての他者と実世界に存在する他者に齟齬が生じていると考えられる例をとりあげ，ヒトは心的表象をその対象となる実在の他者に投射しているというよりも，積極的に「心的に他者を感じ」，それと投射先となる他者との整合性をさほど気にせず投射する傾向にあること，「心的に他者を感じる」ことが現実の他者が存在しなくてもヒトの行動に影響を与える可能性があることについて考える．本章では，最初に他者の投射についてこれまで知られている例を虚投射と異投射の視点から概観する．つぎに他者（特定の個人や不特定の“誰か”）の投射により心的感覚（ゲームの楽しさや食事の美味しさ）が変化することを実験的に確かめたわれわれの研究を紹介する.

6.2 虚投射：誰もいないのに他者が投射される

表象の元となる対象（ソース）が現実の環境内に存在しないにもかかわらず，投射が生じることがある [3]. 本来は存在しない他者があたかも存在するように認識されるこの現象は，虚投射と呼ばれる. 極寒の土地や高山や海底といった単調な環境で単身活動する際や，事故や災害のような生死を分ける状況で多大なストレスに暴露されることによって，しばしば自分以外にだれもいないにもかかわらず，実在しない他者の存在を感じる例が報告されている [5]. サードマンと称される実在しない他者はただ存在を感じさせるだけのこともあれば，明確に他者としての姿形を認識できることもある（図 6.1）. 励ましの言葉を語りかけるなど，コミュニケーションが行われることもある [5]. 客観的には存在しない他者が虚投射された「幻覚」のようなものであるが，虚投射を生じさせている本人にとっては，他者が実在する場合との区別はつかないことが多い.

日常生活で虚投射が生じると，認識された他者が通常の投射による実在する他者の表象なのか，それとも虚投射によって生じた存在しない他者の投射なのか区別が明確にならないため，問題が生じることもある. たとえばレビー小体型認知症の患者では，特定の服装をした人物が窓の外に座っているなど，かなり明確に他者が幻覚と

図 6.1 サードマン現象. 極限状況で実在しない他者の実在を感じる

して生じるという [6]．虚投射が生じている患者は実在の他者を知覚（投射）している場合と区別がついていないので，明確に存在を認識している患者とその存在を認識できない周囲の人との間に認識の違いが生じ，トラブルが生じることがある [7]．

虚投射によって存在しない他者の存在を感じることは，極限状態や疾患がある場合にのみ生じるのだろうか．神や霊的な存在を感じることは健常者でも他者の存在を虚投射することがある一例かもしれない．神社で念入りに神頼みする際やその甲斐あって念願かなった際に，神が天空から見守っているような感覚を感じることがあるかもしれない．あるいはすでに亡くなった肉親がかつてよく座っていた席に今でも座っているような気がするなど，誰もいない空間に人の存在を感じることもあるだろう．これらは自己の心理的表象としての他者が過去の記憶や意図の知覚と結びつき，現実には存在しないにもかかわらず虚投射が生じた結果ということができる．

このように，存在しない他者があたかも存在するかのように虚投射されるエピソード的な記述や疾患の記録は少なくない．実験的な研究はまだ少ないが，ある癲癇患者の左側頭頭頂接合部 (left temporoparietal junction) を電気刺激すると，実際には誰もいないにもかかわらず，若い “誰か” を感じることがあるとの報告がある [8]．この脳部位は自己認知や自他の区別，多感覚身体情報の統合などと関係するとされる．今後の研究の進展によって虚投射が生じる脳内メカニズムの解明が進むと期待される．

また，世界中で行われる墓参も虚投射とみなすことができる（図 6.2）．墓石を故人として見るならば異投射であるが，多くの人は墓石そのものではなく，墓石を手がかりとして「そのあたりに」故人がいるかのように感じるのではないだろうか？ピラミッドや古墳のように，有史以前から権力者は大規模な墓を作り，死後も自身の存在を誇示しようとしてきた．そのような手がかりを通じて，そこにいない人を感じる虚投射という心的過程は，精神疾患や神経活動の異常ではなく，ヒトとして普遍的な活動であると考えられる．

虚投射によって墓石に故人を感じる傾向は青年期と老年期で異なるのだろうか．直感的には，老年期のほうが墓参の機会が多く，墓石に故人を感じる傾向も強いように思われるが，虚投射や異投射の生涯発達的な変化については不明な点が多い．投射の生起に抑制機能や実行機能の発達が関係していることは幼児を対象とした研究から示唆されている [9]．情動反応の強さや抑制機能に代表される認知機能は加齢によって変化することが知られており [10–12]，これらの生涯発達的変化によって高齢者の投射の生起も青年期とは異なっている可能性がある．しかし，6.7 節で述べ

図 6.2　暮石の周辺に故人がいるかのように感じることがある

る鏡の前でひとりで食事する実験では，摂取量やおいしさの促進効果は大学生と高齢者で違いはみられなかった．そのことから，抑制機能そのものを測定するような課題 [13] に比べ，投射は加齢の影響を受けにくいのかもしれない．

より詳細な研究が行われている他者を虚投射する例は，ときとして子どもが名前や性格や視覚的な特徴のある空想の友達 (imaginary companion or imaginary agents) をもち，実在する友達のように扱うことである [14]（図 6.3）．自身の空想の友達をもつ子どもともたない子どもがおり，抑制機能や実行機能の発達と空想の友達の有無の関連が検討されている [9]．では空想の友達をもつ子どもにとって，空想の友達はリアリティのある存在なのだろうか．

空想の友達をもっている子ども（2 歳から 6 歳）に対して実験的に仮想の空想の友達を設定し，その空想の友達について子どもに質問すると，空想の友達の行動に関する特徴（歩くか，食べるか，成長するか）や知覚的な特徴（ものを見ることができるか，音を聞くことができるか，匂いを嗅ぐことができるか）をまるで実在する他者に対するように答える [15]．つまりその子どもたちにとっては，空想の友達が実際に存在しているように振る舞うのは，自身の心的表象にのみ存在する他者（友達）を虚投射しているためと考えられる．これらの傾向は空想の物体を設定したときには生じなかったので，他者（友達）という表象は無生物とくらべて虚投射を起こしやすい対象であることが推測される．

図 6.3 空想の友達

これら虚投射された他者の特徴は，リアルな存在として認識されていることである．他者のリアリティは実環境に存在する他者の情報からもたらされると考えがちであるし，通常の状況では実環境からの情報は重要である．しかし実環境に存在する他者の情報がない状況でもヒトは心的に表象された他者を虚投射することで実在しない他者をリアルに感じることができるのである．

6.3 異投射：異なる存在に特定の他者を投射する

子どもは 2 歳ころになると，ふり遊びを行うようになる．子どもにとって木の棒は剣になり，石ころは綺麗な宝石になる．あるいは自分をスーパーヒーローやヒロインに変身させ，他者を悪役や求婚を求める王子様にする．これらは視覚的な類似性から実在の対象とは異なる表象が形成され，それが実在の対象に投射される異投射 [3] によって生じていると解釈できる．

この遊びのなかではぬいぐるみや人形といった無生物を生物として扱うこともある．また前述の空想の友達も実際には対象が存在しないタイプよりもぬいぐるみなど何かしらの物体に人格を付与したタイプのほうが多い [15]．これらは異投射のなかでも，本来は他者でない対象に他者としての属性を異投射する例と考えられるだろう．空想の友達を持っている子どもは幼児の半数もいるとされるが [16,17]，ふり遊びは定型発達児であればほとんどの子どもが 2 歳ころには初期的なふり遊びをす

るようになる [18]．発達のより初期の段階で異投射が生じることを考えると，投射によって実在しない存在をつくりだす虚投射よりも，知覚的に類似した対象に投射する異投射のほうが投射のメカニズムとしてより負荷が少なく萌芽的なものなのかもしれない．虚投射と異投射が生じるプロセスはある程度共通しているのか，それとも独立したプロセスとして両者が存在するのか，現時点では明確ではない．今後の研究の進展が期待される．

複雑な課題を遂行するためには，認知機能を発揮するだけでなく，うまく抑制・制御して適切な行動に結びつける必要がある．これまで認知の制御に関わる機能である実行機能の発達が幼児の過剰すぎる社会性を抑える役割を果たしていることが示唆されている [14]．つまり幼児は早期から他者という刺激そのものや他者の行動に敏感であり，実行機能の発達によって社会性が制御され，より適応的に社会性を発揮できるようになるという考えである．幼児の過剰模倣 [19] や見境のない協力性 [20] など，様々な過剰な社会性の例からも，この示唆は妥当なように思える．幼児において虚投射や異投射によって他者を作り出すことがよく見られるのに対して，成人においては他者の影響はうまく制御されており，上記の虚投射の例のように，非常にまれな（うまく実行機能が作用しなくなった）状況においてのみ，その断片が垣間見られるようなものなのだろうか．

高校生に空想の友だちの存在を質問した研究では，かつて空想の友だちがいたと答えた高校生のうち，相当数がいまでも空想の友だちがいると答えていた [21]．さらに，ふり遊びは子どもだけの行動ではない．たとえばメイド喫茶や執事喫茶といったカフェでは，実際にはメイドでも執事でもないカフェの店員にメイドや執事としての他者の表象を異投射することによって状況を楽しむ．あるいはアミューズメントパークで擬人化したネズミの着ぐるみ（実際には誰かが着込んでいる）に心的なキャラクターを異投射して，あたかも現実にそのキャラクターが存在するように感じて楽しむことがある．つまり特定のキャラクターを実在の対象に異投射するふり遊び（のような行為）は子どもだけに特徴的なことではなく，成人でも行われていると考えられる（図 6.4）．これらの例からも，ヒトの成人でも実在する他者をそのまま投射させるだけでなく，積極的に心的に感じた他者の表象を異投射させる傾向があることがわかる．

図 6.4　子どもでも成人でもキャラクターが実在しているように感じて楽しむ

6.4　人工物に他者を投射する

近年の ICT 技術の発展により，人間でない対象に人間としての表象を異投射する機会は日常的にみられるようになってきた．ヒト型ロボットである Pepper の接客対応がプログラムによる選択の結果でしかなかったとしても，そこに実際の店員によるフレキシブルな対応と同等のものを感じることもあるかもしれない．初音ミクに代表される機械合成された人工歌声をまるで実際に歌い手がいるかのごとく聴くことあれば，AI スピーカーにちょっとした用事を頼む際の呼びかけをつい実際の人に対するかのごとく行うこともあるかもしれない．これらの対象は人工物であり，生物でもなければ自種の範疇にも入らない．しかしヒトはこれらの他者ではない存在に対して擬人化し，対人的なコミュニケーションを無自覚のうちに行う [22,23]．この人工物を擬人的に扱う能力は人工物から感じたヒトとしての表象を人工物に投射する異投射の反映と考えられるだろう．

オンラインを介したチャットやゲームなどのコミュニケーションでは，実在する相手の存在を視覚的に確認できるとは限らない．そのため相手が実在することを前提にコミュニケーションが行われていたとしても，必ずしもコミュニケーションしている相手が実在する他者である保証はない．AI の進歩によって，オンラインを介したコミュニケーションにおいてプログラムと実在する人間との境界線は縮まっている．たとえばジョージア工科大学のオンラインの授業では，Jill Watson と名付けられた（実際には AI であることを知られないために名前は授業期間ごとに変えられる）AI プログラムが仮想的なティーチングアシスタントとして，実在するティーチングアシスタントとともに活動している [24,25]．情報が蓄積された頻出する質問に答えることが Jill Watson の主な仕事であること，未だ完全とはいえないまでも [25]，AI の精度が向上したこと，前述のようにヒトには対人的なコミュニケーションを好む傾向にあることなどの結果，Jill Watson のティーチングアシスタントとしての評価は人間のティーチングアシスタントとかわらず，授業期間の最後に誰が AI だったか答えを明かすまで AI であることに気づかれないこともある [25]．これら人工物に対して他者を感じる例からも，ヒトの他者のとらえかたには心的に生じた他者の表象が重要であり，もし他者の表象が生じるような対象であれば，現実の対象が実在する他者かどうかにあまりこだわらず他者として異投射していることがわかる．

6.5 他者の異投射により心的感覚が変化する

他者の存在が投射されるためには，Jill Watson のようにまるでヒトのように行動することが必要なことなのだろうか．実際にはそうとも限らない．コミュニケーションする相手がコンピュータと同様の行動をしていても，相手がヒトであると認知することによって（つまりヒトとしての心的表象が生起するような状況であれば），ヒトに対したときと同様の反応が示されることがある．

1 人でゲームをプレイするよりも，誰かと一緒にプレイするほうがゲームに熱中しより楽しく感じることはよく知られている．たとえば対戦相手の存在はゲームに対する動機づけや面白さを増加させる要因となる [26]．あるいは快感情を増大させる [27]．それでは実際には 1 人でプレイしているのにだれかとゲームをしている心的表象があるときには，これらの効果は生じるのだろうか．

対戦ゲームを 1 人でプレイする状況と隣にいる他者と対戦すると教示された状況（実際には他者はゲームをしておらず，1 人でプレイしているときと同じゲーム状況）を設定し，プローブ刺激法 [28] により刺激に対する認知過程，特に注意の分配を反映する事象関連電位（P300）を測定した実験がある．この実験ではゲームとは無関係の音刺激（プローブ刺激）を呈示してその回数をカウントさせ，音刺激に対する注意を測定することで，ゲーム中の熱中度を間接的に測定した [29]．もしゲームに注意が惹きつけられたなら，そのぶん音刺激への注意は減じられ，それを反映するP300（刺激提示後300 ms前後に出現する陽性の電位）も減少するはずである．1人でプレイする状況とくらべて，他者と対戦すると教示された状況では，ゲームのプレイ内容は1人でプレイする状況と同様であったにもかかわらず，音刺激に対するP300は減少した．さらに主観的な興味・面白さ，楽しさが増大していた．つまり対戦相手が存在するとの認識によって実際のプレイ状況に差異がなくてもゲームに多くの注意を向けさせ，興味や面白さが強い状態を作り出すと考えられる．教示により生じた他者とプレイしている心的表象が実際にはコンピュータが動かしている対象に異投射され，他者と一緒にプレイしている感覚を生起させたと考えられるだろう．

近年普及が進んでいるVRゲームではプレイの際にVRゴーグル（ヘッドマウントディスプレイ）を装着する．そこでは従来のモニタを用いたゲームと異なり実空間の視覚情報は制限されており，対戦相手の存在を目視で確認することができない．つまりオンラインを介した状況のように，VR空間内の対戦相手が実在する他者であることを確かめることが（少なくとも視覚的には）できないといえる．

そこでVRレースゲームをプレイ中にプローブ刺激法による事象関連電位(P300)の測定を実施した[30]．プレイヤーの車と別の1台が同一コース上を走り順位を競うゲーム状況において，ひとつの条件では，対戦相手がコンピュータであることを走行前に教示した（VS. コンピュータ条件）．実際に対戦する車はコンピュータが操作していた．また別の条件では，実験者と対戦することを走行前に教示した（VS. 他者条件）．実験者は参加者の横のシートに座ったが，実際に対戦する車はコンピュータが操作していた．つまり両条件は対戦する車の挙動は同じであり，教示だけが異なっていた．

この実験ではプローブ刺激としてゲームとは無関係の音刺激を2種類（呈示確率20%のtargetと呈示確率80%のstandard）呈示した．そのうち呈示された数を数えるように指示された音（標的刺激）の実際の呈示回数と参加者が数えた数の差分を両条件で比較すると，VS. 他者条件のほうがVS. コンピュータ条件よりも数え間違いが有意に多くなっていた．音刺激呈示後250 msから600 msまでの区間のP300平均振幅値を比較すると，標的刺激に対してVS. 他者条件よりもVS. コンピュータ条件のほうが有意に振幅が増えていた（図6.5）．さらに主観的な興味・面白さ，楽しさはVS. 他者条件のほうが高かった．

通常のオンラインゲームなどでは他者からのチャットなどによるコミュニケーショ

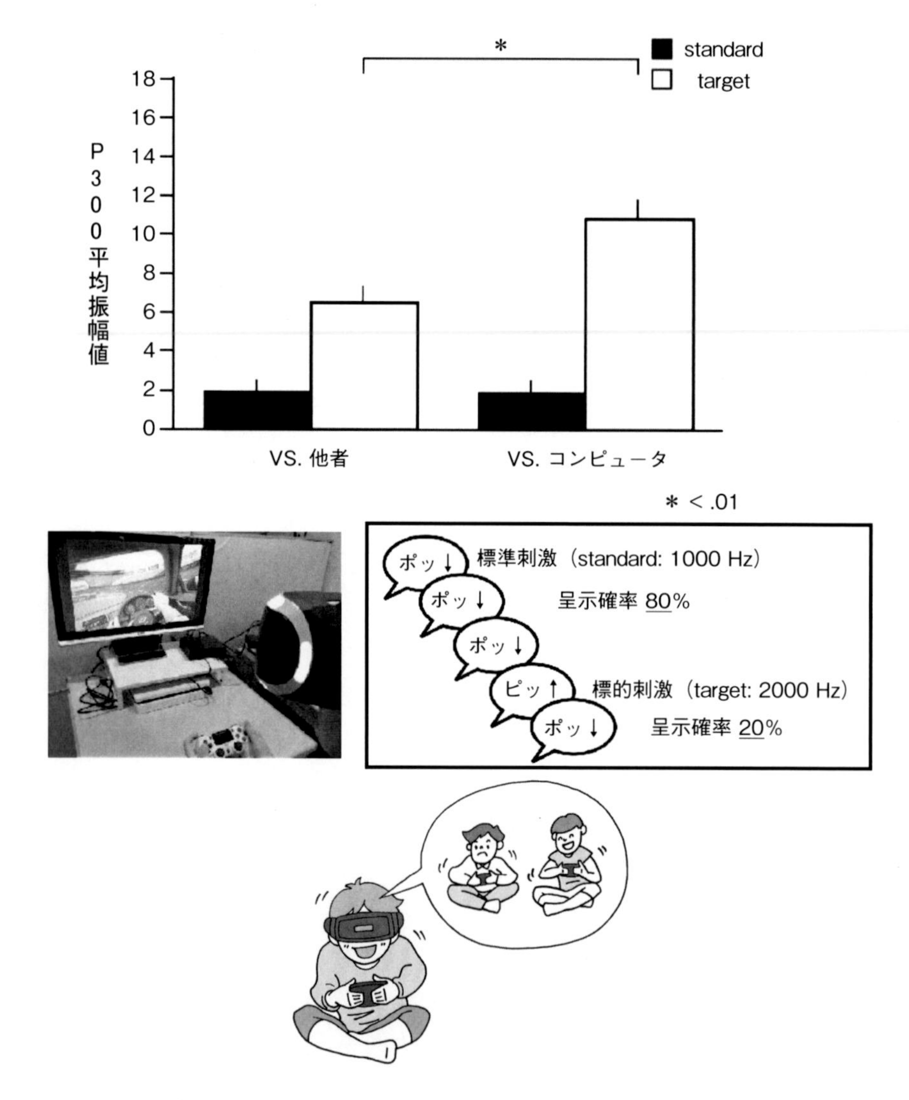

図 6.5　他者とプレイしていると教示した条件とコンピュータとプレイしていると教示した条件での音刺激に対する P300 平均振幅値（中田・川合，2018a より引用改変）

ンによって視覚刺激以外の他者の存在を示唆する情報が呈示されることが多いが，この実験ではその種の手がかりはなかった．VR 上の車の動きも両条件で同様であったことから，視覚刺激からも他者の存在を示唆する情報は得られておらず，現実の他者からの視覚情報も得られなかった．それでも教示の違いによって両条件では明確な差が示された．つまり実際に他者が存在した状況 [29] と同様に，他者とゲームをプレイしていると認知することによってゲームへの注意が高まり，主観的な面白さが向上したと予測される．

この実験における他者の存在による効果は他者が存在しているとする心的な感覚に支えられている．この研究では他者の心的表象の生起と投射を直接的に検証したわけではないが，その感覚が他者の存在を示唆するような刺激（ここではゲームで競い合うライバル）に投射されることによって成立していると考えれば，ここで生起している心的な感覚の正体を理解しやすい．他者と一緒にゲームをするとゲームが面白くなる効果の一部は，ヒトのもつ他者の存在を感じる心的な感覚に起因しており， その投射先はあまり問題とならないこともあると示唆するものであった．さらに他者の心的な感覚の投射は実際には他者がいない状況であっても他者が存在するときと，おそらく同様の行動や生理的な変化をもたらすものであることを示したものであった．

6.6 “誰か” を投射する

これまで主に特定の他者（個人）を異投射した例をみてきた．われわれは特定のカテゴリーを認知する際に階層的な認知を行っていることが示唆されており [31], 他者を認識する際にも “特定の誰か” として認識することもあれば，より広範なカテゴリー（たとえばヒト）に属する “誰か” として認識することもある．つまり他者の異投射にも特定の個人を異投射する機能もあれば，不特定の他者（誰か）が感じられ，それが異投射されることもありえる．

たとえば顔でないものを顔としてみる錯視であるパレイドリア (face pareidolia) はごく一般的な現象である．目や口に対応する位置（例えば上方の左右対称な位置と下部の中央）に特徴的な自然物や人工物が配置されていると，それはヒトの顔のように見える [32,33]（図 6.6)．このパレイドリアは特殊な状況でのみ生じるわけではなく，誰でも家を遠くから眺めたときに窓やドアの構成を顔として感じることもあれば，車を正面からみたときにヘッドライトを両目とした顔に感じることもある．

図 **6.6**　パレイドリアの例．ゴミ箱が顔であるかのように感じる

一般的には顔の錯視とされるが，ヒトにとって顔は環境に存在する社会的な情報を迅速に検出するために重要であり [34]，ヒトが積極的に不特定の他者（誰か）を他者と関連しない実在する物体に異投射する傾向があることを示す例としても重要だろう．

パレイドリアのように本来は顔でない刺激に顔が異投射され，顔として認識されることは，ヒトが社会適応的に行動するうえで重要だったのかもしれない．このことからも心的な他者を異投射することが必ずしも他者の投射が適切に行われていない不適切な状況ではないことがわかる．パレイドリアはヒトだけでなくサルでも示されており [35]，他者を異投射する機能はヒトだけでなく，ヒト以外の社会性を有した動物にもみられると考えられる．

6.7　“だれか”を投射することで食の社会的促進が生じる

われわれはヒトでないものさえヒトであるかのように感じるが，他者が実際に存在することで，われわれの認知や感情が大きく変化することが知られている．たとえば，ヒトが他者と一緒に食事を摂る際には，食事の摂取量が増加したり [36]，食事をよりおいしく感じるようになる [37]．つまり他者の存在はヒトの食行動に影響を与える．これらの現象は食の社会的促進として，これまで数多くの研究が行われ

ている [38].

食の社会的促進の研究では実際にその場に他者が存在することを前提としており，多くの研究では，社会的対象（他者）とのコミュニケーションの密度や社会的関係による行動や認知の変化を検討している [38]．そのため食の社会的促進には実在する他者の存在が条件と考えられてきた [39]．われわれは，実在しない他者によっても類似した効果が生じることを実験的に示した [40]．通常，われわれが鏡を見るとき，鏡には自分の姿が映される．その像は自然に自己を映した像として認識される [41]．しかしヒトは，「他者の存在を感じる」傾向が強いので，自己鏡像を他者のように感じることもある．そのため，実際には他者が存在しないのに，鏡を見ることによって生じた「心的な他者」を鏡像に投射することによってでも，食事をおいしく感じ，摂取量が増加することがある．

この実験では，参加者に課題としてポップコーンを試食させ，その味の評価をさせた [40]．食べたいと思う量だけ試食させ，実験終了後に実際に食べた量を計測した．ポップコーンを試食する際には，鏡を前にした試食か，あるいはあらかじめ撮影した背後の壁の画像が映ったモニタ（鏡のように背後の壁は映っているが，自己鏡像は呈示されていない）の前で試食させた．その結果，モニタの前で試食した条件とくらべて鏡の前で試食した条件ではポップコーンをよりおいしいと感じており，食べる量も増えていた．その傾向は大学生でも 65 歳以上の高齢者でも変らなかった．キャラメル味の甘いポップコーンでも塩味のポップコーンでも同様であった（図 6.7）．

この実験では鏡を見ながらの試食でもモニタの前の試食でも，食事場面に他者が存在しなかったことは共通しており，他者とのコミュニケーションや社会関係といった要素と結果との関連は極めて薄い．それにもかかわらず，食品をおいしく感じ，摂取量が増大するといった，通常の食の社会的促進と類似した結果が示されたのである．両条件の違いは鏡による自己鏡像が刺激として存在したか否かである．この結果は通常の食の社会的促進と類似した結果であり，自己鏡像による視覚刺激（実際には自分の姿）を見ることによって，自己鏡像に対して他者が投射されていたことで，通常の食の社会的促進と類似した結果をもたらした可能性もある．実際にどの程度の投射が生じていたのかより詳細に検討する必要はあるが，自己を見ながらの食事であっても，さらには他者が存在しない（一人で食べている）ことはわかっていたとしても，条件次第では刺激に投射された「誰か」との食事として感じられることは大変興味深い．

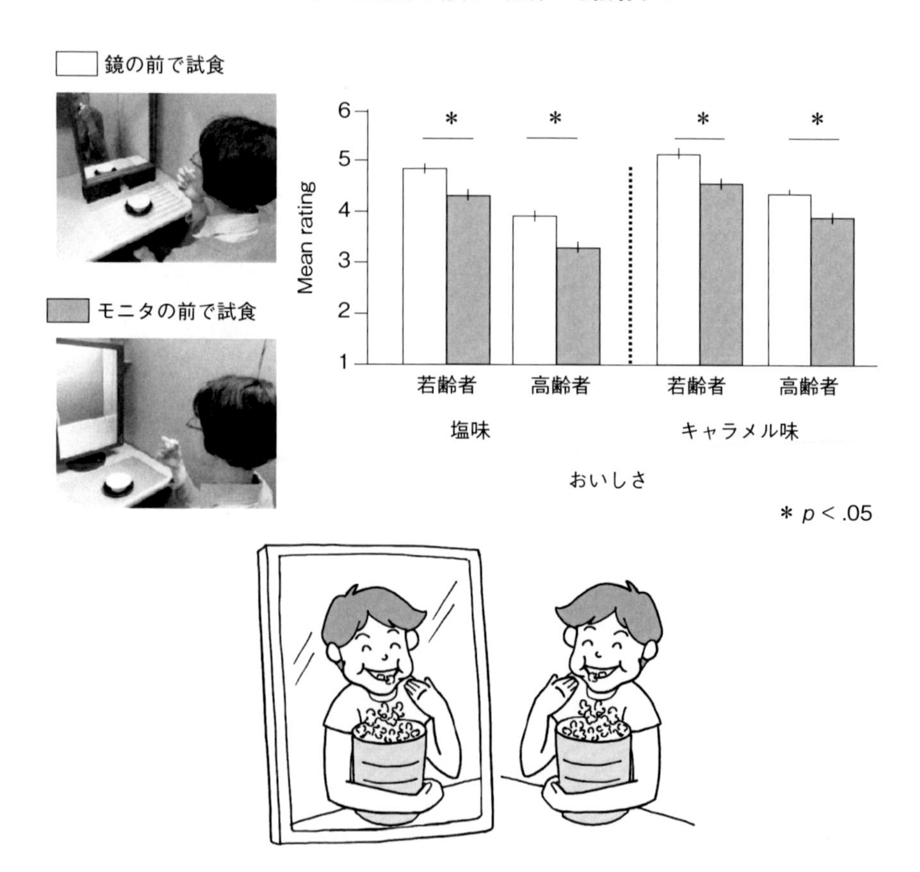

図 6.7　鏡を見ながらおよび無人画像を見ながらのあじの評価（Nakata & Kawai, 2017 より引用改変）

自己を見ながらの食事でおいしさの変化や食事量の変化といった食行動に関連する変化以外にも他者としての感覚が生じていたことを示す変化は生じるのだろうか．前述の VR ゲームにおいて他者の効果を検討した実験 [30] と同様の方法を用いてこのことについてさらに検討した [42]．鏡を見ながらの食事だけでなく自己の食事中の静止画を見ながらの食事であっても，効果は弱いながらも食品をおいしく感じることがわかっており [40]，この実験でも自己の食事中の静止画を見ながらチョコレートの試食中にプローブ刺激法による事象関連電位 (P300) を測定した．

自己の食事中の静止画を見ながらの食事では無人の統制刺激を見ながらの食事よりもチョコレートをよりおいしく評価した．さらにプローブ刺激として呈示した音刺激のうち，数を数えるように指示された音 (target) の数え間違いは自己の食事中

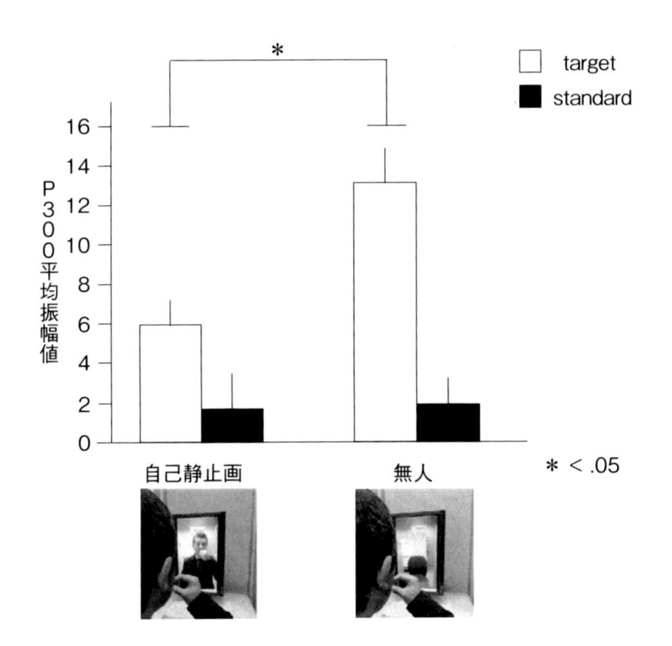

図 6.8 自己静止画を見ながらおよび無人画像を見ながらの音刺激に対する P300 平均振幅値（中田・川合，2018b より引用改変）

の静止画を見ながらの食事中のほうが多く，さらに音刺激呈示後 250 ms から 600 ms までの区間の P300 平均振幅値は有意に低くなっていた（図 6.8）．これらは VR ゲームにおける他者の効果を検討した実験 [30] と類似した結果といえる．実際に他者と食事する際には食事状況により注意が集まることが指摘されている [43]．鏡や自己静止画といった実際には他者でない刺激のまえで食事する際にも，実際に他者と食事するときと同様な注意の変化が生じることが示されたといえる．

これらの実験からは，ヒトが誰もいない状況で自己鏡像や自己の静止画から自己認知だけでなく，不特定の他者（誰か）の心的感覚を想起しうること，その心的感覚が自己の刺激に投射されることによって，実際に他者が存在する状況に似た行動の変化をもたらすことが示されたといえる．自己と他者という複数の表象が投射されうる刺激に対して，ヒトがどのように投射をコントロールしているのかは現時点ではよくわからない．しかし鏡映像に対して投射することにより，主観的なおいしさの感覚や，行動としての摂食量，そして注意の配分を反映した神経活動にまで影響を及ぼすことは確認できた．投射のメカニズムを考えるうえで，これだけ広汎な指標に変化が生じることは重要なことであり，今後，詳細なメカニズムの解明が期待される.

6.8 まとめ

本章ではヒトが心的な他者の表象を現実には存在しない対象に投射（虚投射）する，あるいは実際は他者ではない対象に投射（異投射）する例をみてきた．数多くの虚投射や異投射の例を概観すると，ヒトが積極的に「他者を感じる」傾向は幼児だけでなく，成人でも同様であると考えられる．成人も積極的に「他者を感じ」，それと投射先となる他者との整合性をさほど気にせず投射する傾向があるように思える [44].

ヒトの積極的に他者を感じる傾向は実行機能の発達によって適切にコントロールできるようになるが，制御が不要な状況（たとえばメイドカフェやアミューズメントパークのキャラクターのようにあえて想像の存在を楽しむ状況や実験で教示を与えた状況などのように，他者が存在するかどうか曖昧な状況で対象を他者とみなしても問題とされない場合）では本来の（おそらく生得的に備わった）社会的な対象（他者）を積極的に求める傾向が目立つようになるのかもしれない．つまり，これまで見てきたような心的な他者を虚投射や異投射する傾向は他者の投射が適切に行なわれていない状況として理解するよりも，一般的な状況でも生じうることであり，ヒトが本質的に社会的な存在であることを反映した事象であるとして理解すべきなのかもしれない.

虚投射や異投射を行うことは精神的・情緒的安定をもたらすことや認知発達を促すことなどが知られている．神や霊的な存在を感じることはその最たるものであり，子どもが空想の友達やふり遊びをおこなうことは実行機能の発達と関連するとされる [9]．日常の多くの場面で他者の投射が行われているはずであるが，その行動や心理面に与える影響は限られた事例でしか検討されていないのが現状である．より多様な場面における虚投射や異投射の効果をまとめ，それを分析的に精査することが今後必要となるだろう.

プロジェクション・サイエンスは新たな学問領域であり [4]，投射という視点から事象を解釈することは環境と心的世界との関係性を考えるうえで新たな理解を推進するものになると期待できる．とくに今後の社会でさらに進むであろう情報科学の各技術と人間の認知との関係を考えるうえで重要な観点を影響するだろう.

一方でプロジェクション・サイエンスは従来の心理学（たとえば社会心理学）であ

つかわれてきた知見を再解釈するうえでも重要な貢献をする可能性がある．たとえば実際には他者が存在しない状況でも他者を感じることによって行動が変化することはすでに述べたが [40]，もともと社会的な存在である他者（自種の他個体）の存在が個体の行動に影響を与えることは 100 年以上も前に報告された知見であった [45]．この現象は「社会的促進」[46] としてその生起プロセスや生物学的メカニズムの検討が様々に行われているが，従来の社会的促進の研究は実際にその場に他者が存在することを前提としており，「心的な他者」の影響は研究分野全体のフレームでは捉えられていなかったように考えられる．今後，プロジェクション・サイエンスの視点から従来の心理学的知見の再解釈が進むことが期待できるだろう．

参考文献

[1] 植田一博 (2013). アニマシー知覚：人工物から感じられる生物らしさ.『日本ロボット学会誌』, **31**, 833–835.

[2] Allen, W. L., & Higham, J. P. (2015). Assessing the potential information content of multicomponent visual signals: A machie learning approach. *Proceeding of Royal Sociaty B*, **282**, 20142284.

[3] 鈴木宏昭 (2016). プロジェクション科学の展望.『日本認知科学会第 33 回大会発表論文集』.

[4] 小野哲雄 (2016).「プロジェクションサイエンス」の視点からの認知的メカニズムのモデル論的理解.『日本認知科学会第 33 回大会発表論文集』.

[5] Geiger, J. (2009). *The third man factor: The secret to survival in extreme environment.* Penguim.（伊豆原弓 訳 (2010).『奇跡の生還へ導く人：極限状況の「サードマン」現象』. 東京：新潮社）

[6] Uchiyama, M., Nishio, Y., Yokoi, K., Hirayama, K., Imamura, T., Shimomura, T., & Mori, E. (2012). Pareidolias: Complex visual illusions in dementia with Lewy bodies. *Brain*, **135**, 2458–2469.

[7] 西崎未和・尾崎章子・村岡宏子 (2013). レビー小体型認知症患者の家族介護者における生活の常態化.『日本看護科学会誌』, **33**, 91–99.

[8] Arzy, S., Seeck, M., Ortigue, S., Spinelli, L., & Blanke, O. (2006). Induction of an illusory shadow person. *Nature*, **443**, 287.

[9] Carlson, S. M., White, R. E., & Davis-Unger, A. C. (2014). Evidence for a relation between executive function and pretense representation in preschool children. *Cognitive Development*, **29**, 1–16.

[10] Kawai, N., Kubo-Kawai, N., Kubo, K., Terazawa, T., & Masataka, N. (2012). Distinct aging effects for two types of inhibition in older adult: A near-infrared spectroscopy study on the Simon task and the flanker task. *NeuroReport*, **23**, 819–824.

[11] Nakata, R., Kubo-Kawai, N., Okanoya, K., & Kawai, N. (2018). Repeated stops for a red light induced a left-superior asymmetrical brain activity in the near-infrared spectroscopy reflecting approach motivation of anger in elderly adults but not in younger

adults. *Japanese Psychological Research*, **60**, 327–336.

[12] 中田龍三郎・久保（川合）南海子・岡ノ谷一夫・川合伸幸 (2018). 高齢者は渋滞時に攻撃性が高まる： 運転シミュレータと近赤外線分光法 (NIRS) を用いた研究.『発達心理学研究』, **29**, 133–144.

[13] Kubo-Kawai, N., & Kawai, N. (2010). Elimination of the enhanced Simon effect for older adults in a three-choice situation: Aging and the Simon effect in a go/no-go Simon task. *Quarterly Journal of Experimental Psychology*, **63**, 452–464.

[14] 森口佑介 (2014). 乳幼児期の自己制御と実行機能. 板倉昭二 (編)『発達科学の最前線』, 127–149. 京都：ミネルヴァ書房.

[15] Moriguchi, Y., & Shinohara, I. (2012). My neighbor: Children's perception of agency in interaction with an imaginary agent. *PLoS ONE*, **7**(9): e44463.

[16] Pearson, D., Rouse, H., Doswell, S., Ainsworth, C., Dawson, O., Simms, K., Edwards, L., & Faulconbridget, J. (2001). Prevalence of imaginary companions in a normal child population. *Child: Care, Health and Development*, **27**, 13–22.

[17] Motoshima, Y., Shinohara, I., Todo, N., & Moriguchi, Y. (2014). Parental behavior and children's creation of imaginary companions: A longitudinal study. *European Journal of Developmental Psychology*, **11**, 716–727.

[18] 小川真人・高橋登 (2012). 幼児の役割遊び・ふり遊びと「心の理論」の関連.『発達心理学研究』, **23**, 85–94.

[19] Lyons, D. E., Young, A. G., & Keli, F. C. (2007). The hidden structure of overimitation. *Proceeding of the National Academy of Science*, **104**, 19751–19756.

[20] Tomasello, M. (2009). *Why we cooperate*. The MIT Press.（橋彌和秀 (2013).『ヒトはなぜ協力するのか』. 東京：勁草書房.）

[21] 山口智 (2006). 想像上の仲間に関する研究：二つの発現開始時期とバウムテストに見られる特徴.『心理臨床学研究』, **24**, 189–200.

[22] Nass, C., & Moon, Y. (2000). Machines and mindlessness: Social responses to computers. *Journal of Social Issues*, **56**, 81–103.

[23] 竹内勇剛 (2001). 人工物の人らしさと社会的インタラクション.『人工知能学会誌』, **16**, 826–833.

[24] Goel, A. K., & Joyner, D. A. (2016). An experiment in teaching cognitive systems online. *International Journal for the Scholarship of Technology Enhanced Learning*, **1**, 3–23.

[25] Eicher, B., Polepeddi, L., & Goel, A. (2018). Jill Watson doesn't care if you're pregnant: Grounding AI ethics in empirical studies. *In: AAAI/ACM Conference on Artificial Intelligence, Ethics, and Society,* New Oreans, LA, 7p, Feburary.

[26] Vorderer, P., Hartman, T., & Klimmt, C. (2003). Explaining the enjoyment of playing video games: The role of competition. *ICEC '03 Proceedings of the Second International Conference on Entertainment Computing*, 1–9.

[27] Ravaja, N., Saari, T., Turpeinen, M., Laarni, J., Salminen, M., & Kivikangas, M (2006). Spatial presence and emotions during video game playing: Does it matter with whom you play? *Presence: Teleoperators and Virtual Environments*, **15**, 381–392.

[28] 入戸野宏 (2006). 映像に対する注意を測る：事象関連電位を用いたプローブ刺激法の応用例.

『生理心理学と精神生理学』, **24**, 5–18.

[29] 久保賢太・川合伸幸 (2014). 事象関連電位によるテレビゲームの熱中度の測定：対戦相手の有無の違い.『信学技報』, **114**, 119–123.

[30] 中田龍三郎・川合伸幸 (2018a). 対戦相手の存在は VR ゲームの熱中度を高める：事象関連電位（P300）による検討.『信学技報』, **118**, 191–196.

[31] Tarr, M. J., & Cheng, Y. D. (2003). Learning to see faces and objects. *Trends in Cognitive Sciences*, **7**, 23–30.

[32] Liu, J., Li, J., Feng, L., Li, L., Tian, J., & Lee, K. (2014). Seeing jesus in toast: Neural and behavioral correlates of face pareidolia. *Cortex*, **53**, 60–77.

[33] Ichikawa, H., Kanazawa, S., & Yamaguchi, M. K. (2011). Finding a face in a face-like object. *Perception*, **40**, 500–502.

[34] Nakata, R., Eifuku, S., & Tamura, R. (2018). Crucial information for efficient face searching by humans and Japanese macaques. *Animal Cognition*, **21**, 155–164.

[35] Taubert, J., Wardle, S. G., Flessert, M., Leopold, D. A., & Ungerleider, L. G. (2017). Face pareidolia in the rhesus monkey. *Current Biology*, **27**, 2505–2509.

[36] de Castro, J. M., & de Castro, E. S. (1989). Spontaneous meal patterns of humans: Influence of the presence of other people. *American Journal of Clinical Nutrition*, **50**, 237–247.

[37] Bellisle, F., & Dalix, A. M. (2001). Cognitive restraint can be offset by distraction, leading to increased meal intake in women. *American Journal of Clinical Nutrition*, **74**, 197–200.

[38] Herman, C. P. (2015). The social facilitation of eating: A review. *Appetite*, **86**, 61–73.

[39] 中田龍三郎 (2016). 共食の社会的意義を探る：共食は何をもたらし，なぜ孤食は問題とされるのか. 『行動科学』, **54**, 91–99.

[40] Nakata, R., & Kawai, N. (2017). The "social" facilitation of eating without the presence of others: Self-reflection on eating makes food taste better and people eat more. *Physiology and Behavior*, **179**, 23–29.

[41] Gallagher, S. (2000). Philosophical conceptions of the self: Implications for cognitive science.*Trends in cognitive sciences*, **4**, 14–21.

[42] 中田龍三郎・川合伸幸 (2018b). 自分の食事中の静止画を正立で見ると食事への注意が高まる：事象関連電位 (P300) による検討.『日本認知科学会第 35 回大会発表論文集』.

[43] Boothby, E. J., Clark, M. S., & Bargh, J. A. (2014). Shared experiences are amplified. *Psychological Science*, **25**, 2209–2216.

[44] 久保（川合）南海子 (2019). 異投射・虚投射の発生と共有：腐女子の妄想と二次創作を通じて.『認知科学』, **26**, 40–51.

[45] Triplett, N. (1898). The dynamogenic factors in pacemaking and competition. *American Journal of Psychology*, **9**, 507–533.

[46] Zajonc, R. B. (1965). Social facilitation. *Science*, **149**, 269–274.

7章

魔術的な心からみえる虚投射・異投射の世界

外山紀子

外界に内的表象の元になる刺激が存在しないにもかかわらず，世界に表象を投射すること，そして内的表象の元になる刺激とは異なる対象に表象を投射すること．こうした心の働きを，プロジェクション・サイエンスでは虚投射・異投射と呼ぶ [1]．これらはいずれも外界の刺激を内的に増幅させ，実在の世界をより豊かにとらえる心の働きといってよいだろう．しかし見方を変えれば，虚投射も異投射も，感覚情報の元になるソース刺激と投射の対象になるターゲットとの間に乖離があることから，現実を歪んだ形でとらえる不適切な心の働きということもできる．本章でめざすことは，虚投射・異投射とみなせる心の働きが発達心理学の中でどのように検討されてきたかを概観し，そこからみえてくる虚投射・異投射の性質をまとめ，プロジェクション・サイエンスの今後の方向性を探ることにある．

虚投射・異投射とみなせる心の働きとして，本章では以下をとりあげる．まず，人間は各自に見合った賞罰を受けるよう運命づけられているとする公正世界信念 (belief in a just world)，そして病気の原因を過去の悪行に帰属させる内在的正義 (immanent justice) である．これらにおいては，実際には存在しない，つまり少なくとも現在の自然科学では説明できない存在である，意図をもった作用主が仮想的につくりあげられている．その意味でこれらは虚投射とみなせる．同様に，死後も人間の生命機能・心的機能が存続し続けると考えること，すなわち死後の世界をあるとみなす心の働きも虚投射である．人と事物の接触によって人の本質が事物に乗り移るとし，その事物をあたかもその人そのもののように扱うことを魔術的伝染 (magical contagion) というが，これはソースとなる事物にその事物とかつて接触したことのある人物を投射した異投射である．

上記の現象はいずれも自然科学的事実を逸脱していることから，魔術的 (magical)，あるいは超自然的 (supernatural) とされ，発達心理学では認知能力が十分に発達していない子ども（幼児）の特徴とされてきた．たとえば，発生的認識論のピアジェは内在的正義を前操作段階（幼児期）の特徴にあげ，魔術的思考は発達とともに捨て去られ，より分析的で科学的，論理的思考に置き換わるとした．このような発達観は置き換えモデル (displacement model) と呼ばれ，発達心理学では広く支持されてきた [2–6]．置き換えモデルのもとでは，魔術的な心の働きは淘汰されるので，大人には認められないはずである．しかし後述するように，実際には魔術性への偏愛といってもよいほどの強い関与が，多くの社会の多くの大人に認められている．そのため近年では，置き換えモデルへの疑義が呈されている [3, 5, 7–9]．

次節では，内在的正義・死後の世界・魔術的伝染について，それぞれどのようなことが明らかになってきたかを振り返る．

7.1 内在的正義

7.1.1 公正世界信念と内在的正義

現実世界は残酷であり，私たちは何の前触れもなく災害に見舞われたり，大切な人の死に直面したりする．しかし，「善い行いをしていれば善いことが起こる」という公正世界信念に依拠していれば，大きな不安を抱くことなく，現実世界に秩序と安定があると信じることができる [10, 11]．ここに公正世界信念のルーツがあるとされている [12, 13]．公正世界信念は個人主義の強さなど，社会によって程度は異なるものの [13]，多くの大人に認められている [14]．

公正世界信念の維持に役立つ因果律が内在的正義 (immanent justice) である．内在的正義のもとでは，不道徳な行為には罰として災いがもたらされる [15]．ピアジェは，前操作段階にある幼児は病気の原因を不道徳な行為に帰するとした [16]．「風邪をひいたのは，意地悪をしたり嘘をついたりしたからだ」と考えるというのである．実際，「自分の過去の悪行を神のような作用主がみており，その罰として自分に病気をもたらした」とする心の働きは幼児期に強いことが報告されている（図 7.1）．

たとえば Kister and Patterson (1980) [17] では，4〜9 歳の年齢範囲では年少児ほど「お母さんの言いつけを守らなかった」ことが風邪や歯痛，ひざの傷の原因であると説明しやすかった．幼稚園児・一年生と四・五年生を比較した Gratz and Pihavin (1984) [18] でも，一年生，三年生，五年生と大学生を比較した Jose (1990) [19] でも，年少児ほど内在的正義を肯定しやすいという結果が認められている．Gratz ら [18] では「悪い子の方がよい子より風邪をひきやすい」を肯定する反応は四・五年生では半数に満たなかったものの，幼稚園児・一年生では 70%にのぼった．

これらの結果は，魔術的な心の働きは幼児期に強く，その後は徐々に消失してい

図 **7.1** 内在的正義

くという発達観，すなわち置き換えモデルを支持しているようにみえる．しかし近年，内在的正義が大人にも認められることが明らかになっている．

7.1.2 大人における内在的正義

Raman and Winer (2004) [9] は，北米の六年生と大学生を対象として，二人の登場人物 A と B が「原因不明の深刻な病」にかかった人物について語り合っているストーリーを提示した．あるストーリーでは，A は「悪いことは善い人より悪い人によく起こるものさ．きっとこの人は，嘘つきで人を騙したりしてきたんだ．因果応報なのさ．」と語り，B は「悪い人だろうと善い人だろうと，病にかかるかどうかは同じだよ．因果応報なんてないよ．」と語った．対象者は A と B のどちらに同意するか判断し，その理由を説明するよう求められた．その結果，六年生より大学生の方が，内在的正義を主張する A に同意し，その理由として悪行を直接的な原因とする（神が悪事に罰を与えた）者が多かった．Callan, Ellard, and Nicol (2006) [15] もまた，カナダの大学生が不幸な出来事（交通事故にあった）と不倫をしたこと，幸運な出来事（宝くじに当たった）と勤勉で善良なパーソナリティを因果的に関連づける傾向にあると報告している．大人が内在的正義に依拠するという報告は，北米の研究にとどまらない．Barreiro (2013) [12] はアルゼンチンの 6〜17 歳児に，「お母さんの言いつけを守らず友達に意地悪をした子が川に落ちた」といったストーリーを提示し，語りを収集したところ，偶然性に依拠した説明（たまたま橋が壊れただけ）は，年齢が上がると共に多少増えたものの (16〜29%)，内在的正義に依拠した説明（罰があたった）は年齢を問わず 30%を超えた．内在的正義は発達によって姿を消しはしないのである．

内在的正義への依拠は教育期間の長さとも関係しない．Legare and Gelman (2008) [20] は，西欧近代医療と伝統医療が併存している南アフリカのソト語を話す社会において，5 歳・7 歳・11 歳・15 歳・大人（29〜51 歳）という幅広い年齢層を対象として検討を行った．エイズとインフルエンザの原因として，生物学的病因（患者が使ったカミソリを使った，患者と遊んだ），内在的正義（お母さんに嘘をついた），呪術（嫉妬した隣人に呪いをかけられた）を提示し，それぞれが病気の原因になるか判断を求めたところ，生物学的病因は全年齢層で肯定率が高かった．一方，内在的正義の肯定率は，インフルエンザについては年齢を問わず低かったが，エイズについては U 字型の発達曲線が示された．5・7 歳で高かった肯定率が 11・15 歳でいったん下がり，大人になると再び上昇したのである．U 字型の発達曲線は呪術についても認められた．この研究では，大人について公的教育を受けた期間の長さと判断の関連性も検討されたが，教育期間が長い人ほど科学的（生物学的）病因を肯定しやすく，呪術や内在的正義を否定しやすいという結果は示されなかった．つまり，世界を司る作用主を仮想的につくりあげる心の働きは，公的教育を受けている間は抑制されても，教育の場を離れると再び力を持つようになるのである．とりわけエイズのように深刻な病については，それが顕著だった．

なお，大人が内在的正義を否定しないことは，日本でも同様である．「嘘つきで意地悪な人」の方がそうでない人よりも水疱瘡・風邪・胃痛にかかりやすいという判断は，日本の 20〜60 代の 20〜30%程度の人に認められており，そのうち半数以上の人が「神様がみている」など作用主の存在を理由にあげた [21]．また，病気を治すためにより大きな痛みに耐えた人，あるいはより大きな努力をした人の方が早く治癒するという因果応報的な考え方も，日本の幼児・小学生より大人において顕著である [22]．

歴史をたどれば，内在的正義は特段不思議な考え方ではない．日本でもかつては，天然痘といった疫病の原因は天皇の失政にあると考えられ，神々の怒りを鎮めるために大規模な祈祷が行われた [23]．日本には「もののけ」の憑依が病気をもたらすとする狐憑き信仰があるが，シャーマンが人間に取り憑いたモノと交流・対話し，場合によっては殺害する儀式によって病気を治療することは，世界の多くの社会で認められている [24]．人間に取り憑くモノは社会によって異なるが，モノは人間の身体に入り込み，意識や行動を支配し，人間の行動をも変えてしまう [25]．ここにおいて，病気をもたらすそのモノは単なる想像上の存在ではなく，実際に働きかけ取り除かなければならないモノとして実在している．こうした虚投射が古来より，そして世界のさまざまな地域で認められるということは，それが人間にとっていかに本質的であるかを示唆している．

7.2 死後の世界

7.2.1 死者の生き返り

神のような作用主の存在が現時点の自然科学で確認できないように，死後の世界もまた，実証されてはいない．自然科学において死は身体機能の停止によってもたらされ（因果性），他のすべての生物と同じように（普遍性），人間は誰もが必ず死ぬとされている（不可避性）．そして一度死んだら再び生き返ることはない（非可逆性）[26]．子どもは就学前後には，これらの要素をおよそ理解するようになる [27–30]．日本の子ども（3〜15歳）を対象とした研究でも，6歳を過ぎると60%以上の子どもがこれらを理解していることが示されている [31]．

しかし，死を自然科学的な意味で理解しているからといって，私たちは死後の世界をあるとみなすことから逃れられない．そもそも死の非可逆性は仏教やヒンドゥー教の輪廻転生に反しており，キリスト教の死生観とも相容れない．キリスト教では人は死後，審判にかけられ復活するとされている．キリスト教信仰の強い北米では，大学生（18〜50歳，このうち46%がキリスト教徒）の半数以上が，「死者に水を飲ませたなら」「死者に食べ物を与えたなら」「死者に向かって呪文を唱えたなら」「死者になにか薬を飲ませたなら」などの条件があれば「死者は生き返る」としている [32]．一方，同様の質問を5〜11歳児に対して行った研究では，7割程度の子どもが全条件で生き返りを否定した [33]．北米の大人は子ども以上に復活を強く信じる傾向にあるのだ．

死後の世界をあるとする心の働きは信仰とも関連している．イギリスの4〜11歳児を対象とした研究では [34]，死後の世界を肯定する傾向はIQや社会経済的地位とは関連しなかったが，信仰をもつ親の子どもほど，死後の世界を信じる傾向が高かった．では，無宗教といわれる日本ではどうだろうか．日本版総合的社会調査 (Japanese General Social Survey) では，「死後の世界を信じますか」という質問に「いいえ」と答えた人は，2000 年 ($n = 2,893$)，2001 年 ($n = 2,790$)，2008 年 ($n = 2,060$) においていずれも 30%程度で，それぞれ残りの 20%程度が「はい」，50%程度が「わからない」だった．信仰によって程度は異なるとしても，自然科学ではその存在が否定されている死者の生き返り，死後の世界をつくりあげる心の働きは普遍的なのである．

7.2.2　生命機能の存続

生き返りは否定するとしても，生命機能の一部は死後も存続し続けると考える人は多いだろう．Bering (2002) [35] は，北米の大学生に「交通事故で死んだ男」のストーリーを提示し，この男が死んだあとも摂食などの生理的機能，感情や願望のような心理的機能が存続しているか判断を求めた．その結果，「この死んだ男はもはや食べる必要はなくても，まだ妻を愛しており，死ぬ前に妻に愛していると伝えた

図 **7.2**　生命機能の存続

かったと思っているだろう」と多くの大学生が判断した．この反応は，死によって人格も消滅すると考える消滅論者 (extinctivist) においてすら，およそ30%の対象者に認められた．身体的・心理的機能の停止を否定する反応は，北米より中国の大学生において多く [36]，輪廻思想が強いバヌアツでは，心理的機能より身体的機能の存続を認める反応が多いといった文化差も示されている [37].

子どももまた，死による生命機能の停止を否定する傾向にある．北米の5歳児は成長や病気といった身体的機能は死と共に停止するが，「自分を食べたワニのことを考える」（ただし食べられたのは子ネズミ）とか，「お母さんが待っている家に帰りたい」といった心理的機能は，4〜6歳児の50〜80%が存続し続けると判断した（図7.2）[38].

同様の結果は，スペインの4〜12歳児にも認められている [39]．子どもも大人も，死者の一部は死んだ後も存続し続けるとみなす傾向にあるのである．

7.2.3 文脈

身体的・心理的機能の死による停止をどう考えるかは，置かれた文脈による影響を受ける．スペインの7〜11歳児を対象とした研究では [28]，判断を求める際に，死の宗教的側面に焦点をあてた文脈（宗教文脈：死者が死んだ時，家にはたくさんの孫がいて，死者の家族は葬式を滞りなく執り行えたことに満足し，その死者はいま神とともにいる) と，生物学的側面に焦点をあてた文脈（生物文脈：死者は生前，忙しく働いていたが，あるとき熱を出し病院に運ばれ，治療の甲斐なく死んだ）を設定した．死後も身体的・心理的機能の存続を認める判断は，生物文脈より宗教文脈において多かった．また，死後も機能の存続を認める判断は年少児より年長児に多いという結果も示された．

文脈による相違は，狩りを日常とするマダガスカル・ベゾ族を対象とした研究でも [40]，南太平洋のバヌアツ共和国と北米を比較した研究でも [37] 認められている．マダガスカルでも北米でも，宗教文脈では身体的機能より心理的機能について死後も機能が存続するとする判断が多かった．なお，年齢差については，ベゾ族の大人（19〜71歳）は子ども（8〜17歳）より死にともなう心理的機能の停止を否定しやすいという結果も示されている．

日本でも，著名な大学の医学部教授が執筆した「死後の世界」を認める本 [41] がおおいに売れていることからもわかるように，どのような形で存続し続けるかはともかくとして，実際には（少なくとも自然科学的には）存在しない死後の世界をあるとみなす虚投射は，社会を問わず普遍的にみられる現象なのである．

7.2.4 宗教

死後の世界をあるとみなすことはどのような宗教にも共通しているが，社会生物学の創始者であるウィルソン (E. O. Wilson) は宗教を「人間の本性の絶やしがたい一部」(邦訳，p. 311) としている．ウィルソンが唱えた集団選択（群選択）説では，自然選択が集団の間にも働き，利他的な個体の多い集団の方が存続しやすいとみる．宗教は集団のメンバーを絶対的な忠誠心で団結させ，結束性を高める機能を果たすことから，人間は宗教を必要としたというのである．

発達心理学者であるベリング (J. Bering) もまた宗教を本能であるし，その理由を「心の理論」から説明している [42]．「心の理論」とは，他者に心を帰属させ，心的状態から行動を理解したり推測したりする心の働きである．人間は発達のごく初期から無生物に対してさえ心的状態を帰属させるが，心に関するこの強烈な思い込みが超自然的行為者である神をつくりだす．その神は「何でもお見通し」の心を持っており，人間を常に監視している．全治全能の神に監視されているという感覚は，人間に利己的行動をとることを思いとどまらせ利他的に振る舞うよう導く．その結果，集団の存続がはかられるというのである．神，そして死後の世界をあるとみなす心の働きは，集団の存続を有利に進めるという意味で適応的な錯覚であるというのが，ベリングの主張である．

自然科学的にはその存在を説明できない死後の世界を外界に投射する虚投射は，宗教に関する近年の議論を参照すると，人間の進化と生存を支える高度な社会的知性によるものといえる．

7.3 セレブリティ伝染と汚染

ここまで，人の過去の行為に応じて賞罰を与える作用主，そして死者，いずれも物理的には存在しない対象をつくりあげる虚投射と呼べる心の働きについてみてきた．次に取り上げるのは，対象事物の一部をかつてその事物と接触した人物そのものとみなす心の働き，すなわち異投射と呼べる魔術的伝染である．

7.3.1 魔術的伝染

人と事物が接触すると，たとえその接触がごくわずかだったとしても，その人の性質（あるいは本質）が事物に伝わるとする信念を魔術的伝染 (magical contagion) という [43,44]．伝えられる性質は物質的基盤をもたないことが多く，ひとたび伝染すればその効果は永続するとみなされている．魔術的伝染は，原始宗教や儀礼に関する文化人類学分野の検討で最初とりあげられ [45]，伝統社会に特徴的な，科学とは対照的な超自然的信念とみなされていた [46]．しかし近年では，西欧の工業社会でよく教育を受けた大人についても報告がある．

7.3.2 セレブリティ伝染

魔術的伝染には，ポジティブな性質が伝わる場合とネガティブな性質が伝わる場合がある．セレブリティ伝染 (celebrity contagion) は，映画俳優などの著名人が所有していた事物にまつわる伝染で，前者の代表例である [47,48]．JFK やその妻ジャクリーヌの所有物の取引価格を分析した研究では，事物とその人物との物理的接触の程度が高いと人々が推定する場合ほど，取引価格が高額だったという報告がある [47]．また，物理的接触が推定される頻度に応じて高い購入意欲をもつことは，伝染の感受性が高い人，すなわち「どんなに空腹でも，完璧に洗浄されたハエたたきでかき混ぜたスープは飲みたくない」といった考えが強い人により顕著だった [48]．

複製品より真正品 (authentic objects) に価値があるとみなすこともまた，ポジティブな伝染のあらわれである [7]．北米およびイギリスの大学生は「ピカソが描いた」とか「タイタニック号から引き揚げられた」とされる事物を，品物としては全く同じでも，そのような歴史をもたない事物より価値があると考える傾向がある [7]．イギリスの 6 歳児もまた，エリザベス 2 世がかつて所有していたと紹介されたおもちゃをその完全なコピーより価値があると判断する（図 7.3）[49]．

そして真正品に価値を認めることは，子どもの頃に愛着対象（毛布やぬいぐるみなどの attachment object）を持っていた人により顕著であった [7,49]．

7.3.3 汚染

魔術的伝染ではネガティブな性質が伝わることもある．その場合には，汚染 (contamination) という語が使われる [46]．ネガティブな伝染はポジティブな伝染に比べ，強い伝染力をもち，効果も長く続く．たとえば，殺人者が着ていたセーターは，それがもし完璧に洗ってあったとしても手を通したくないという忌避が非常に強い [50]．伝染力の強さは，物理的接触がない場合でも伝染が生じることからもわかる．北米の大学生は「毒」というラベルの貼られたコップから水を飲むことを躊躇

図 **7.3**　セレブリティ伝染

するが [51]，面白いことにそのラベルに「毒ではない」と書かれてあっても，ためらいは消えなかった [52]．日本の大学生も，ゴキブリと水が物理的に接触していないことが明らかな場合でも，ゴキブリを連想させる水を飲むことに躊躇を示す（図 7.4）[53]．

これらの伝染は，汚染源を連想させるというだけで伝染（汚染）が生じることから，連想による汚染 (associational contamination) と呼ばれている [54]．

幼児にも連想による汚染が認められる．子どもは就学前後には，汚染源と食べ物との物理的接触が食べ物を汚染させることに気づくようになるが [55,56]，虫がコップの中に落ちたあと，そのコップを完璧に洗ったとしても，そのコップを使えば「気分が悪くなるだろう」と判断した子どもは，4 歳児の約 40%にのぼったのである [57]．日本の幼児も，食べたあとに具合が悪くなるかどうかは，物理的汚染の程度ではなく文脈や，不快あるいは危険な汚染源を連想させる程度によって異なると判断し

図 **7.4**　連想による汚染

た [53,58]．インドとアメリカの 4–5 歳児を比較した研究では，連想による汚染がインドにおいてより強いことも報告されている [59]．

子どもと大人を比べると，連想による汚染は大人においてより強い．Toyama (1999) [53] では，汚染源と水との接触を知覚的に見えるようにした．「毒」というラベルを貼った瓶に青い粉を入れ，「毒」と水が接触すれば水は変色し，接触しなければ変色しないという状況をつくったのである．水の色が変わらなければ物理的に接触していないことは明らかなので，当然，連想による汚染は消失すると思われるだろう．実際，4 歳児については，水が変色しない条件では連想による汚染が抑制された (37%が 12%に低下)．しかし，大人についてはそうではなかった．水が変色しようとしまいと，連想による汚染の生起率はほとんど変わらなかったのである (35%が 29%へ)．それだけでなく，Toyama (1999) [53] の実験対象者の何人かは，まるで吐き気をおさえるかのように口元に手をやったり，「ムカムカする」といってお腹のあたりをおさえたりした．汚染源を連想させる「汚染されていない」水は，対象者にとっては，実際に吐き気やむかつきを覚えさせる「汚染された」水としてしか見えないようなのだ．

7.4 プロジェクション・サイエンスの発展に向けて

7.4.1 科学と魔術の共存

本章ではここまで，自然科学では説明できない現象を心的につくりあげること，すなわちプロジェクション・サイエンスにおいて虚投射・異投射とみなせる心の働きをみてきた．従来の発達研究では，内在的正義，死後の世界，魔術的伝染など，魔術的なとらえ方は年齢が上がるほど，また社会が工業化するほど撤退していき，代わりに科学的で論理的，合理的なとらえ方がみられるようになると考えられてきた．しかし，近年の研究結果はこれを支持しない．魔術的な心の働きは発達と共に捨て去られるわけではないのである．

ただし，論理的で合理的なとらえ方は大人になっても身につかない，ということではない．1980 年代以降の発達心理学は，かつては想像もできなかったほど論理的で洗練された理解が乳幼児に備わっていることを次々と明らかにしてきた [60]．子どもはこれまで考えられていた以上に科学的で論理的な心の持ち主であり，一方の大人は，これまで考えられていた以上に非科学的で魔術的な心の持ち主になる場合があるのである．そのため発達心理学では，置き換えモデルではなく共存モデル，すなわち身の回りの事象を科学的にとらえる心の働きと，魔術的にとらえる心の働きが生涯にわたって共存するという発達観への支持が広まりつつある [2–6, 61–64]．

7.4.2 デフォルトとしての魔術

内在的正義・死後の世界・魔術的伝染の研究は，虚投射・異投射について何を示唆するだろうか．第一は，その普遍性である．ここで取り上げた研究だけでも，内在的正義については北米・アルゼンチン・南アフリカ・日本，死後の世界については北米・イギリス・日本・バヌアツ・スペイン・マダガスカル，そして魔術的伝染についてはやはり北米・イギリス・日本・インドと多くの社会で検討され，その存在が確かめられてきた．虚投射・異投射とみなせる心の働きには，神などの宗教的概念，ピアジェが人工論（「人間がすべての現象をつくり出した」と考える）と呼んだ目的論（teleological stance：「人工物だけでなく自然物も目的を果たすためにつくられた」と考える）などもあるが，いずれも多くの社会において認められている（神については [65]，目的論については [66]，[67]）．魔術的な心は“未開社会”の特徴 [45] ではなく，現代の北米やヨーロッパ，日本など科学技術が進んだ社会で，しかも高等教育を十分に受けた人々についても強固に認められるものなのである．文化や宗教はその具体化を助ける文脈として働くだけである [7].

第二に，魔術的な心の働きは年齢を問わない．魔術に心を支配されているのは子どもだけではない．ピアジェは内在的正義や人工論を前操作段階（幼児期）の特徴としたが，状況によっては幼児より大人において顕著に認められることがある．大人の魔術的な心は，通常は身を潜めているが，たとえば非常に短い時間で判断を求められるなど，抑制機能を十分に働かせられない状況になると出現してくる [67]．ここから，魔術的な心は生涯を通じてデフォルトとしてあるのではないかとも指摘されている [65,67]．学校教育もこのデフォルトを一時的にしか抑制しない [20].

7.4.3　見かけと現実

虚投射・異投射では，現実の世界（ソース）と人から見える世界（ターゲット）が乖離する．ただしここでいう現実とは，現在の科学で確認できるという意味である．現実には，インフルエンザの原因はインフルエンザウィルスとの物理的接触にあるが，過去の悪行に罰を与える作用主の意思が原因であるかのように見えてしまう．死後の世界は現実には存在しないが，死者が死後もなお精神的・身体的に存続しているように見えてしまう．事物は何かに接触しても，接触前後でその物理的特性が大きく変わることはない．これが現実なのに，ポジティブな性質を持つものと接触すれば，その事物にポジティブな性質が乗り移ったように見え，ネガティブな性質をもつものと接触すれば，その事物にネガティブな性質が乗り移ったように見えてしまう．私たちの目には，現実をこのように見せるフィルターがかけられているようだ．

フィルターごしに見える世界は，感覚・知覚経験としてどのような性質をもつのだろうか．この問いは本章で取り上げた現象をプロジェクションとして検討することにおいて重要な意味をもつ．プロジェクションとは，内的に構成された表象を世界のどこかに定位すること [1] であり，情報処理システム内部にとどまるものはプロジェクション・サイエンスの射程に入らない．したがって，たとえば内在的正義を単なる帰属の誤りとみるならば，それはプロジェクション・サイエンスの対象ではない．

では，ここで取り上げた三つの現象（内在的正義，死後の世界，魔術的伝染）は，プロジェクションのプロセスを含むのだろうか．本章では，そうであると主張したい．

内在的正義の根源には，人間の幸不幸を操る作用主の存在が仮定されている．古代エジプト以来，世界の様々な地域で実践されてきた祈祷や悪魔祓いといった呪術

的療法では [68]，人の身体に入り込んだ悪魔（日本では「もののけ」）に対して，なだめる，吸い出す，取り出すといった様々な働きかけが行われる [69]．ここにおいて悪魔は，実際に働きかけられる対象として在る．小児がんにかかった子どもが「やっぱり罰があたった」と繰り返し語るのも [70]，過去から現在までの自分の行いをみており，その行いに応じて賞罰を与える作用主が，どのような形であるかはともかくとして存在しているからだろう．死後の世界も，その描かれ方は文化や宗教によって異なるが，あらゆる社会に死者を弔う儀式や供養，宗教行動があり [71]，天国や地獄，来世，黄泉国など死後の世界は，古代エジプトの死者の書にはじまり，これまで実体あるものとして様々な形で描かれてきた．完璧に消毒してあるゴキブリの死骸が入っていたジュースを「物理的には全く清潔だから」とすすめられたときの人々の狼狽ぶり [51,53] は，ジュースがゴキブリそのものとして見えるからこそのものだろう．また，著名人が鼻をかんだティッシュが高額で買い取られることも，JFK のゴルフクラブに 772 ドルもの価格がつけられることも [48]，魔術的伝染がいかに現実感覚をともなうものであるかを物語っている．

これらの実践・行動は，内在的正義や死後の世界，魔術的伝染が情報システム内部にとどまる表象ではなく，確かに世界に定位され，ある種の実体をもつものとして経験されていることを示唆している．ただし現時点では，これらの経験がどのような性質をもつかについて明確な答えは示されていない．虚投射・異投射によって定位された表象がどのような形で見え，存在しているのか．通常の感覚・知覚（プロジェクション・サイエンスにおける投射）と同様の性質を持つのか，それとも“兆し”とか“気配”のようなものとして経験されているのか．だとしたら，そのメカニズムはどのようなものなのか．プロジェクション・サイエンスの課題の一つは，これらの点を明らかにすることにあろう．これらの探求を通してこそ，本章でとりあげた現象をプロジェクションとして扱う意義がより明らかになるであろう．

参考文献

[1] 鈴木宏昭 (2016). プロジェクション・サイエンスの展望. 日本認知科学会第 33 回大会発表論文集，20–25.

[2] Bibace, R., Sagarin, J. D., & Dyl, J. (1998). The heuristic value of Werner's co-existence concept of development. *Journal of Applied Developmental Psychology*, **19**, 153–163.

[3] Busch, J. T. A., Watson-Jones, R. E., & Legare, C. H. (2017) The coexistence of natural and supernatural explanations within and across domains and development. *British Journal of Developmental Psychology*, **35**, 4–20.

[4] Subbotsky, E. V. (1993). *Foundations of the mind: Children's understanding of reality.* Cambridge, MA: Harvard University Press.

[5] Subbotsky, E. V. (2001) Causal explanations of events by children and adults: Can alternative causal models coexist in one mind? *British Journal of Developmental Psychology*, **19**, 23–46.

[6] Watson-Jones, R. E., Busch, J. T. A., & Legare, C. H. (2015) Interdisciplinary and cross-cultural perspectives on explanatory coexistence. *Topics in Cognitive Science*, **7**, 611–623.

[7] Frazier, B. N., Gelman, S. A., Wilson, A., & Hood, B. (2009). Picasso paintings, moon rocks, and hand-written beatles lyrics: Adults' evaluations of authentic objects. *Journal of Cognition and Culture*, **9**, 1–14.

[8] Legare, C. H., Evans, E. M., Rosengren, K. S., & Harris, P. L. (2012) The coexistence of natural and supernatural explanations across cultures and development. *Child Development*, **83**, 779–793.

[9] Raman, L., & Winer, G. A. (2004). Evidence of more immanent justice responding in adults than children: A challenge to traditional developmental theories. *British Journal of Developmental Psychology*, **22**, 255–274.

[10] Lerner, M. J. (1980). *The belief in a just world: A fundamental delusion.* New York: Plenum Press.

[11] Lerner, M. J. & Simmons, C. H. (1966). Observer's reaction to the "innocent victim": Compassion or rejection? *Journal of Personality and Social Psychology*, **4**, 203–210.

[12] Barreiro, A. (2013). The appropriation process of the belief in a just world. *Integrative Psychological and Behavioral Science*, **47**, 431–449.

[13] Furnham, A. (1993). Just world beliefs in twelve societies. *Journal of Social Psychology*, **133**, 317–329.

[14] Furnham, A. (2003). Belief in a just world: research progress over the past decade. *Personality and Individual Differences*, **34**, 795–817.

[15] Callan, M. J., Ellard, J. H., & Nicol, J. E. (2006). The belief in a just world and immanent justice reasoning in adults. *Personality and Social Psychology Bulletin*, **32**, 1646–1658.

[16] Piaget, J. (1932). *The moral judgement of the child.* London: Routledge and Kegan Paul.（大伴茂 (訳) (1956). 『児童道徳判断の発達』同文書院）

[17] Kister, M. C., & Patterson, C. J. (1980). Children's conceptions of the causes of illness: Understanding of contagion and use of immanent justice. *Child Development*, **51**, 839–846.

[18] Gratz, R. R., & Pihavin, J. A. (1984). What makes kids sick: Children's beliefs about the causative factors of illness. *Children's Health Care*, **12**, 156–162.

[19] Jose, P. E. (1990). Just-world reasoning in children's immanent justice judgments. *Child Development* , **61**, 1024–1033.

[20] Legare, C. H., & Gelman, S. A. (2008). Bewitchment, biology, or both: The co-existence of natural and supernatural explanatory frameworks across development. *Cognitive Science*, **32**, 607–642.

[21] Toyama, N. (2019). Development of integrated explanations for illness. *Cognitive Development*, **51**, 1–13.

[22] Toyama, N. (in press). Development of implicit links between effort, pain, and recovery. *Child Development.*

[23] 酒井シズ (2002). 病が語る日本史. 東京：講談社.

[24] 奥野克巳 (2007). シャーマニズム. 池田光穂・奥野克巳（編集），医療人類学のレッスン (pp. 99–124). 学陽書房.

[25] 花渕馨也 (2007). 憑依. 池田光穂・奥野克巳（編集），医療人類学のレッスン (pp. 76–98). 学陽書房.

[26] Speece, M. W., & Brent, S. B. (1984). Children's understanding of death: A review of three components of a death concept. *Child Development*, **55**, 1671–1686.

[27] Barrett, H. C., & Behne, T. (2005). Children's understanding of death as the cessation of agency: A test using sleep versus death. *Cognition*, **96**, 93–108.

[28] Harris, P. L., & Gimenez, M. (2005). Children's acceptance of conflicting testimony: The case of death. *Journal of Cognition and Culture*, **5**, 143–164.

[29] Nguyen, S., & Gelman, S. (2002). Four- and 6-year-olds' biological concept of death: The care of plants. *British Journal of Developmental Psychology*, **20**, 495–513.

[30] Slaughter, V., & Lyons, M. (2003). Learning about life and death in early childhood. *Cognitive Psychology*, **46**, 1–30.

[31] 杉本陽子 (2001). 子どもの「生と死」に関する認識. 日本健康医学会雑誌, 10, 2–11.

[32] Brent, S. B., & Speece, M. W. (1993). "Adult" conceptualization of irreversibility: Implications for the development of the concept of death, *Death Studies*, **17**, 203–224.

[33] Speece, M. W., & Brent, S. B. (1992). The acquisition of a mature understanding of three components of the concept of death. *Death Studies*, **16**, 211–229.

[34] Panagiotaki, G., Hopkins, M., Nobes, G., Ward, E., & Griffiths, D. (2018). Children's and adults' understanding of death: Cognitive, parental, and experiential influences. *Journal of Experimental Child Psychology*, **166**, 96–115.

[35] Bering, J. M. (2002). Intuitive conceptions of dead agents' minds: The natural foundations of afterlife beliefs as phenomenological boundary. *Journal of Cognition and Culture*, **2**, 263–308.

[36] Huang, J., Cheng, L., & Zhu, J. (2013). Intuitive conceptions of dead persons' mentality: A cross-cultural replication and more. *International Journal for the Psychology of Religion*, **23**, 29–41.

[37] Watson-Jones, R. E., Busch, J. T. A., Harris, P. L., & Legare, C. H. (2017). Does the body survive death?: Cultural variation in beliefs about life everlasting. *Cognitive Science*, **41**, 455–476.

[38] Bering, J. M., & Bjorklund, D. F. (2004). The natural emergence of reasoning about the afterlife as a developmental regularity. *Developmental Psychology*, **40**, 217–233.

[39] Bering, J. M., Hernández, C. B., & Bjorklund, D. F. (2005). The development of "afterlife" beliefs in secularly and religiously schooled children. *British Journal of Developmental Psychology*, **23**, 587–607.

[40] Astuti, R., & Harris, P. L. (2008). Understanding mortality and the ancestors in rural

Madagascar. *Cognitive Science*, **32**, 713–740.

[41] 矢作直樹 (2011). 人は死なない：ある臨床医による摂理と霊性をめぐる思索. バジリコ.

[42] Bering, J. (2011). *The belief instinct: The psychology of souls, destiny, and the meaning of life*. W. W. Norton and Company.（鈴木光太郎（訳）(2012). ヒトはなぜ神を信じるのか：信仰する本能. 京都：化学同人.）.

[43] Rozin, P., & Nemeroff, C. (1990). The laws of sympathetic magic: A psychological analysis of similarity and contamination. In J. Stigler, G., Herdt, & R. Shweder (Eds.), *Cultural psychology: Essays on comparative human development* (pp. 205–232). Cambridge: Cambridge University Press.

[44] Rozin, P., & Nemeroff, C. (2002). Sympathetic magical thinking: The contagion and similarity "heuristics." In T. Gilovich, D. Griffin, & D. Kahneman (Eds.), *Heuristics and biases: The psychology of intuitive judgment* (pp. 201–216). Cambridge: Cambridge University Press.

[45] Frazer, J. G. (1890). *The golden bough: A study in comparative religion.*, London: Macmilan and co. and New York.（吉川信（訳）(2003).『初版金枝篇』ちくま学芸文庫）

[46] Fedotova, N. O., & Rozin, P. (2018). Contamination, association, or social communication: An examination of alternative accounts for contagion effects. *Judgment and Decision Making*, **13**, 150–162.

[47] Newman, G., & Bloom, P. (2014). Physical contact influences how much people pay at celebrity auctions. *Proceedings of the National Academy of Sciences of the United States of America*, **111**, 3705–3708.

[48] Newman, G. E., Diesendruck, G., & Bloom, P. (2011). Celebrity contagion and the value of objects. *Journal of Consumer Research*, **38**, 215–228.

[49] Hood, B. M., & Bloom, P. (2008). Children prefer certain individuals over perfect duplicates. *Cognition*, **106**, 455–462.

[50] Nemeroff, C., & Rozin, P. (1994). The contagion concept in adult thinking in the United States: Transmission of germs and of interpersonal influence. *Ethos*, **22**, 158–186.

[51] Rozin, P., Millman, M., & Nemeroff, C. (1986). Operation of laws of sympathetic magic in disgust and other domains. *Journal of Personality and Social Psychology*, **50**, 703–712.

[52] Rozin, P., Markwich, M., & Ross, B. (1990). The sympathetic magical law of similarity, nominal realism and neglect of negatives in response to negative labels. *Psychological Science*, **1**, 383–384.

[53] Toyama, N. (1999). Developmental changes in the basis of associational contamination thinking. *Cognitive Development*, **14**, 343–361.

[54] Fallon, A. E., Rozin, P., & Pliner, P. (1984). The child's conception of food: The development of food rejections with special reference to disgust and contamination sensitivity. *Child Development*, **55**, 566–575.

[55] Kalish, C. M. (1996). Preschoolers' understanding of germs as invisible mechanisms. *Cognitive Development*, **11**, 83–106.

[56] Siegal, M., & Share, D. L. (1990). Contamination sensitivity in young children. *Developmental Psychology*, **26**, 455–458.

[57] Springer, K., & Belk, A. (1994). The role of physical contact and association in early contamination sensitivity. *Developmental Psychology*, **30**, 1–5.

[58] Toyama, N. (2000). Young children's awareness of socially mediated rejection of food: Why is food dropped at the table "dirty"? *Cognitive Development*, **15**, 523–541.

[59] Hejmadi, A., Rozin, P., & Siegal, M. (2004). Once in contact, always in contact: Contagious essence and conceptions of purification in America and Hindu Indian children. *Developmental Psychology*, **40**, 467–476.

[60] Inagaki, K. & Hatano, G. (2002). *Young children's naïve thinking about the biological world.* New York, Psychology Press. （稲垣佳世子・波多野誼余夫（監訳）(2005).『子どもの概念発達と変化』共立出版）

[61] Evans, E. M. (2001). Cognitive and contextual factors in the emergence of diverse belief systems: Creation versus evolution. *Cognitive Psychology*, **42**, 217–266.

[62] Legare, C. H., & Visala, A. (2011) Between religion and science: Integrating psychological and philosophical accounts of explanatory coexistence. *Human Development*, **54**, 169–184.

[63] 外山紀子 (2015). 病気の理解における科学的・非科学的信念の共存. 心理学評論, **58**, 204–219.

[64] 外山紀子 (2017). 科学と非科学のあいだ：質的研究への期待. 質的心理学フォーラム，9, 70–78.

[65] Bering, J. M. (2011). *The belief instinct: The psychology of souls, destiny, and the meaning of life.* New York: W. W. Norton （鈴木光太郎（訳）(2012).『ヒトはなぜ神を信じるのか：信仰する本能』化学同人）

[66] Keil, F. (1992). The origins of an autonomous biology. In M. R. Gunner, & M. Maratos (Vol. Eds.), *Minnesota symposia on child psychology: Vol 25, Modularity and constraints in language and cognition* (pp. 103–137). Hilsdale, NJ: Erlbaum.

[67] Kelemen, E., & Rosset, E. (2009). The human function compunction: Teleological explanations in adults. *Cognition*, **111**, 138–142.

[68] 池田光穂・奥野克巳 (2007).『医療人類学のレッスン：病いをめぐる文化を探る』. 学陽書房.

[69] Weil, A. (1983). Health and healing: Understanding conventional and alternative medicine. Boston: Houghton Mifflin Harcourt.（上野圭一（訳）(1993).『人はなぜ治るのか—現代医学と代替医学にみる治癒と健康のメカニズム』日本教文社.）

[70] 戈木クレイグヒル滋子 (2008). 小児ガンの子どもの闘病経験. やまだようこ（編），人生と病いの語り (pp. 103–132). 東京大学出版会.

[71] Wade, N. (2009). *The faith instinct: How religion evolved and why it endures.* New York: Penguin.（依田卓巳（訳）(2011).『宗教を生み出す本能：進化論からみたヒトと信仰』NTT 出版).

[72] Wilson, E. O. (1979/1997). *On human nature.* Harvard University Press.（岸由二（訳）. 人間の本性について. 東京：筑摩書房).

8章
共有される異投射と虚投射：腐女子の二次創作，科学理論，モノマネを通じて

久保（川合）南海子

8.1 物語の派生とプロジェクション

「わたしの物語は，あなたの物語になる」――著名なマンガ家の竹宮惠子氏は，創作における作者と読者の関係をそう表現した．送り手の世界を託された物語は，受け手の世界を投影する物語となる [1]．作者が作り出したものを，読者は読者の目で見る．両者は同じものを見ているが，その見え方はそれぞれ違っている．そのような心の働きは投射（プロジェクション）と呼ばれる心的過程の一つである [2]．

ヒトが作り上げる表象は情報処理システム（脳内）に存在しているが，多くの場合，内的に構成された表象は世界のどこかに定位されると考えられ，このような定位を可能にする心の働きがプロジェクションである [3]．この働きにより，ヒトは物理的な現実そのものではない，ある「意味」に彩られた世界を経験することが可能となる．表象を外の世界に投射するプロセスとメカニズムを探求するプロジェクション・サイエンスでは，ヒトの投射はいつでも正確に行われているとは考えられていない．鈴木 (2016) [3] は，投射元（ソース）と投射先（ターゲット）のタイプによって，投射のパターンを三つに分類した．そこでは，ソースが実在の対象でありターゲットもソースと同じ対象である場合を「投射」，ソースは実在の対象であるがターゲットがソースとは異なる対象である場合を「異投射」，ソースに実在はなく（脳内等）ターゲットが想像上の対象である場合を「虚投射」としている．

たとえば，既存の物語から別の物語を派生させることはプロジェクションが不可欠であると考えられる．なぜなら派生作品は既存の作品を，そのまま認識するのではなく，別の物語として見る，すなわち異投射や虚投射という過程が含まれるからである．人間は文字を使い始めるはるか以前より，既存の物語から新たな物語を派生させてきた．古事記と日本書紀に記されている，兄から借りた釣り針をなくしてしまった弟が海中に探しに行くという『海幸山幸神話』の原型は，インドネシア付近やミクロネシアなどの南太平洋地域の神話に見出される [4,5]．一般によく知られ

ている民話『浦島太郎』は，日本書紀にはじまり万葉集や丹後国風土記など奈良時代の文献に記され，平安から江戸そして明治の各時代においても，さまざまに姿を変えながら残ってきた文学作品であった [6]．1300 年もの長い歴史において，物語は送り手から受け手へ伝承される際に，その地域の特性や時代背景などを取り込んだ受け手の世界を反映したものへと変容し，そこから新たな物語が生まれ続けてきたといえる．また，源氏物語からは，能『葵上』や本居宣長の『手枕』という古典から，大和和紀の『あさきゆめみし』や橋本治の『窯変 源氏物語』など現代のマンガや小説，映画や宝塚歌劇など，たった一つの物語をもとに膨大な派生作品が創作されている．

8.2 腐女子の二次創作から考える二つのこと

本章では，物語の派生としての「腐女子[1]の二次創作」という創作の派生と共有過程を通じて，プロジェクションという心の働きにおける「異投射・虚投射の発生と共有」について論考する．具体的な内容は，以下の 2 点からなる．(1) 既存の物語から別の新たな物語を派生させる認知活動を異投射もしくは虚投射としてとらえ，「腐女子の二次創作」を対象にそのプロセスを分析することで，派生に関わる異投射と虚投射のメカニズムについて考察する．(2) 腐女子の二次創作が彼女らのコミュニティで共感され多くの支持を集める経過について，科学研究の理論・仮説の醸成と信奉をめぐる流れとの共通性を照らしながら，個人の異投射や虚投射が多くの他者と広く共有されるダイナミズムを考察する．

本章での「二次創作」[2]とは，オタク文化の用語で，マンガやアニメなどの既存の作品で描かれるキャラクターや設定を使用して，独自の物語を作り出すパロディのような創作物のことである [7]．腐女子とは，男性同士の恋愛（ボーイズラブ：BL）を描いたマンガや小説作品を好む女性たちを指す [8]．物語の派生について検討するために腐女子の二次創作を取り上げる理由は，そこに明確なかたちで異投射や虚

[1] 腐女子とは，男性同士の恋愛を描いたマンガや小説作品を愛好する女性のことを指す．もとは彼女らの自嘲やユーモアを込めた自称であったが，現在では一般に呼称として用いられている．

[2] 広義の二次創作物とは，著作権法に保護されている原作のキャラクターや設定を引用して創作した作品のことである．日本著作権法 2 条 11 項では，「著作物を翻訳し，編曲し，若しくは変形し，又は脚色し，映画化し，その他翻案することにより創作した著作物」と定義されている．たとえば，原作者が既に亡くなっているにもかかわらず毎年新作が放映される「仮面ライダー」シリーズなどはそれにあたる．本章が対象としたオタク文化における二次創作や同人誌の法的位置に関する研究としては，ノッパ (2010) [47] や島並 (2003) [48] を参照されたい．

投射が見て取れるからである．たとえば，少年マンガの『キャプテン翼』『SLAM DUNK』『テニスの王子様』などは，チームメイトやライバルである男性キャラクターたちが切磋琢磨しながら成長していくスポーツマンガであるが，二次創作を好む腐女子たちは，それらの作品で描かれる男性間の友情やライバル関係の物語を，男性同士の恋愛物語に作り変えて楽しんでいる．ソース（友情やライバル関係）は実在し，ターゲット（恋愛関係）がソースとは異なる／想像上である，という構図からは逸脱していないので，腐女子の二次創作は異投射や虚投射の特殊な例ではない．ただし，もとの作品において男性同士の恋愛的要素はまったく想定されていないにもかかわらず，そこに恋愛関係を見出すという投射はソースとターゲットの乖離の程度が大きいことから，物語の派生としても極端な例であるといえる．腐女子たちは既存の作品を「どのように」男性同士の恋愛物語としてみなすのか，すなわち，ソースとターゲットにおける大きな乖離がどのようなプロセスで埋められていくのかを検討することで，派生に関わる異投射と虚投射のメカニズムを明らかにしようと試みる．

また，これまでのプロジェクション・サイエンスにおいて論じられてきた投射は，個人のなかで生じた表象をその個人の世界に投射することを想定している．通常の投射だけでなく，異投射（たとえば，ラバーハンド・イリュージョン [9,10] など）と虚投射（たとえば，イマジナリー・コンパニオン [11,12]，幻覚 [13] など）のいずれについても，個人の内部で生じる働きとしてとらえてきた [3]．従来のプロジェクション・サイエンスの射程では，ある個人内で生じた表象が外界に投射され，それが他者と共有されるという現象について検討されてこなかった．そこで本章では，個人で生じた投射を他者と共有する心の働きの重要性を提唱したい．物語の派生を通じて共有の過程について考えることで，投射の共有がヒトの芸術・宗教・科学などを発展させる基盤にあるという可能性を指摘する．

8.3 物語の派生に関わる異投射と虚投射のメカニズム

8.3.1 腐女子と二次創作

腐女子たちにおいて多くの二次創作が作成・消費されている [8]．男性同士の恋愛を描いた BL 作品（マンガ・小説・イラスト等）は，流通経路（同人誌やウェブサイト等の個人ベースか，出版社等の商業ベースか）と作品の設定（既存作品のキャラクターや設定を利用しているか，作者独自のものか）によって四つに分類される

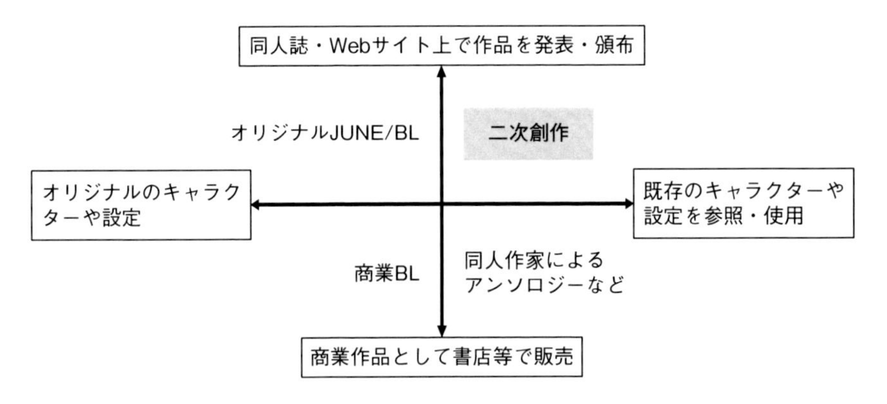

図 8.1 男性同士の恋愛物語を描いたマンガや小説の流通と設定による分類.

(図 8.1). 市場規模としては「商業 BL」と「二次創作」が圧倒的に大きい. 商業ベースの BL コンテンツ市場は 220 億円（2015 年資料）とのことで [14], これは割り箸 197 億円（2013 年資料）や調味料のソース 193 億円（2018 年資料）よりも大きい.

近年, 二次創作を好む腐女子たちはインターネット上での活動が増加していることもあり, その愛好者数を把握することは非常に難しいが, 日本最大の同人誌即売会であるコミックマーケット（通称コミケ）を例に推計する.「コミックマーケット 78（2010 年 8 月開催, 3 日間)」の参加者数は約 56 万人, そのうち同人誌を求めて訪れた一般参加者の 35.6%が女性で, 自作の同人誌等を頒布した約 3.5 万組のサークルの代表者のうち 65.2%が女性であった [15]. 東 (2015) [16] は, コミックマーケットにおいて女性が頒布している同人誌の中で, 男性同士の恋愛物語を描いた二次創作が占める割合は 7, 8 割ではないかと推測した. このことから, 1.7 万組くらいのサークルが男性同士の恋愛物語を描いた二次創作を頒布し, 参加者のうちおよそ 15 万人程度は, それを求めて集まった腐女子だと考えられる. 同人誌全般の市場規模は 775 億円（2015 年資料）であり [14], そこに含まれる男性同士の恋愛物語を描いた二次創作の市場も数百億円規模であると推計できる.

個人が創作した作品（マンガ・小説・イラスト等）を投稿して交流できるウェブサイト「pixiv」(2007 年サービス開始）のユーザー登録数は国内外含めて 3000 万人, 月間 26 億ページビュー, 投稿された総作品数は 7600 万点, 現在一日に投稿される作品数は 2 万点である（2018 年 1 月時点）[17]. 運営側が想定する「アクティブユーザー」の女性例として「好きな作品を追う典型的な腐女子・オタク層」を筆頭にあげていることから [17], 少なくとも数百万人の女性たちが男性同士の恋愛物語を描いた二次創作を発表したり読んだりして交流を楽しんでいると推測できる．

8.3.2 腐女子の異投射と虚投射

本章では，既存作品のキャラクターや設定を利用して男性同士の恋愛作品としたものを「腐女子の二次創作」，その二次創作に至るまでの構想としての空想を「腐女子の妄想[3]」とする．よく知られている幼児向けアニメ『それいけ！アンパンマン』（やなせたかし，株式会社フレーベル館，株式会社トムス・エンタテインメント，日本テレビ放送網株式会社）を素材に，「異投射」としての腐女子の妄想，「虚投射」としての腐女子の二次創作を分析する．

作中に登場する男性A（アンパンマン）とそのライバルである男性B（ばいきんまん）を熱心に視聴する行為は，ソースが実在の対象（ライバルであるAとB）でありターゲットもソースと同じ対象（ライバルであるAとB）であり，通常の投射である（図8.2a）．二次創作を好む腐女子は，ライバルであるAとBはどうしてこんなにお互いを意識しているのか，アニメの中で四六時中やりあっているAとBは，ライバルでありながら実は恋愛関係にあるのではないか，そうでなければ二人の関係性は説明がつかない，という「妄想」を抱く．これは，ソースは実在の対象（ライバルであるAとB）であるがターゲットがソースとは異なる対象（恋愛関係にあるAとB）であるので，異投射といえる（図8.2b）．そこで興味深いのは，腐女子の場合，そのような個人の妄想である異投射が多数の愛好者（腐女子のコミュ

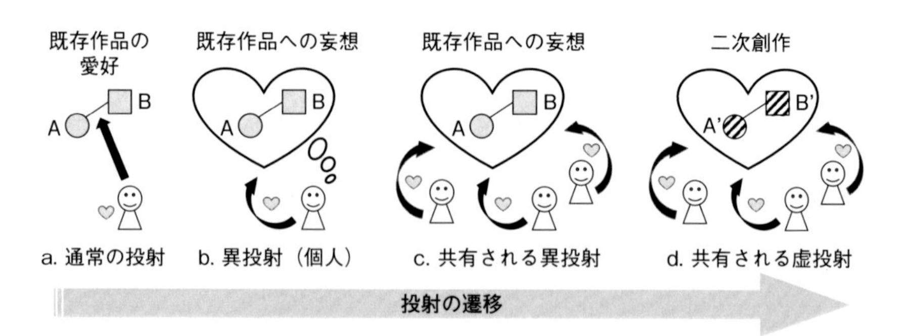

図 8.2 腐女子における投射とその遷移．

[3] 本章において「妄想」という用語には価値判断を含まない．また，腐女子らは自分たちの空想を一般的に「妄想」と自称することが多い．

ニティ）によって共有される点である（図 8.2c）．この妄想がもととなり生まれる物語が，「二次創作（マンガ・小説・イラスト等）」である．たとえば，「ばいきんまんはアンパンマンに片思いをしておりいつもかまって欲しがっている，一方でアンパンマンはそんなばいきんまんの気持ちを知りながら素知らぬふりをして弄んでいる」というような内容のマンガはそれにあたる．二次創作のアンパンマンらは，アニメの二頭身のキャラクターではなく，アンパンマンらの特徴を要所に残した（たとえば，茶髪で赤い服で黄色いベルトなど）イケメン風に描かれることも多い．実際のアニメでは，アンパンマンとばいきんまんは恋愛関係にはなく，なおかつ二次創作の作品として新たな（イケメン風の）アンパンマンとばいきんまんが作り出されている．腐女子のコミュニティで共有された異投射（ライバルであり恋愛関係にある A と B）は，ソースに実在はなくとも（もはや既存のアニメ作品としての A と B ではなく，それと限りなく似ている別のもの A' と B' として）虚投射を引き起こす（図 8.2d）．そして，二次創作という虚投射もまた多数の愛好者（腐女子のコミュニティ）によって共有されることになる．

8.3.3 アブダクションとしての妄想と二次創作

腐女子の妄想の具体的な内容を 8.9 節の付録で示す．腐女子は，既存の設定に不自然な点や余白を見出し，疑問を抱くことで妄想のきっかけにする．この疑問は，腐女子でなくとも抱くことがある．しかし腐女子は，疑問に対する答えの前提として恋愛関係を当てはめ，推論によって疑問の解消を試みる．つまり，腐女子の妄想（異投射）と二次創作（虚投射）は，非演繹的な推論によってなされていると考えられる．アンパンマンの例であれば，これまでにわかっている事項だけでは説明がつかない問題があり（なぜ，ばいきんまんは懲りもせずに，アンパンマンがパトロールしている領域でいたずらをして，毎回かならずアンパンマンにやっつけられるのか？），ある仮説を立てれば（アンパンマンとばいきんまんは，実は恋愛関係にある），うまく説明ができる（ばいきんまんはアンパンマンにかまって欲しいから，いつもわざとアンパンマンの目につくところでいたずらをしている）．非演繹的な推論の一つであるアブダクションは，「最善の説明への推論」とも呼ばれているが [18]，腐女子の妄想と二次創作はまさにアブダクションである．戸田山 (2011) [18] によれば，非演繹的な推論は結論の正しさを保証しないが情報量は増える．ある腐女子のアブダクションによって増加した情報は，腐女子のコミュニティにおいて新たな推論の材料となり，それによって新たな妄想と二次創作が活性化される．

数々の賞を受けているマンガ『大奥』などで著名な人気マンガ家であり，かつ二次創作の作者でもあり読者でもあるよしながふみ氏は，同人誌を「学説発表の場」と表現している [19]．これは，腐女子の妄想をどれだけ説得力のある物語（作品）として呈示できるか，それについて他者からどれだけの共感が得られるのかが，二次創作の面白さであることを示している．既存の作品中でのエピソードや公式の設定をうまく活かしながら，妄想した内容と既存作品との整合性をつけて，描かれていない空白部分を無理なく繋ぎ合わせて精緻な物語として作品化したものが，説得力のある二次創作となる．つまり，腐女子のコミュニティでは，見出された疑問に対する最善の説明への推論を異投射や虚投射として披露しあっている．コミュニティにおいて，解釈や嗜好，流行等を含め「最善の」説明であると認められたもの（この場合「最善」は一つとは限らない）は他者の支持を受け，個人の妄想でありながら多数の共感を得ることになる．

8.4 投射を共有するコミュニティ

8.4.1 作品の解釈と共同行為

目の前にある作品の「余白」を楽しむことは，さまざまな芸術鑑賞でもなされる．たとえば，枯山水や俳句，能などは，そこに「描かれていないもの」を味わう．輪郭だけの似顔絵を与えてみると，チンパンジーはその輪郭線をなぞるだけだが，ヒトの子どもは 3 歳でも，そこに描かれていない目や口を描き入れるという [20]．人間はそこにないものに思いを馳せるのである．描かれるものと描かれないものは図と地のようなもので，見る人によって浮かび上がるものは違う．作家の島田雅彦氏は，夏目漱石の『こころ』を取り上げ，学校で学ぶような一方的な解釈の負の面を指摘し，文学に対して「疑問を抱き自由に誤読する」ことをすすめている [21]．たとえば，「先生は K のことが本当は好きだったから，K からお嬢さんを好きだと聞かされてショックを受けた」というような解釈は「創造的誤読」であるとした．これは腐女子の妄想と同じである．腐女子の妄想や二次創作が既存の作品に対する「創造的誤読」という解釈なのであれば，そこには読み手の数だけ多様性が生まれる．

腐女子の二次創作の楽しみ方について，サンキュー・春日（2016）[22] は映画評論との類似性を指摘して，「作品の余白をいかに見つけ，いかに補完するか」という解釈作業の多様性にあるとしている．また，渡辺 (2007) [23] は「登場人物の人間関係を己の視点で解釈し，その解釈が際立つような独自のストーリーに仕立てる」

腐女子の二次創作を「解釈遊戯」であるとした．金田 (2009) [24] が，現在の同人誌市場の活況の要因として指摘したように，腐女子たちが二次創作を楽しむことには，雑多で一貫性のない解釈の多様性を知ることと，それによってさらに自分の解釈が深化してゆくことが含まれていると考えられる．つまり，腐女子の二次創作には，コミュニティとしての共同行為という側面もあり [16]，共同シミュレーションであり [25]，腐女子のコミュニティは「解釈共同体」でもある [26, 27]．腐女子のアブダクションが作品解釈の一環であり，妄想や二次創作は解釈の投射であると考えると，上記のさまざまな研究と本章の見解は一致している．

8.4.2 妄想における自己の不在と俯瞰

既存のキャラクターや設定などを利用して空想を楽しむのは腐女子だけではない．誰しもが多かれ少なかれ勝手な空想をしたことはあるだろう．腐女子の妄想（異投射）が他の空想とは異なる特徴を明確にするために，既存のキャラクターや設定などを利用した他の空想事象と比較する（表 8.1）．比較する空想事象は，以下の三つである．(1) 腐女子の妄想．(2) 自分自身が登場する願望的空想（たとえば，ある男子高校生自身が「担任の若い女性教諭から自分だけ放課後の誰もいない教室に呼び出され，特別な好意を告白されて親密な間柄になる」，などと想像して楽しむ場合）．(3) 物語世界に入りこむ代理的な疑似体験としての空想（たとえば，ファンタジー冒険小説を読んで自分が世界を救う主人公になりきった仮想状態に没入する場合）．

(1) 腐女子の妄想は，既存作品の中で公式に明らかになっている事柄を数多く参照しながら空想を展開する．参照しながら，利用している既存のキャラクターや設定について，既存の作品では描かれていない部分や事実として実在しない場面を独自に空想したり，キャラクター同士の関係性や設定の背景について独自に読み替えを行なっている．そして，腐女子の妄想のほとんどには，空想している世界において自分自身は全く存在しない．腐女子が既存の作品を独自に読み替えている時点で，そこになんらかの自分自身の嗜好や欲求が反映されていると考えられるが，妄想の

表 8.1 三種の空想事象の比較

	関係性や背景の読み替え	自分自身の登場
(1) 腐女子の二次創作	あり	なし
(2) 願望的空想	あり	あり
(3) 疑似体験	なし	あり

中で主体となる自分自身が不在であることは重要である．

一方で，(2) 自分自身が登場する願望的空想（男子高校生が若い女性教師に抱きがちな妄想など）も，空想内容に既存のキャラクターや設定などを利用している．事実としては特別に親密ではない生徒と担任教師であったとしても，既存のキャラクターや事実として実在しない場面を独自に空想して（「先生から自分だけ放課後の誰もいない教室に呼び出される」など），キャラクターと自分の関係性などを読み替えて独自の設定をしていることになる（「自分だけ先生から特別な好意を寄せられる」など）．しかし，このような願望的空想が，腐女子の妄想と大きく異なるのは，空想内容に主体として自分自身が登場する点である．空想をしている自分自身もその世界に存在し，自分／相手／三人称の視点などで空想が展開される．腐女子の妄想には，空想している世界において自分自身は全く存在しないことと比較すると，この点の差異は重要である．先に述べたように，腐女子の妄想には自分自身の何らかの嗜好や欲求が含まれているが，それが反映されるところに自分自身は不要なのである．むしろ存在してはいけない．腐女子が自分の空想を自ら「妄想」と呼ぶことは，既存作品（現実）からの乖離を自認しているとともに，彼女たちが空想における欲求と反映のいびつさを，やや自虐的に客観視しているからかもしれない．

また，(3) 小説やマンガを読んで自分がその中の登場人物になったかのように没入する代理的な疑似体験は，物語内の人物の視点で世界を想像的に体験する現象と考えられる [28,29]．それは，願望的空想と同様に自分を代理とした存在が主体として動く点が，腐女子の妄想とは異なる．布山・日高 (2018) [30] は仮想の変化の例として，読書の熱中時には物語の中に入るような認知によって現実との区別の程度が弱まることを特徴づけており，現実として自分がいる世界と妄想世界を切り分けている腐女子の妄想とは一線を画しているといえる．空想として「登場人物になりきる」読書時の熱中 [31] などは，既存のキャラクターや設定は利用するので異投射はなされていると考えられるが，既存のキャラクターや設定の読み替えはおこなわれない点で，腐女子の妄想や願望的空想と異なっている．

腐女子による二次創作は，多くの人たち（腐女子）によって共有される．直木賞を受賞した小説であっても，よほどのヒット作品でなければ，10 万部ほども発行されないが [32]，前述したように二次創作は正規の印刷・流通ではない方法で広く読まれている（ただし，一つの作品が数万部の売り上げになることはまれである）．たった一つのアニメ作品から，10 万点（これは冊数ではなく種類）もの二次創作がなされた例もある [25]．二次創作の制作と共有を容易にしているのは，それがすでに読者にとって既知のキャラクターを用いているためであり，読者たちはそのキャラクターの表象をすでに共有しているからだと考えられる．

しかしながら，個人の妄想が多数の他者に共有される理由は，それだけではない．Bloom (2010) [33] は，想像の喜びとして登場人物と自分自身の両方の目線から同時に状況を把握できることを指摘し，そこに共感が働く仕組みを見出している．ほかの空想事象との比較からわかるように，腐女子の妄想や二次創作の特徴は，願望（自分が好ましい読み替えを行っている）や没入（読み替えを行うくらい熱心に向き合う）を含みながらも，自身はその妄想に不在なことである．妄想や物語はそれを空想する自分自身からディタッチされ，特定の主体を離れた俯瞰的な視点を持つことになる．つまり，発端は一人の腐女子の妄想であっても，それはコミュニティの中で匿名性を持ち，多くの共感や支持が集まればコミュニティとしての妄想となる．それゆえに，腐女子の妄想や二次創作という異投射や虚投射は，男子高校生が若い女性教師に抱くような妄想や自分が物語の登場人物になったかのような空想などとは異なり，不特定多数の他者と共有することが可能になると考えられる [4].

8.5 異投射や虚投射が共有されるダイナミズム

8.5.1 エージェントを介した情報の重ね描き

腐女子の妄想と二次創作を通じて異投射や虚投射について検討してみると，これまであまり注目されてこなかったプロジェクションのある側面が見えてくる．それは，異投射や虚投射が他者と共有できるエージェントであり，共有することでエージェントを介して他者からも情報が重ね描きされるという点である．

8.3.3 節で述べたように，ある個人（主体）がアブダクションによって情報を増加させた妄想（エージェント：図 8.2b，太枠ハートとその内部の丸や四角）が呈示され他者がそれに共感すると，今度は彼らが同じエージェントに対して彼らの異投射（図 8.2c，複数の人物と曲線矢印と小ハート）を行う．多くの他者が同じエージェントに異投射をすることで，さらに情報は重ね描きされ豊富になる．すると強い波及

[4] 例外的に，自分自身が登場する願望的空想の二次創作として「夢（ドリーム）」と呼ばれるジャンルがある．芸能人やアニメのキャラクターなどを対象に願望的空想が展開される作品の中で，ある特定の登場人物に読者が自分自身の名前などを自由に入力できるようにした二次創作がそれにあたる（たとえば，アニメのキャラクターである C が読者自身の名前がついたヒロインとひょんな事から出会って特別な好意を寄せてくる，といった小説など）．この場合，ある特定の登場人物を全てその名前で表記させるという操作が必要になる．そのため，CGI や JavaScript を使った「名前変換機能」[49] などが可能なウェブサイト上で閲覧する作品として作成・発表されるものが多い．

効果が生じ，あるエージェントを共有するコミュニティの構成人数は指数関数的に増加すると推測できる．

共有されるエージェントとしての異投射・虚投射は，インターネット百科事典である『ウィキペディア』（ウィキメディア財団）にたとえられるのかもしれない．ウィキペディアは，コピーレフトなライセンスのもと，サイトにアクセス可能な誰もが無料で自由に編集に参加できる．記事が誰でも編集できる状態にあれば，間違いに気付いた者が訂正し，また不足している部分を書き加えることができる [34]．そのようにして多くの参加者によって重ね描き編集された豊富な情報は，さらに多くのアクセスを促すだろう．腐女子の妄想と二次創作をめぐって生まれるムーブメントもそれと同じメカニズムであると考えられる．

8.5.2 科学理論の支持過程との共通性

腐女子の二次創作にみられるようなエージェントの共有と情報の重ね書きの過程とよく似た例に「研究活動」がある．コミュニティで共有されるエージェントとしての異投射・虚投射は，オープンアクセスの学術情報にも見られる．8.4.1 節で例をあげたように，二次創作は文学研究の作品解釈と相似である [16] というだけでなく，科学研究とも共通性が見出せる．研究者（主体）がある魅力的な仮説（エージェント）を見出して呈示したら，それに関心を持ったほかの研究者たちがそれぞれのやり方で検証を行う．その結果は公表されることで広く共有され，さらに新たな検証方法が生まれたり，仮説（エージェント）の修正やバージョンアップがなされたり，あるいは別の仮説（エージェント）が出されるなどして，その領域の研究が発展していく．

「仮説／理論」および「検証」という科学研究の枠組みに照らしてみると，二次創作に科学的な検証作業はないが，仮説や理論が徐々に認められ支持されていく過程での共通点は多い．二次創作と研究活動に共通性があるのは，8.3.3 節で述べたように，現象の解釈や原因究明にアブダクションがおこなわれているからであろう．アブダクションの過程や結果が二次創作や科学の仮説／理論としてプロジェクションされていると考えられる．

2008 年にノーベル物理学賞を受賞した小林・益川理論は，「クォークは三つ」と考えられていた時代に「クォークは六つ」と予想し，三世代（六つ）のクォークを導入することで CP 対称性の破れを自然に説明できることを示した [35]．これまでにわかっている事項だけでは説明がつかない問題（CP 対称性の破れを自然に説明する）について，ある仮説（クォークは六つある）を立てればうまく説明ができる，というアブダクションである．現実に実体としてはとらえられていないクォークを用いて説明した理論は，プロジェクションの虚投射（ソースに実在はなくターゲットが想像上の対象）といえる．

小林・益川理論は 1972 年に発表，1973 年に公刊され，わずか 6 ページの論文の最終部分にある 2 + 2 + 2 という数式とそれに続く 3 行 3 列の行列がそれにあたる [36]．にわかには信じられないような突飛な理論であり，発表当時の反応は活発ではなかった．たしかに，現実としてクォークは三つしかないのに，六つあると考えるのは非現実的であると研究者たちが思ったとしてもおかしくはない．小林自身も，「(1960 年代の素粒子理論は）ほかの分野からはまともな研究者とは思われていなかった．やくざものだと」「自分たちとしてはちょっとおもしろい論文だと思っていたが，(論文への反応は）否定的ではないが反響もあまりなかった」と語っている [37]．小林・益川論文の引用回数は，1972 年と 1973 年は 0 回，1974 年に 1 回，1975 年に 4 回である [38]．ところが，1976 年になると論文は爆発的に引用されるようになった．東島 (2009) [38] によれば，1974 年に 4 番目のクォークが発見されており（1976 年ノーベル賞受賞），1976 年ごろにはクォークが 6 個あっても誰も不思議に思わなくなっていたそうである．小林 (2002) [37] は「1975 年にタウ粒子が見つかり（1995 年ノーベル賞受賞），6 個の可能性が出てきて（小林・益川論文を）思い出してくれた人もいたようだ」としている．

発表当時はあまりに現実性がないことで共有されにくかった小林・益川理論（虚投射）であったが，理論どおりに実体をともなった材料が情報として増えていくにつれて説得力が強くなり，虚投射でありながら次第に広く支持されていく過程は興味深い．腐女子の妄想や二次創作も，誰にでもすぐに受け入れてもらえるようなものではない，突飛な説明である．しかし，その妄想（異投射）や二次創作（虚投射）に説得力があれば他者と共有され，物語の派生が広がってゆく．それはやがてコミケや二次創作のウェブサイトにおいて一大ジャンルを形成するムーブメントに発展する．小林・益川理論の 6 番目のクォークが実際に発見されたのは 1995 年であったので，20 年以上にわたり多くの研究者と巨額の費用を投じた実験装置を持つ研究機関が，小林・益川理論という一つの虚投射を共有していたことになる．

8.5.3 投射の共有におけるコミュニティの役割

そもそもなぜ，誰も考えないような（あるいは，あまりに現実的でないために共感されにくいような）理論を思いついたのだろうか．東島 (2009) [38] によれば，小林は「名古屋には（クォークは）4 種類あったんだよ」と答えたそうである．この点については，小林と益川が所属していた名古屋大学の坂田研究室周辺のコミュニティの影響が強いと考えられる．小林・益川理論発表以前の 1971 年に，丹生潔が見つけた新現象が小林と益川らのコミュニティでは 4 番目のクォークの証拠だと考えられていた．東島 (2009) [38] は，たった 1 例しかないデータであったがゆえに丹生の新現象は世界から無視されたが，名古屋大学だけに漂っていた空気も小林と益川の問題発見を助けたのではないかと推測している．アイディアの醸成と理論の完成について，小林は「CP の問題をゲージ理論の枠組みの中で考えていくと，クォークが 4 個では足りないということになった．基本的な枠組みができれば，あとはロジックを詰めていくだけ」と語り [37]，益川はノーベル賞の受賞記念講演において「4 種類のクォークモデルであらゆる可能性を考えたがうまくいかない．四元クォークモデルでは CP 対称性の破れの実験は説明できない，というできの悪い論文を書こうと決心したところで，四元へのこだわりがなくなり，その瞬間に 6 種類のクォークモデルでいけばよいと気付いた」と述べている [39]．小林・益川論文の引用回数からも明らかであるが，現実に新たなクォークが発見されるたびに，理論の現実性と説得力は強くなっている．多くの人がクォークは 3 個だと考えていた当時，現在クォークは 4 個あるという小林と益川らのコミュニティでの認識は，自身の理論の現実性を高める要因になっただろうと考えられる．

理論が不特定多数から広く支持される前の段階として，考えを同じくする比較的小さな集団の中でアイディアが醸成され，共有された理論（虚投射）が独自の考え方で洗練されていく過程は重要であるのかもしれない．小林は「(当時の情報としては）今に比べれば，隔離されていた．（中略）でも，隔離されているメリットもあった．つまり独自の考え方が育つ時間があったという気がする」と語っている [37]．実体のない理論，ソースのない投射が個人の表象を超えて現実世界で他者と共有されるには，虚像でありながら実感できる現実性と多様な価値観の中でも失われない説得力が必要であると考えられる [1]．まずは，考えを同じくする，ある程度閉じたコミュニティでアイディアを披露して修正を重ねることは，理論や投射の独自性を保ちながら現実性と説得力を高めるために有効なのではないだろうか．腐女子のコミュニティも作品ジャンルやキャラクター同士の組み合わせによって細分化されている．ある程度閉じたコミュニティで妄想が共有されることで気軽で活発なコミュニケーションが誘発され，共有された妄想の精緻化が促進されるのではないかと考えられる．

2008 年のノーベル物理学賞は小林・益川理論だけではない．自発的対称性の破れのメカニズムを解明した南部理論も同時に受賞している [40]．賞金の配分は，南部氏に二分の一，小林氏，益川氏にそれぞれ四分の一ずつであった．自然界での対称性の破れ方を説明したのが南部理論であり，ある対称性の破れからクォーク数を予想したのが小林・益川理論である．南部理論は，まだクォークの概念すらない時代に提唱され，その後の現代素粒子論において重要な骨組みとなるいくつもの理論の主導原理となった．小林・益川理論は，南部理論という虚投射を共有し，それを研究することから今度は自身の表象を作り出し世界に投射することによって派生した多くの虚投射の一つであると考えられる．益川自身も「これまでに一番力を注いだ研究は南部さんが提唱した「対称性の自発的な破れ」が現実に起こることを示すこと」だったと語っている [38]．共有された虚投射が世界へ広がり，それを受け取った人間の新たな投射として派生が生じる過程の例といえよう．

ノーベル賞を受賞するほどの研究でなくても，腐女子の二次創作に関わる活動と研究活動を照らし合わせてみると，実際に共通する部分が多い．どの既存作品/研究テーマを選ぶのかを決めたら，既存作品の視聴/論文購読に努める．そして，どんな妄想内容/仮説のもとに進めるのかを決め，今度は既存作品の解読/実験や調査とその分析に努める．年に数回の大きなイベント/学会で，作品/成果を発表し，領域の限定されたイベント/○○研究会で作品/成果を発表する．イベント/学会の状況も共通点が多く，分厚いカタログ/論文集があり（最近はいずれも CD やオンラインなどデジタル化），日程ごとに既存作品/研究テーマが配置され，ジャンル/部門を選択して申し込む．発表までのスケジュールに従って，原稿の〆切がありそれに追われている．イベント/学会ではふだん会えない仲間と情報を交換し近況を報告する．発表した作品/成果に対してさまざまな反応がある．大きな流れとして，その時どきで流行る作品/テーマがあり，注目される妄想内容/仮説がある．有名作家や人気作家/研究者がいる．仲間の作家/研究者で集まり，合同誌/研究本を出す．ふだんからブログや Twitter で自分の考えを発信して意見交換を行う作家/研究者もいる．

8.6 投射の共有で認識世界は豊かになる

二次創作や科学研究のほかにも，個人の信心を超えたコミュニティとしての宗教，また同じモチーフがさまざまな作品となる芸術などにも，投射の共有は基盤となっていると考えられる．最初期のキリスト教は，イエスの直弟子たちが伝道活動として布教を始めたことによって始まる．イエスが十字架にかけられて刑死したのち，その弟子や女性たちのあいだで存命時のイエスのエピソードが語り継がれ，集会ではイエスが生前の予言どおり復活した姿を見たという体験なども共有された [41]．実体のない神という存在を信じる「物語」が，それを聞いた人々にも共有されているといえる．キリストの「物語」は四つの福音書をはじめ，多くの人の「物語」として派生した．それが現在では，世界中に信徒のいる巨大宗教となっている．また，絵画の例としては，キリスト教の新約聖書にあるエピソードの一つである「受胎告知」をモチーフとした作品などがそれにあたる．シモーネ・マルティーニ，フラ・アンジェリコ，フィリポ・リッピ，サンドロ・ボッティチェッリ，レオナルド・ダ・ヴィンチなど著名な画家による名作も多く，エル・グレコは，このモチーフだけで10枚以上の作品を描いている．そもそも受胎告知は事実ではなく「物語」であったが，インスピレーションを受けた画家たちはその「物語」を自分なりの絵画に派生させ，さまざまなバリエーションが出現した．

虚投射として派生した作品は，その前提となる異投射が他者と共有されていないと，虚投射した作品とは認識されない．投射が共有されるためには，その投射に特定の個人を超えた匿名性や多様な価値観のなかでも保たれる説得力が必要であることはすでに述べた．イマジナリー・コンパニオンや幻覚といった虚投射が他者と共有されないのはそのためである．二次創作では既存の作品への異投射が参照されてはじめて，虚投射が派生作品となる．同様に，研究での先行研究の参照，宗教上の儀式の由来，芸術におけるモチーフの意味などが共有されてこそ，派生した物語は立ち上がってくる．人間は世界をより豊かに認識するために，投射を他者と共有できるという心の働きを備えているのではないだろうか．

8.7 コミュニティなしに共有される投射

8.7.1 「モノマネ」芸の産出と鑑賞

本章では投射の共有として，腐女子の二次創作，科学理論の支持，宗教や絵画などの例を取り上げた．これらの投射の共有には，それぞれにおいて特定のコミュニティが密接に関わっている．しかしながら，投射の共有とは，特定のコミュニティにおいてのみ生じるわけではない．特定のコミュニティ内ではコミュニティ外よりも，互いに表象を共有することは容易になると考えられるが，表象を共有するうえで特定のコミュニティに所属することは必須ではない．コミュニティがなくとも他者と表象が共有されていれば，そこには投射の共有も生じ得る．特定のコミュニティを規定しない投射の共有として，子どもから高齢者まで「誰にでも」，大勢の観客から小さな宴会まで「どのようなところでも」楽しめる「モノマネ」芸を通じて考えてみる．

モノマネ（物真似）とは，人間や動物の声や行動・状態を真似することであり，芸能の1ジャンルでもある．テレビやYouTubeなどでも人気のあるコンテンツとして，また，やろうと思えば（似ているかはともかく）誰でもできる手軽な芸としても，モノマネは子どもから高齢者まで楽しめる身近なエンターテイメントといえる．日本において，こうしたモノマネ芸の愛好は平安時代から長く続いている [42]．また，これほどモノマネが愛好され，かつ多くの記録が残っている国も他にない．しかし，これまでモノマネが独立した芸能ジャンルの一つとして研究の対象とされることはほとんどなかった. 本節では，モノマネをおこなう「モノマネの産出」と，モノマネをみる「モノマネの理解と鑑賞」の二つのプロセスにプロジェクションが関与していることを省察する．

モノマネの産出には，① モノマネの対象となる人間や動物の声や行動・状態，② 対象について構成された内的な表象，③ モノマネを行う主体（の身体・声・行動など），という三つの要素がある．モノマネが産出されるメカニズムにおいて，プロジェクションは非常に重要である．プロジェクションの種類によって，モノマネは二つに分類できる．たとえば，人気モノマネ芸人のコロッケ氏による『美川憲一』やMr. シャチホコ氏による『和田アキ子』は，投射元は実在の対象であるが（美川憲一，和田アキ子），投射先（コロッケ，Mr. シャチホコ）が投射元とは異なる対象なので表象の「異投射」といえる．一方で，タレントの柳沢慎吾氏による『ひとり警視庁24時』やお笑い芸人の秋山竜次氏による『クリエイターズ・ファイル』などは，投射元として具体的な場面（対象）は実在せず（実際にあった事象の再現ではない），投射先（警察の緊迫したやりとり，さまざまな職業人たち）は想像上の対象なので表象を「虚投射」しているといえる．

プロジェクションの種類による二つのモノマネの違いは，モノマネの対象が具体的に実在するか否かであるが，投射されているものはいずれも対象についての表象

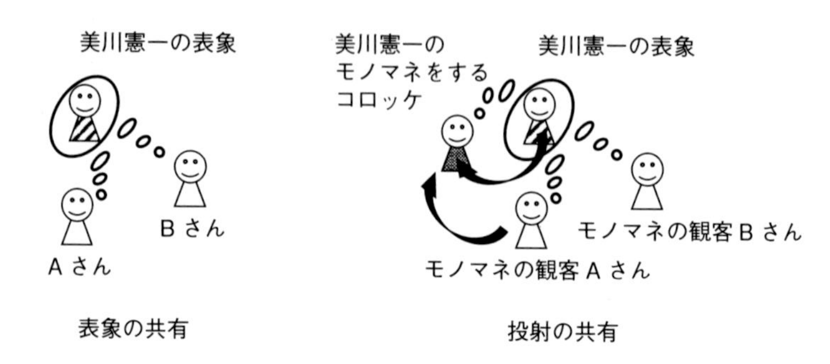

図 8.3　表象の共有 (a) と投射の共有 (b)

であり，そこに存在するものはモノマネを行う主体だけである．だとすれば，二つの差異はそれほど厳密ではなく，むしろ投射される表象がどれほど明確であるかという程度の違いであるのかもしれない．デフォルメされた特徴は明確な表象となりやすい．モノマネの対象（投射元）として個性の強い人物や特異な行動が選ばれるのはそのためであろう．『誇張モノマネ』を芸としているハリウッドザコシショウ氏は，「モノマネをしている芸人の真似をして」練習をしているそうだが [43]，それであればたしかに特徴を誇張しやすいと考えられる．

「上手な」モノマネとは，実在する対象のコピーではない．実在する，あるいはいかにも実在しそうな対象の特徴をとらえた明確な表象があることに加えて，その表象が主体によって的確に投射されている必要がある．そのうえで，産出されたモノマネが「芸」として成り立つのは，個人による表象の投射が他者に理解されているからである．コロッケ氏による美川憲一は「眼前のコロッケに投射された美川憲一の表象」だとわからなければ，モノマネ芸にはならない．芸人のモノマネが理解できるということは，観客の内部にもすでに対象の表象があることを示唆する．ただし，モノマネ芸の観客は単に表象を共有しているのではない．モノマネなしに美川憲一氏のことをイメージし，共通する印象や「美川憲一らしさ」などについて語り合うのであれば，それは美川憲一という表象の共有である（図 8.3a）．しかし，モノマネ芸において観客は，コロッケ氏によって投射された美川憲一の表象（コロッケ氏の考える「美川憲一らしさ」）を参照しながら，自身も美川憲一の表象（自分の考える「美川憲一らしさ」）を眼前の芸人コロッケに投射していると考えられる．このとき，コロッケ氏による表象の投射はその観客全員で共有されている（図 8.3b）．

投射の共有について別の例として，国民的アニメとして親しまれている『ルパン三世』のルパン役声優の交代を考えてみる．最初期からルパンを担当していた声優・山田康夫氏が亡くなって後継に抜擢されたのは声優ではなく，山田ルパンを持ちネタとしていたモノマネ芸人の栗田貫一氏であった（ちなみに，このような声優交代は非常にまれである）．山田氏の亡き後に，視聴者における山田ルパンの表象が，栗田氏のモノマネによって，眼前のアニメ・ルパンに投射されることになったといえる．交代後，栗田ルパンは 25 年近く継続しており，視聴者からの支持も高い．栗田氏自身も「自分は山田ルパンのモノマネをしている」と認識しており [44]，したがって，栗田氏による山田ルパン表象の投射が多くの視聴者らで共有されているといえるだろう．

8.7.2 アンドロイドはモノマネ芸人の夢を見るか？

モノマネと同様の事例として，マンガやアニメの「実写化」もあげられる．近年，さまざまなマンガやアニメ作品をもとに，実際の俳優らが演じる実写映像が製作されている．キャストが発表されると，原作ファンたちは「似てる/似ていない」「合ってる/合っていない」として賛否両論となる．それは，原作のキャラクターの表象をその俳優に投射できるのか，すなわち，実写によって示された表象の投射を自分が共有できるのかについて精査していると考えられる．モノマネや実写化を見る面白さは，芸人や俳優による表象の投射をなぞりながら，自分の表象もそこへ投射して鑑賞することにあるのかもしれない．つまり，モノマネや（原作を知った上で見る）実写化作品の鑑賞者は，パフォーマンスの受動的な傍観者ではなく，自らの表象を投射する能動的な参加者として鑑賞をしているのではないだろうか．

その証左となるような例がある．あるテレビ番組で，モノマネ芸人がモノマネをして，音声で個人を特定する声紋認証システムを騙せるかという企画があった [45]．複数のモノマネ芸人が複数のモノマネを披露したが，そのいずれもが声紋認証システム（ナイスジャパン株式会社）では「本人」とは判定されなかった．モノマネ芸人らは落胆していたが，本人ではないのだからシステムとしては当然の結果である．ここで興味深いのは，観客は一様に「とても似ている」「本人としか思えない」などと言っていたことである．機械（認証システム）は音声という物理的な情報のみで「本人ではない」と判断するが，人間（観客）は音声に表象をプロジェクションするがゆえに「本人のようだ」と認識する．眼前にいるのが本人ではないとわかっているにもかかわらず，芸人とともにプロジェクションすることで人間はモノマネを楽しむ．だとすれば「アンドロイドはモノマネ芸人の夢を見ない」のかもしれない．

8.8 おわりに

本章の最初に指摘したように，これまでのプロジェクション・サイエンスにおいて，投射の共有という観点からの研究は少ない．しかし，個人の投射が他者と共有できるという心の働きは，人間のさまざまな認知活動に関わる重要な機能である．これまでは研究の対象にはならなかった現象や，従来の研究視点では明らかになっていない側面などについて，投射の共有としてとらえてみてはどうだろうか．

いくつかの例を思いつくままにあげてみたい．女性らしい・男性らしいといった「しぐさ」への認識も，ジェンダー（社会的・文化的な性別）という異投射の共有としてとらえれば，それが時代とともに変化したり，個人や社会的文脈による違いも生じて当然と考えられる．発達や進化としては，投射の共有がどのような過程で獲得されるのか，その系統発生的な違いなども興味深い．大山ら (2018) [46] は，バーチャルリアリティ装置を利用した体験の共有による臨場感を測定し，そこで生じる投射・異投射について検討したが，この結果を投射の共有という観点からとらえてみることも期待したい．社会科学で研究されているブランドイメージや信仰儀式・祭祀についても，あるブランドの鞄が非常に高値で取引されることや一見なんの変哲もない石が御神体として崇められていることなどを，投射の共有という観点からとらえてみると新たな発見の可能性がある．

人間はさまざまな意味に彩られた豊かな認識の世界を生きている．個人の見ている豊かな認識世界は，他者と共有され，他者は他者の認識世界をかたちづくる．それらを支えるプロジェクションという心の働きのメカニズムを解明するような今後の研究の発展が待たれる．

8.9 付録　腐女子の妄想内容の例『恋愛関係にあるアンパンマンとばいきんまん』

(1) 既存の設定に不自然な点や余白を見出し、疑問を抱くことで妄想のきっかけにする

ばいきんまんはなぜ、いつもアンパンマンがパトロールしているところで悪いことをするのだろう？こんなに長い間やりあっているのならアンパンマンの行動範囲などとっくにわかっているだろうに、それ以外のところで悪いことをしているという話は聞いたことがない。そもそもばいきんまんは、いまアンパンマンがどうしているのかをモニターする技術だって持っているのに（ばいきんまんが仕込んだイタズラによってアンパンマンが困っている様子を自宅であるバイキン城で見ていたりする）、とても不自然ではないか。これは自分からわざわざ見つかるようにしているとしか考えられない。そして、見つかるたびに強烈なパンチやキックを受けてボロ負けするのに、なぜまったく懲りもせず、何度でも同じことをするのか？（これは多くの人が抱く疑問であるらしく、アニメの公式ホームページのQ&Aに、このような質問がある。「ばいきんまんはいつも負けるのに、どうしてアンパンマンと戦うの？」。それに対する答えは「ばいきんまんは、アンパンマンをやっつけることが生きがいなので、何度やられても、またアンパンマンと戦おうとします。それに、とっても立ち直りが早いので、やられても平気なのです」とある）

(2) 疑問に対する答えの説明として、恋愛関係を当てはめる

なるほど！ばいきんまんにとってアンパンマンは生きがいなのか。それにしても、生きがい…そのために生きる喜びがあり、それなくして生きる意味はないこと…それって、つまり愛なのでは？ばいきんまんはアンパンマンを深く愛しているのではないか？

(3) アブダクションによって疑問の解消を試みる

そうか、そうならばすべては納得がいく。アンパンマンがいつもすぐにばいきんまんの悪さを見つけるのは、ばいきんまんが見つかるようにしているからだ。ばいきんまんはアンパンマンに見つけて欲しいのだ。食パンまんやメロンパンナちゃんではなく、アンパンマンに。ばいきんまんが実は高度な技術を持っているにもかかわらず（バイキン城はじめさまざまな高性能な道具はすべてばいきんまんの製作である）、いつもやられているのはアンパンマンにずっと相手をしてもらいたいために、本気でアンパンマンをやっつける気がないからだ。ばいきんまんはいつだって、アンパンマンに振り向いてかまってほしくて仕方がない、一途で健気な片思いをしているというわけだ。

(4) 妄想内容の合理的な説明に、既存の設定を伏線として利用する

しかし、愛と勇気が友達のアンパンマンが、そのような強い愛の気持ちがわからないということがあるだろうか？寄せられる愛がわからないなら、愛と勇気だけが友達さ、などと声高に歌っていられないはずだ。そもそもアンパンマンはよく気が回るタイプだから、ばいきんまんの片思いに全然気がつかないような鈍い男ではない。そうか…アンパンマンはわかっているのだ！ばいきんまんの気持ちがわかっていながら、素知らぬふりで長年つきあっている。…アンパンマン、なんておそろしいやつなの！ばいきんまんはずっとアンパンマンの掌の上で転がされているわけね。つまりアンパンマンこそ、ばいきんまんを愛しているのか。いつも正しいアンパンマンの隠されたダークサイド、歪んだ愛情がそこにあるのかもしれない。そうか、正義の味方なんて本当は孤独だから（だって友達が愛と勇気だけ、なんだよ！）ばいきんまんは数少ない心許せる存在なのかもしれない。それはやっぱり愛だよね。それにしても、これまでアンパンマンって正論ばかりのいけすかない奴としか思っていなかったけど、こうしてみると急に好きになってきた…。

(5) 最初の疑問の解消・妄想の合理的説明を経て、次の疑問を見出す

え、ばいきんまんはドキンちゃんを好きなんでしょうって？それは、ない！だって、ばいきんまんがドキンちゃんにする応対はいつでも、何か命令されたことに応えているだけなんだから、そこに愛はない。むしろ気になるのは、ばいきんまんはなぜそんなにドキンちゃんに絶対服従なのかということ。ばいきんまんはドキンちゃんによほど重大な弱みを握られているとしか考えられない。それはきっと秘めたる片思い、アンパンマンへの愛に関係する何かに違いない。それって一体、何だろうか…？（後略）

参考文献

[1] 竹宮 惠子 (2013). ものを創り出すこと—わたしの物語は，あなたの物語になる．『心理学ワールド』，63, 5–8.

[2] 川合 伸幸 (2018).『青山学院大学総合研究所・研究プロジェクト「プロジェクション科学の基盤確立と社会的展開」』，第 3 回研究ミーティング（青山学院大学：2018 年 12 月 15 日），発表内容.

[3] 鈴木 宏昭 (2016). プロジェクション科学の展望．『2016 年度日本認知科学会第 33 回大会発表抄録集』， 20–25.

[4] 吉田 敦彦 (1976).『日本神話の源流』．東京：講談社.

[5] 後藤 明 (1997).『ハワイ・南太平洋の神話—海と太陽，そして虹のメッセージ』．東京：中央公論新社.

[6] 三浦 祐之 (1989).『浦島太郎の文学史—恋愛小説の発生』．東京：五柳書院.

[7] 石川 優 (2016). マンガ同人誌—誰もが自由に出版を—．竹内 オサム・西原 麻里（編著），『マンガ文化 55 のキーワード』，第 5 章「流通と産業」37 項，164–167.

[8] 岡部 大介 (2008). 腐女子のアイデンティティ・ゲーム：アイデンティティの可視／不可視をめぐって.『認知科学』, 15, 671–681.

[9] Botvinick, M., & Cohen, J. (1998). Rubber hands feel touch that eyes see. *Nature*, **391**, 796.

[10] 本間 元康 (2010). ラバーハンドイリュージョン：その現象と広がり.『認知科学』, 17, 761–770.

[11] Bouldin, P., & Pratt, C., (2001). The ability of chiidren with imaginary companions to differentiate between fantasy and reality. *British Journal of Developmental Psychology*, **19**(1), 99–114.

[12] 森口 佑介 (2014).『おさなごころを科学する：進化する乳幼児観』. 東京：新曜社.

[13] Geiger, J. (2009). *The third man factor: The secret to survival in extreme environments.* Penguin.（伊豆原 弓（訳）(2010).『奇跡の生還を導く人：極限状態の「サードマン現象」』. 東京：新潮社）

[14] 矢野経済研究所 (2016).『2016 クールジャパンマーケット／オタク市場の徹底研究』, 東京：矢野経済研究所.

[15] コミックマーケット準備委員会 (2015).『コミックマーケット 40 周年史』, 東京：コミケット.

[16] 東 園子 (2015).『宝塚・やおい，愛の読み替え　女性とポピュラーカルチャーの社会学』, 東京：新曜社.

[17] ピクシブマーケティング株式会社 (2018). PC 広告資料 2018 年 4–6 月期. https://www.pixiv.co.jp/wp-content/uploads/2018/02/pixiv_adguide_PC_2018_4_6_180226.pdf, [最終アクセス 2018. 7. 27].

[18] 戸田山 和久 (2011).『「科学的思考」のレッスン：学校で教えてくれないサイエンス』. 東京：NHK 出版.

[19] よしなが ふみ (2007).『あのひととここだけのおしゃべり』. 東京：太田出版.

[20] 松沢 哲郎 (2011).『想像するちから チンパンジーが教えてくれた人間の心』. 東京：岩波書店.

[21] 島田 雅彦 (2017).『深読み日本文学』. 東京：集英社.

[22] サンキュー タツオ・春日 太一 (2016).『俺たちの BL 論』. 東京：河出書房新社.

[23] 渡辺 由美子 (2007). 青少年漫画からみる「やおい」.『ユリイカ』, **39**(7), 69–76.

[24] 金田 淳子 (2009). やおいパロディにおける腐女子の規範と可能性. 日本性教育協会（編),『腐女子文化のセクシュアリティ』, 4 章, 55–69, 日本性教育協会.

[25] 西村 マリ (2002).『アニパロとヤオイ』. 東京：太田出版.

[26] 藤本 由香里 (2007). 少年愛／やおい・BL 二〇〇七年現在の視点から.『ユリイカ』, **39**(16), 36–47.

[27] 金田 淳子 (2007). マンガ同人誌　解釈共同体としてのポリティクス. 佐藤健二・吉見俊哉（編),『文化の社会学』, 7 章, 163–190.

[28] Bettelheim, B. (1976). *The uses of enchantment: the meaning and importance of fairy tales.* New York: Knopf.

[29] 小山内 秀和・楠見 孝 (2013). 物語世界への没入体験—読解過程における位置づけとその機能—.『心理学評論』. **56**(4), 457–473.

[30] 布山 美慕・日高 昇平 (2018). 読者の熱中に伴う仮想の変化：仮想の特徴づけとして.『認知科学』, **25**(2), 188–199.

[31] 布山 美慕・日高 昇平 (2016). 読書時の身体情報による熱中度変化の記述.『認知科学』, **23**(2), 135–152.

[32] 直木賞のすべて．http://prizesworld.com/naoki/, [最終アクセス 2018. 7. 27].

[33] Bloom, P. (2010). How Pleasure Works: The New Science of Why We Like What We Like.（小松 淳子（訳）(2012).『喜びはどれほど深い？心の根源にあるもの』．東京：インターシフト）

[34] 日下 九八 (2012). ウィキペディア：その信頼性と社会的役割.『情報管理』，**55**(1), 2–12.

[35] 高エネルギー加速器研究機構 (2003). 世界を変えた一つの論文.『News@KEK 2003. 6. 12』，高エネルギー加速器研究機構.

[36] Kobayashi, M., & Maskawa, T. (1973). CP Violation in the Renormalizable Theory of Weak Interaction. *Progress of Theoretical Physics*, **49**(2), 652–657.

[37] 小林 誠 (2002). 小林・益川理論はどのようにして生まれたのか.『総研大ジャーナル』，**2**, 22–25.

[38] 東島 清 (2009). 2008 年のノーベル物理学賞によせて.『大阪大学大学教育実践センター「共通教育だより」』，**35**, 14–15.

[39] 日本経済新聞社 (2008).『日本経済新聞』，2008 年 12 月 9 日朝刊，13 版，p13.

[40] Nambu, Y., & Jona-Lasinio, G. (1961). A Dynamaical Model of Elementary Particles Based on an Analogy with Superconductivity I, Ⅱ. *Physics Review*, **122**, 345–358, **124**, 246–254.

[41] 松本 宣郎 (2009). キリスト教の成立．松本宣郎（編），『キリスト教の歴史 (I) 初期キリスト教〜宗教改革』，1 章，11–64, 東京：山川出版社.

[42] 石井 公成，(2017).『〈ものまね〉の歴史　仏教・笑い・芸能』．東京：吉川弘文館.

[43] 中日新聞社，(2019).『中日こどもウィークリー』，2019 年 4 月 13 日，第 402 号，p. 12.

[44] 栗田貫一，(2011). “目指しているのは究極のものまねなんです！”，『クイック・ジャパン』，**97**, p. 182–192.

[45] 株式会社フジテレビジョン (2019)『でんじろうの THE 実験：新ものまね芸人 vs 最新声紋認証システムの対決！』，2019 年 11 月 29 日放送.

[46] 大山 英明・床井 浩平・城間 直司・中村 壮亮・米村 朋子・鈴木 夏夫・大森 隆司・岡田 浩之 (2018). 体験共有における投射について.『2018 年度人工知能学会全国大会（第 32 回）論文集』． https://www.jstage.jst.go.jp/article/pjsai/JSAI2018/0/JSAI2018_3D2OS7b01/_pdf/-char/ja, [最終アクセス 2018. 12. 4].

[47] ノッパ ネラ (2010) 同人誌研究に見出せるマンガ研究の可能性．ジャクリーヌ ベルント（編），『世界のコミックスとコミックスの世界 グローバルなマンガ研究の可能性を開くために』，9 章，125–140, 京都精華大学国際マンガ研究センター.

[48] 島並 良 (2003). 二次創作と創造性.『著作権研究』，**28**, 28–36.

[49] 吉田 栞・文屋 敬 (2014) 腐女子と夢女子の立ち位置の相違.『福岡女学院大学紀要 人文学部編』，**24**, 61–81.

特別寄稿
開眼手術後における視・運動と定位活動

望月登志子・鳥居修晃

S.1 まえがき：視覚におけるプロジェクションの問題と開眼手術後の視覚

視覚世界とは何だろう．私たちはどうして，目の前にあるのがリンゴで，手を伸ばせば届く距離にあると感じるのだろうか．そのリンゴは，隣にいる人にも同じ色と形に見えていると確信しているが，それは当然のことなのだろうか．

私たちは，他人と共通認識を持っていると信じて行動しているし，それで大抵場合，困った問題は生じない．これは，私たちが共通の物理世界の中で生活し，その物理世界と各自の視覚世界の間に相互プロジェクション関係が成立しているからだと考えられる（図 S.1）．

外界，つまり物理世界において，光源から発せられた光は様々な表面で反射され，

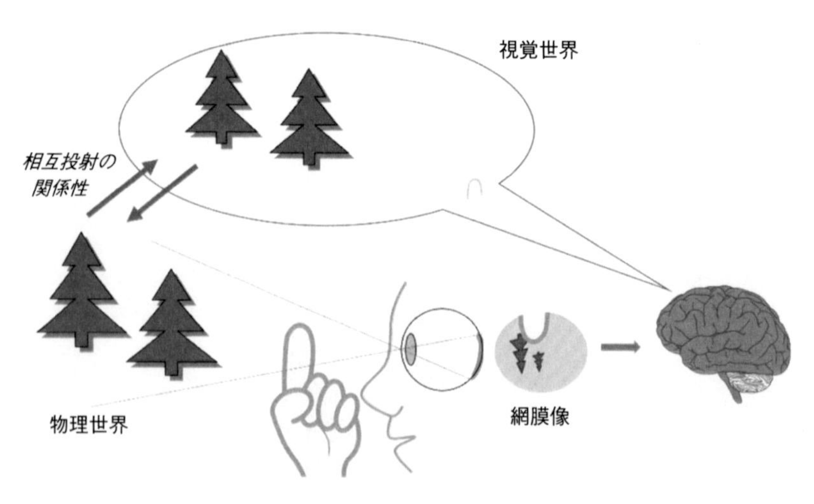

図 S.1　物理世界と視覚世界の相互投射関係

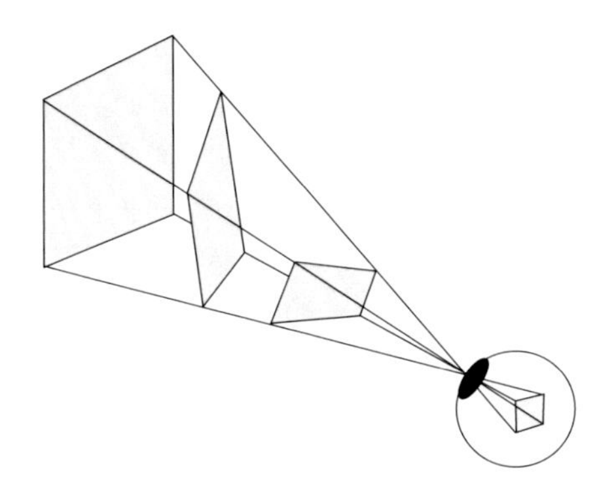

図 **S.2**　網膜像と物理世界での表面の形の関係

網膜に光の配列（網膜像）を形成する．視覚世界は，この光配列が神経信号に変換され，様々な処理を経ることによって成立する内的な世界である（物理世界→網膜像→視覚世界のプロジェクション）．私たちはこの視覚世界を通して，物理世界の成り立ちを知り（視覚世界→物理世界のプロジェクション），そこにあるものを扱ったり，他者と交流したりする．

ここで問題となるのが，前者のプロジェクション・プロセスの中で，多くの情報が落ちてしまうということである．そもそも，網膜像に映る光はごく限られた表面で反射されたものであるし，その表面についてですら，形や大きさ，位置を知るには，追加の情報が必要不可欠である．例えば，網膜にひし形の影が映ったとしても，その影を作ったものが物理世界でひし形とは限らない．網膜に対して傾いた正方形や台形でも同じ影ができる（図 S.2）．また，仮にそれがひし形だと想定しても，その大きさは観察距離がわからなければ特定できない．触れる場所にあれば，表面の傾きや距離は触覚を通して特定できるが，適応的な視点から考えれば，視覚の真骨頂は，触れる前に外界にあるものや表面の形や位置を知ることができる点にあるはずだ．

私たちは，手を触れることが不可能な場所にあるものやその配置を，視覚を介して認識し，当然のようにそれを信じている．つまり，視覚世界を物理世界にプロジェクトしている．その背後には，欠けた情報を補うどのような仕組みがあり，またそれはどのように獲得されるのだろうか．

ギブソンは，生態学的視覚論の中で，人を含む動物が文字通り「動く」ものであるということに着目し，環境としての視空間という考えを提唱した (Gibson, 1979 [1])．

この考えに基づけば，視覚を介して世界（環境）を知るには，環境の中で動き回るという経験が不可欠ということになる．また，子ネコを対象とした Held & Hein (1963) [2] の実験では，能動的に動きながら視空間を体験することが，奥行き知覚の獲得に重要であることが示されている．経験が視覚世界→物理世界のプロジェクションに重要であることの証拠の一つと言えるだろう．

人間の場合，幼少期から視覚を失う，あるいは非常に限定された視覚しか持たずに育ち，成長してから視覚を得たとしたら，彼らの視覚世界はどのようなものになるのだろう．彼らは，視覚を介して，モノの形や位置を知ることができるのだろうか．あるいは，当初は知ることができなくても，何かしらの訓練や経験によって，それが可能になっていくのだろうか．そうだとしたら，その訓練や経験の過程には，視覚世界→物理世界のプロジェクション成立の仕組みを理解する鍵が含まれているに違いない．

本章の原稿を執筆いただいた鳥居修晃氏と望月登志子氏は，長年にわたり先天盲の開眼手術を手掛けてこられた，視覚研究の大大先輩である（両氏の研究の詳細は，鳥居・望月 (2000) [3] を参照されたい）．両氏にプロジェクションという切り口で本稿の執筆をお願いする中で，望月氏から「表面」の知覚，および「表面」と身体接触の重要性についての示唆をいただいた．本稿 S.2.3 項にも書かれているように，両氏は，開眼手術者が形や大きさを見るときに，手で紙面を持つことが非常に大きな手助けになることを明らかにしている．これは，図 S.2 の構図で考えるならば，紙面を手で持つことで観察距離がわかるのと同時に紙面の自分に対する角度が特定され，これによって網膜像に対応する紙面上での形の特定が可能となり，形が認識されるということだろう（図 S.2 参照）．

だが，もしかすると，これはもっと大きな話なのかもしれない．持つ，という行為は，指先の圧感覚を伴う．つまり，持っている指先が視界に映っているとき，その箇所が，視覚と体性感覚（圧感覚）の「結び目」となる．体性感覚の中でも，特に圧感覚は，物理世界の表面に体が接しているという信号であり，物理世界との関係が深いと言えるだろう．この「結び目」で，圧感覚を介して視覚世界→物理世界のプロジェクションが生じ，これが他の箇所にも波及するということはないだろうか．言い換えれば，この結節点で視覚世界→物理世界プロジェクション関数が導かれて，この関数を用いて遠隔地についても位置や形の特定もしくはそれらについての確信が得られるという仮説は，いかがだろう．本稿の S.7 終盤では，開眼者のデータと先行研究に基づき，この問題に直結する議論が行われているので，ぜひ楽しみにお読みいただきたい.

現在の日本では，衛生環境の改善や医学の進歩により 鳥居・望月両氏と共同実験を行ったような開眼手術患者は少なくなっている．これは喜ばしいことではあるが，両氏の研究は，さまざまな視覚の問題を考える上で，今後ますます貴重なものとなっていくだろう．今回，一部ではあるが，両氏の貴重な研究データをもとに，視覚世界の成り立ちについて，読者の方々にも，筆者と一緒に思いを馳せていただければ幸いである.

（まえがき：薬師神玲子）

S.2 Part1: 問題の発端と展開

S.2.1 モリヌー (Molyneux, W) の問題提起

生まれながらの盲人（生来盲）と 4，5 歳までの早期失明者とを併せた視覚障害者に対して行われる外科的処置は「開眼手術」と呼ばれている．具体的には，白内障に対する処置（混濁した水晶体の摘出ないし吸引）や角膜移植（濁った角膜を亡くなった方から提供された透明な角膜と交換する方式）などを指す.

モリヌーはアイルランドの哲学者であり，光学に関する著書もあることで知られているが，その名を世に知らしめたのは，イギリスの哲学者ロック (Locke, J) に宛てた書簡 (1688, 1693) の中で以下のような問題を提起したことに基づく（Degenaar, 1996 [4] 参照).

「生まれながらの盲人が成長する過程で『立方体と球』（同一の金属製でほぼ同大の）を触覚によって区別することを会得したとしよう．その後，この盲人が見えるようになったとする．このとき，眼前のテーブルの上に置かれた上記 2 種の立体を，触らずに眼だけで区別し，識別することができるのか」

このような問題提起により，以後彼の名を冠してそれはモリヌー問題（ときにはモリヌークス問題）と呼ばれるようになった.

S.2.2 実証的な研究の幕開け

生まれながらの盲人が視覚を得たときの視覚体験について，バークリー (Berkeley, 1733 [5]) が挙げている実例の一つは，チェセルデンの報告 (Chesselden, 1728 [6])

である．それは彼自身が執刀した，両眼共に白内障の少年（13 歳）に関する観察結果をまとめたものである．

(1) 手術前は，昼と夜の区別は可能であり，色についても強い光のもとでは白，黒，scarlet（緋色）の区別ができていた．しかし，形の知覚は困難であった．
(2) 手術後は，色が手術前とは違って見えた．眼でものの形を判別することができない．大きさや形が違っていても，それらの事物の区別ができない．見たものが，当初はひどく大きく感じられ，すべてのものが眼にくっついているかのように見えた（距離の判断ができない）．

ダビエル (Daviel, 1762) は白内障に対する水晶体摘出術を開発した当時のフランスの眼科医であるが，彼は執刀した先天性白内障患者 22 例の手術後の所見を次のように書きとめている．

「手術後，眼前の事物に触らずに，見ただけでそれが何であるか分かった患者はひとりもいなかった」 (Senden (1932) [7] からの引用)．

S.2.3　開眼事例の文献収集とその比較研究 (Senden, M. von, 1932 [7])

先天盲（主に先天性白内障）の開眼直後の視体験に加えて，術後の「視覚」について多少の経過観察をしている事例報告は，18 世紀半ば以降，ヨーロッパを中心に徐々にふえていった．それらの文献を収録し，種々の疑問に従って比較検討を加えた結果をセンデンは，「先天性盲人の手術前後における空間と形態の把握」という著書にまとめている．これらの事例報告を比較検討するには，まずそれぞれが手術前に保有していた視覚の下位機能を把握しておかなくてはならないと考えたセンデンは，それを保有視覚または残存視覚と名付けた．図 S.3 は保有視覚の程度に応じた症例の群分けを示し，表 S.1 は各群に属する報告例を Senden (1932) [7] に基づいて筆者らが作成したものである．

多数の開眼事例を集めた理由をセンデンは，「1 事例だけの観察ではその特殊状況・事情に左右されて，誤った結論に導かれ易いからだ」と述べている．

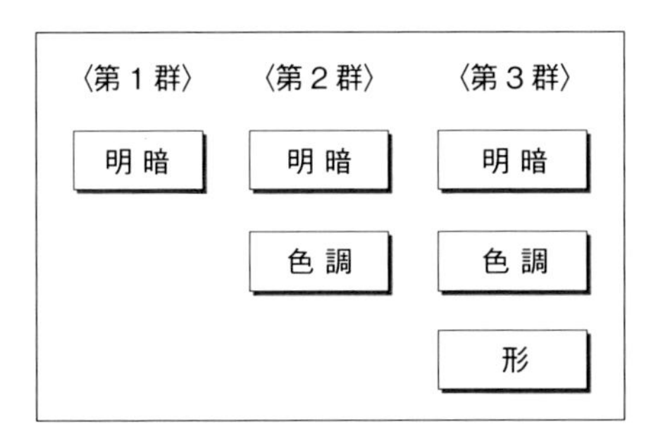

図 **S.3**　保有視覚の程度による 3 群

表 **S.1**　各群に属するとされた報告例

群	残存視覚	症例報告（手術時の年齢，性別）	
第 1 群	明暗知覚	Wardrop Ⅱ(1826)	(46 f)
	光源の方向を指示し得る	Nunneley (Before 1855)	(9 m)
		Ahlström (1895)	(9 f)
		Latta (1903)	(30 m)
第 2 群	明暗知覚	Ware (1800)	(7 m)
	色彩知覚	Home I (1806)	(12 m)
		Hirschberg (1874)	(7 m)
		v. Hippel (1874)	(4 f)
		Schnabel I (1879)	(5 m)
		Fischer (1888)	(8 f)
		Raehlmann I (1891)	(19 m)
		Augstein (1913)	(15 m)
第 3 群	明暗知覚	Fialla Ⅳ(1877)	(16 m)
	色彩知覚	Raehlmann Ⅱ(1891)	(14 f)
	形態知覚	Francke (1893)	(26 m)

S.2.4　開眼手術経験者との共同実験

1962 年に筆者の 1 人は，角膜移植手術後 4 ヶ月目という 11 歳の少女（TM, 以下敬称を略す）に初めて出会う機会に恵まれた．以来，今日に至るまで 20 人余りの「先天盲開眼者」と知り合い，そのうち半数以上の人たちとは少なくとも 3 年以上に及ぶ共同実験を望月登志子とともに続けてきた．ここでの「実験」とは開眼手術を受けた方々と直接会って，それぞれの失明中の視知覚および触運動知覚の発展と形成を図る試みを指す．これは開眼者と筆者らとの共同作業であり，視知覚を構築す

表 **S.2**　開眼者 4 人 (MM, YS, TM, HH) の保有視覚と術後の視覚体験報告（p.205）

開眼事例	保有視覚に関する報	手術直後の視覚体験
MM 生後 10 か月で失明. 12 歳で右眼の虹彩切除.	明るい，暗いは分かったが色は分からなかった. 色名も習得していなかった.	術後 6 日：眼帯を取ったとき「眩しい」. 「明るさは分かるけど，色は分からない」と言い色名は一つも答えられなかった.
YS 生後 3 歳半で失明. 角膜軟化症 (右眼：光覚，左眼：光覚).	「色は分かったが，形は分からなかった」.	直後の状況は不明.
TM 生後 1 年 2 か月で角膜白斑のため両眼失明. 1 歳で左眼の角膜移植.	「黒，赤，青は分かったが緑と青の区別は困難」. 「色名は母から教えられた」. 「形は分からなかった」.	手術直後：「黄色が鮮明で印象的だった」. 手術後 4 か月頃：「どこにあるのか位置は分かるが，形は分からない」. 「緑と青の区別が難しい」.
HH 5 歳頃角膜炎のため両眼失明. 28 歳 (右眼)，29 歳 (左眼) それぞれに角膜移植.	近くで「白，赤，黄などが見えた」. 「真っ赤は分かったが薄い赤は分からなかった」. 本人は「形は分からない」と言うが，左眼では三角形，正方形，円の識別ができることが確認された.	第 1 眼手術後：「色がはっきりした．白，黄色なら 10 cm くらい離れても分かる」. 机に対して「手術前は何かがあることも分からなかったが，今は何かあることは分かる．机とは分からないが」. 第 1 眼手術後 92 日：4 種の平面図形の識別が可能. 円錐：「何かがあるのは分かるが，眼では何であるか分からない」.

る作業なのである.

本稿の Part I で紹介する開眼者のうち，4 人 (MM, YS, TM, HH) にそれぞれの保有視覚と手術直後の視覚体験について尋ねたところ，表 S.2 のようになった.

この 4 事例を含む計 10 人の人たちについて改めて検討してみると，センデンが提出している保有視覚による群分けではやや粗すぎると筆者らは考えて，次の表 S.3 のように改める提案をした．この分類によれば，MM は第 1a 群に，TM は第 II 群，YS は第Ⅲ群，HH は第 IV 群にそれぞれ相当する先天盲ないし生後早期の失明者と考えられる.

表 S.3　保有視覚に関する新たな群分け（試案）

〈第 I 群〉		〈第Ⅱ群〉	〈第Ⅲ群〉	〈第Ⅳ群〉
Ia	Ib			
明暗	明暗 光の方向	明暗 光の方向 色	明暗 光の方向 色 図領域の大小 図領域の延長方向	明暗 光の方向 色 図領域の大小 図領域の延長方向 2 次元の形

S.3　色彩の知覚

S.3.1　色名習得活動の推移

MM は生後 10 か月で角膜軟化症により両眼共に失明状態となり，盲学校での視力検査によると，右眼は「光覚弁」，左眼は「光覚もない」という状態になった（表 S.2 も参照)．12 歳で右眼だけの虹彩切除手術を受けたが，「明暗」の弁別活動以外，光の方向定位も 2 種の「色」の弁別も困難な状態に置かれていた．当時 12 歳になっていたものの，「色の名前」についても何も習得していない様子であった.

手術後 3 日目に初めて訪問したとき，まだ眼帯をかけていた MM は「明るい，暗いの違いくらいは前から分かっていたが，色は分からなかった」と報告し，自ら短時間だけ眼帯をはずした場面で「眩しい」と声を上げた．色名について聞いてみたが，「一つも知らない」とのことであった.

他の事例報告 (Wardrop, 1826 [8]; Latta, 1904 [9]) をみても，開眼直後は「明るくなった」，「光が眩しすぎる」，「眼がくらむようだ」という経験談に終始している.

すなわち，手術前に「明暗」だけを保有していた先天盲の場合，手術に成功しても，それだけでは「色のある世界」がすぐさま実現することはないのであろう．失明期間中に基本的な色名を習得していても，色彩と色名を一対一に対応づけるには，その習得が不可欠であることを意味する．すなわち，「色」を見る経験を経なくてはならないのである（Diderot, 1749；和訳 1976 [10]）．

若干の状況観察のあと，「色名」の習得活動の進行を MM 自身の自主的活動に任せることにした．図 S.4 は MM が筆者らとの共同実験の場面で使い始めた「色名」ならびにその出現順序を示したものである．色名の下のカッコ内は初出の日と最初の手術から経過した日数・年月である．

他方，バーリンとケイ (Berlin & Kay, (1969) [12]) は 98 種の言語についてそこに何種の基本色彩語が含まれるかを調べているが，図 S.5 はその基本色彩語とその発展順序を示すものである．両方の図を見比べると，MM の場合，バーリンらによる基本色名に相当する名称が一部を除いて手術後約 2 年の間に出揃っており，その出現順序も彼らの仮説による発展順序にほぼ沿うものとなっている．

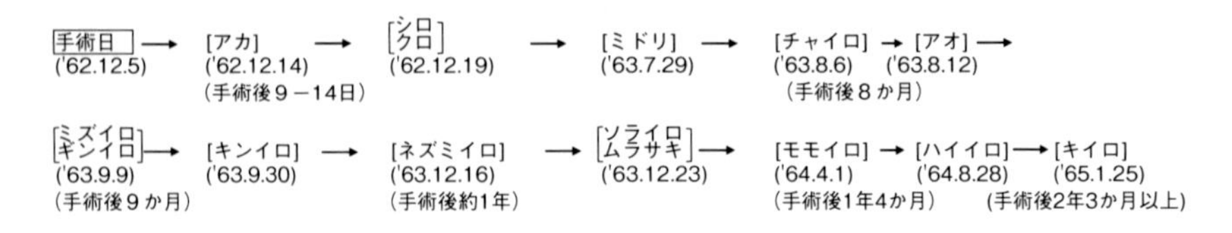

図 S.4　MM が使い始めた色名とその順序（鳥居，1988 [11]; 鳥居・望月, 2000 [3]）

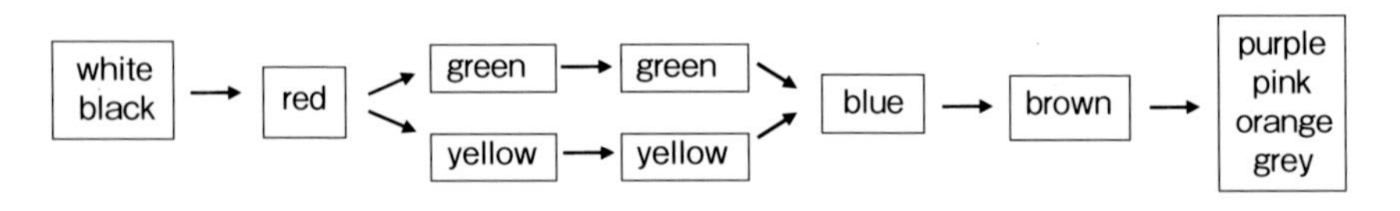

図 S.5　Berlin & Kay (1969) [12] が提出した 11 種の基本色彩語の増加順序

S.3.2　色の弁別活動：その推移

MM との共同実験では上記の色名習得の進行を追うとともに，2 種の色の弁別活動の形成を輔ける試みも，手術後 2 ヶ月頃から並行して進めることにした．ただし，どのような色見本が MM にとって適切であるのかは明らかでなかった．そのため暗室に提示した色光による弁別実験では高い適中率を示すこともあったが，全体としてチャンスレベルを超す水準には達しなかった（図 S.6 の (a)）．実験開始後 4 ヶ月

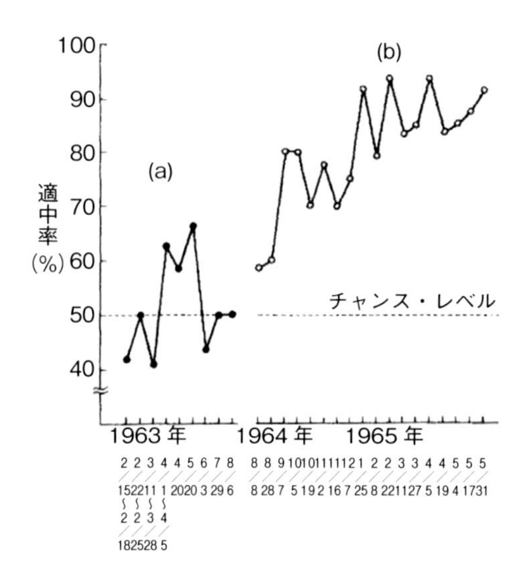

図 **S.6**　2 色間の弁別実験：MM（鳥居，1988 [11]; 鳥居・望月，1992 [15] 改変）.

半の頃，たまたま赤色光を見ていたMMは「こういうアカ（色光）はよく分からない．太陽の下でみた赤い紙（色紙）の方が分かり易い」とつぶやいた．

そこで，あらためて標準色紙を直径 6 cm の円形に切り抜き，それを白色台紙 (25 cm×25 cm) の中央に貼りつけたものを提示材料とする 2 色間の弁別実験に切り替えた．すると，図 S.6 の (b) が示すように，当初チャンスレベルに近かった適中率は次第に上昇して，開始後約半年で 80〜90%に上昇しているのが認められた．

この実験が進行していく過程で，MM の領域定位活動にも一つの変化が現れてきた．初めのうちは台紙の中央に貼られた色紙領域の縁を指で押さえ，定位の助けをかりて観察していたが，実験開始後 5 ヶ月頃からは縁を抑えることなく課題を遂行しようとする行動が自発的に出現してきたのである．そこで色領域を指で触れる条件と触れない条件で弁別を試みていた時期 ('64.11.16) の適中率をあらためて比較すると，それぞれ 75.0%と 62.5%という差異が生じていた．その後，色の弁別が本格的になった段階 ('65.5.4) でもなお，MM は「指で縁を辿ると，色が分かり易い」と言っている．

S.3.3　色の識別活動の発現と展開

色の弁別実験の積み重ねを経て，その成果が得られたと考えられる時期を見計ら

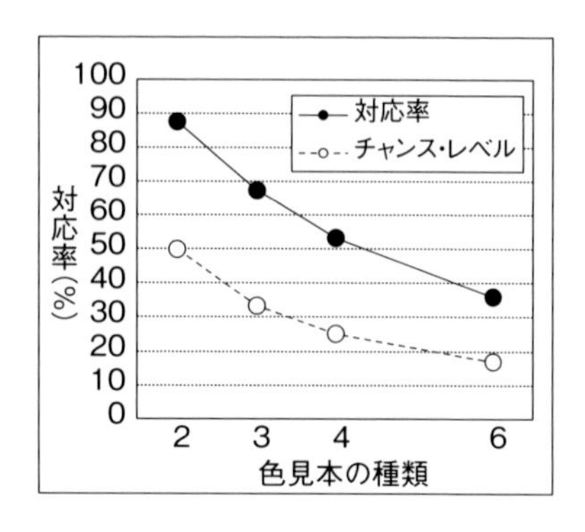

図 **S.7**　色の弁別・識別実験の対応率と N の関係：MM（望月・鳥居，2000 [3] 一部改変）

い，色見本の数 (N) を 2 種から数種に増やしていくことを計画した．数種の色見本を一つずつランダム順に提示してその「色名」を問う実験に際して，初めのうち MM は「色の種類が三つにもなると，どれがどれだか分からなくなる」としきりに述べている．このような報告はアクロイド (Ackroyd *et al.*, (1974) [13]) の開眼女性 (HD) のものと軌を一にするものと言えよう．図 S.7 は N を 3，4，5 と設定したときの識別実験の結果である．N が増加すると平均対応率は低下するが，その値はいずれもチャンスレベルのほぼ 2 倍を維持している．

S.4　図領域の知覚：有無と方向の弁別

S.4.1　図領域の「有無」の弁別：MM の場合

「色」に関わる共同実験を進めていく過程で，手術後 8 ヶ月の MM には白色台紙

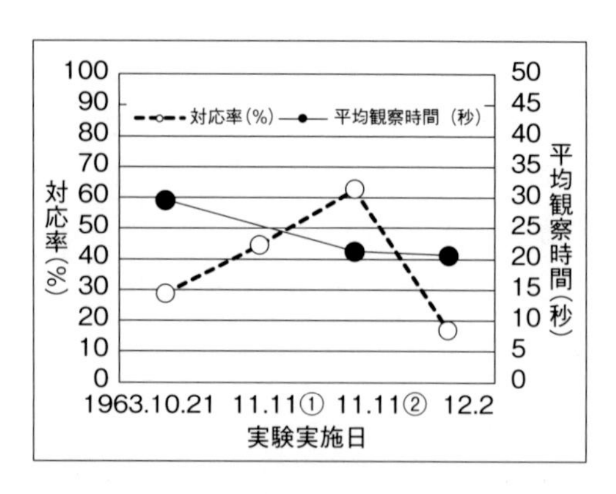

図 **S.8**　図領域の有無弁別：MM（望月・鳥居，2000 [3] 一部改変）

の中央に貼られた有彩色/無彩色の円（直径 6 cm）を右眼だけで探し当ててそこを注視することが予想以上に難しい様子が観察された．そこで図領域の有無弁別課題を一定期間継続してみたが，MM が苦慮していることは不安定な対応率からも察知された（図 S.8）．

S.4.2 帯状図領域の方向弁別

MM の場合

MM に対しては，図領域の有無がほぼ弁別できると確認された段階で，形態弁別課題とりかかったが，まだ簡単ではないと判断される状況だった．そのため，帯状図形による延長方向の弁別課題に切り替えてみたのである．提示材料は黒色紙 (N2) から切り抜いた帯状図形を台紙 (20 cm×20 cm) の中央に縦または横に 1 枚ずつ添付したものである（図 S.9）．最初に用いたのは，見本の帯状図形の方向を触覚で確認し，次に別の台紙上に貼られた帯状図形 (2 cm×12 cm) の方向を見て，見本の方向と同じか否かを判断する方法（触見本方式）であったが，初期の段階（図 S.10 の触見本矢印が示す期間）では期待される結果は得られなかった．

そのため，帯状図形が縦・横いずれの場合にも，サンドペーパーからの切り抜き帯状横図形を台紙の裏面中央に添付する方法（図 S.9）に切り替えた．この方法（補助触方式）では，台紙の中央部分が方向の弁別にとって探索すべき領域の原点として明確に定位できるようになった．MM はこの中央部分を「真中」と称して，そこを視覚で探し当てると，その上下と左右の両端を見て，黒の領域があるか，ないかを探せばよいと考えており，帯状の領域を端から端まで辿る活動を展開するまでには至らなかった．そのためであろうか，初回と 2 回目の対応は 100%を示したものの，3 回目以降はむしろ低下していく傾向となった（図 S.10 の補助触見本の矢印が示す期間）．

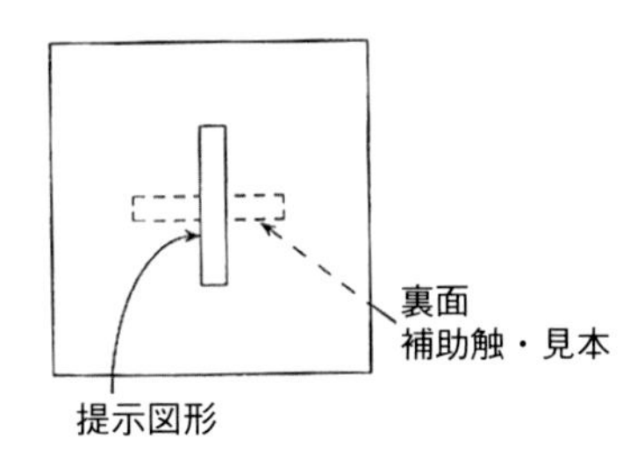

図 S.9 補助触方式（提示図形が縦・横いずれの場合も補助触見本は横）：MM

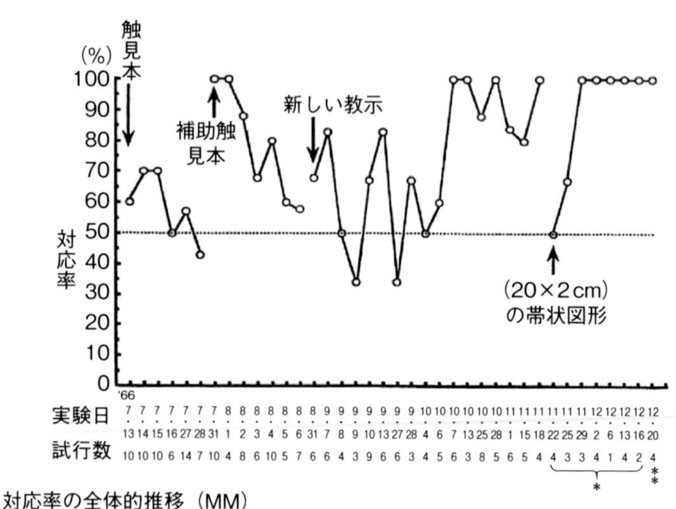

対応率の全体的推移（MM）
*は大・帯図形のみの結果．**は大・帯図形と小帯図形を併用したときの結果．

図 S.10　対応率の全体的推移：MM（梅津ほか，1993 [14]）

帯状領域の延長方向は，端を探索するだけでなく，領域の端から端まで辿ることによってその方向性が明らかになる．点と形態を構成する線（辺）との違いもここにあるとの考えに立って，MM には顔および台紙を動かして図領域の広がりを端から端まで辿るよう教示した．この「新しい教示による方式」を用いた後の対応率は，8 月から 11 月までの約 3 ヶ月間で 100%に辿りつくことができた（図 S.10 の新しい教示以降）．これ以降は，帯状図形の幅を短くして長さを延ばした (2 cm×20 cm) ものに替えても 100%の対応率は維持されていて，図領域を見失うことなく，延長方向を弁別できることが確認された．

YS の場合

YS の場合には，「色」の識別実験から始めて，図領域の「定位」がほぼ安定してきた段階で「図領域の大小/長短」に関する実験と並行して，「図領域の延長方向」に関する弁別実験も始めている．「水平/垂直」の弁別課題において YS がとった図領域探索方式を示す図 S.11 の I では，水平に走査して図領域の「赤」が「見えなくなる」か「いつまでも見える」かを，基準にして方向弁別がなされていた．しかし図 S.11 のⅡでは，上記の方式で図領域の延長方向をほぼ認めた上でさらに，縦の場合には縦方向に沿う帯状の領域への走査が加わり，横の場合には帯状領域の周辺つま

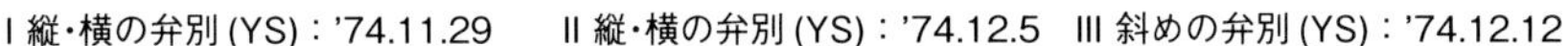

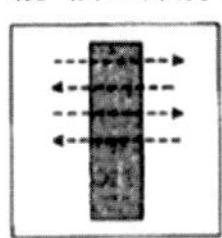

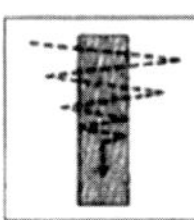

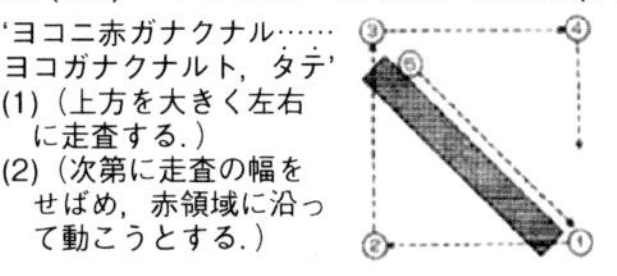

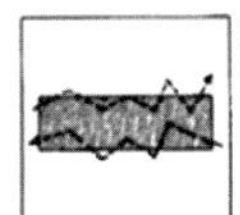

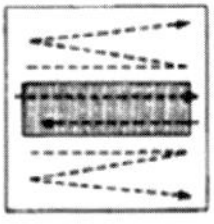

図 **S.11**　YS の縦・横の弁別（I 1974 年 11 月，II 12 月）と斜めの弁別（III 12 月）
（鳥居・望月，1992 [15] より一部変更）

りその上方と下方も走査して，そこには色の領域がないことを確認している.

「縦・横」の弁別が確実に可能になった段階で，帯状図形を「左斜め上/右斜め上」に台紙上に貼ったものを用いて「斜めの方向弁別」課題を導入した．図 S.11 のIIIにはそのときの探索方向と順序が示してある．結果は，最初の 8 試行すべてに 100%の対応率を示している.

S.5　2 次元図形の形態弁別

YS との共同実験を通じて，帯状図形の方向弁別が斜め方向も含めて可能になった段階で導入した 2 次元図形の「形」の弁別課題では，「三角形–円」および「三角形–正方形」の各対から開始した．これらの形態間における弁別対応率は図 S.12 が示すように順調に進行したにも拘らず，「正方形–円」の弁別では YS がそれまで習得してきた探索操作では対処できないことが，2 回の実験結果から知らされた．そのため，それまで用いてきた灰緑色の台紙上に貼られた赤色の図形を「窓」型図形に変更してみた（'75.3.13 以降)．この図形は，厚紙 (27.5 cm × 27.5 cm) の中央を円形または正方形の窓のように切り抜き，形態部分が周囲より明るくなるようになっているが，「光を頼りにした方が形は分かり易い」という YS の報告に示唆を得て作られた．こうすることで，YS にとっては図に相当する領域の探索が容易になり，走査する YS の眼の動きおよび位置を実験者が観察することも可能になった.

窓型図形による弁別対応率は，図 S.12 の黒丸が示すように，順調な推移を示した．一旦 100%に達した対応率が低下しているのは YS の眼の状態が悪化したことによるものであり，状態の回復後に再開した際の対応率は以前よりも短期間で 100%に

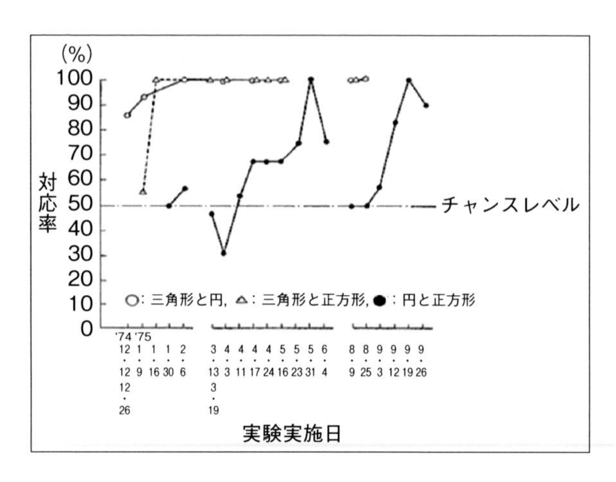

図 **S.12**　2 次元図形の形態弁別課題における対応率（鳥居・望月，1992 [15]）

到達している．

図 S.13 は台紙中央が「正方形」に切り抜かれた「窓」の左下隅を見るように教示したとき，YS がそこに眼を向けている場面である．実験者の「左上，右下」などの言語指示に対して，頭部をほとんど動かすことなく，眼球だけがそちらの方向を定位できるようになった様子を示している．

このような眼球の意図的コントロールはどのようにして培われたのであろうか．図 S.13 を撮影したとき，YS は「決まったところを見るにはどうすればよいのか，自分ではまだよく分からない」と言いつつも，「ピアノを弾きながら，自分の手の動きを追っていることに最近気づいた」と報告している．これは，自分の身体（手）の動きを視覚によっても確認できるようになり始めたことを示唆しているのであろう（詳しくは鳥居・望月，1992 [15]; 2000 [3]）．

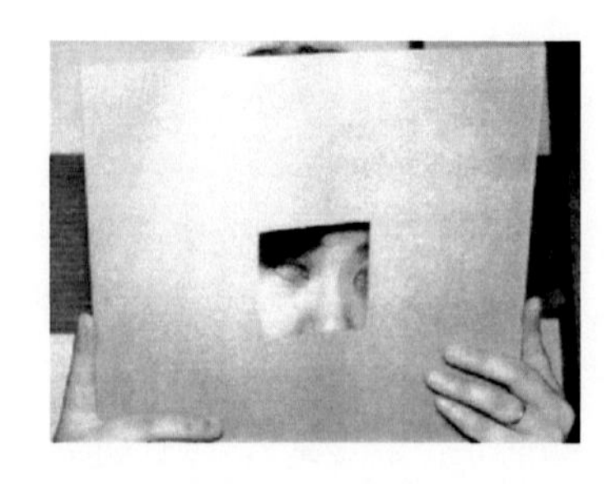

図 **S.13**　窓型図形による正方形の観察場面：YS（鳥居・望月，2000 [3] より改変）

S.6　概要と考察

本稿のPART Iに登場したMM, YS, TMとの共同実験結果をもとに，各課題に対する成果をその成立順序に従って示すと図S.14のようになる．この経過をほぼくまなく通過したのはYSであり，MMに関しては帯状図形の方向弁別にまで確実に，TMの場合には本稿では触れる余裕がなかったが，2次元形態の弁別から出発して，その完成の域に到達している．

本稿の一部に登場した，上記以外のHH（表S.2参照）については，第1眼の手術後92日目に初めて会ったときの実験によれば，すでに3乃至4種の2次元図形の識別が可能であると判明した．そこで試みに提示してみた「円錐」に対しては，「何かあることは分かるが，眼では何かが分からない」と報告している．

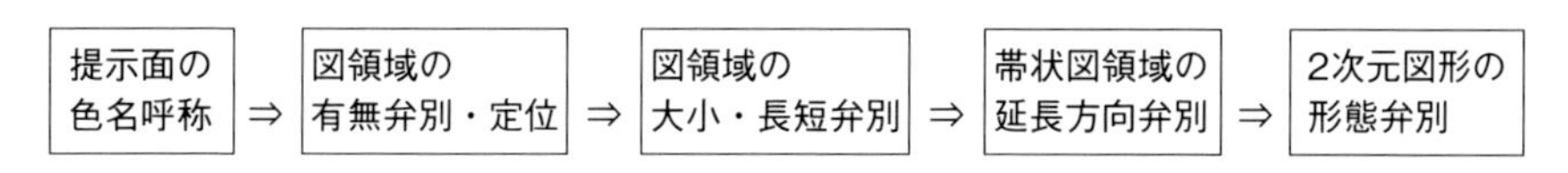

図 S.14　色名呼称から2次元の形態弁別課題に至るまでの成立順序

以上のように，本報告に登場した4名の開眼者のうち2次元図形の識別が可能になった，MM以外の3名については，この段階でモリヌー問題を課するに足る状態に到達したとみてよいであろう．

（Part 1: 鳥居修晃）

S.7　Part 2: 開眼手術後における視対象の知覚と定位

S.7.1　定位活動

視覚行動の目標の一つが「何が」,「何処にあるか」を捉えることにあると仮定するならば，そこで求められる機能は，対象の識別と定位することになるであろう．外的環境に対する選択的で能動的な反応として最も早期に発生するのが，定位反射系の活動であるとされている（片桐，1990 [16]）．この定位反射の重要性は，1910年パブロフ (Pavlov, I. P) によって初めて指摘された．彼は，神経活動の基本を反射の総和と考え，この反射は探索反射と名付けてもよいとしたうえで，次のように記述している．

「動物でも人でも，周囲の環境に僅かでも変化があると，対応した受容器を直

ちにこの変化に向けて動かす．この反射の生物学的意義は極めて大きい．動物にこの反射がないと，その生命はいわば常えず危険に脅かされるであろう．人間においてこの反射は，はるかに重要であり，最も高度な場合には研究心として現れ，科学の基礎となる知識を創造する心にまで至る．それによって，われわれは外界に対する最高度で無限の認識を得ることができる．定位はその力を約束するものである」．（林訳，1937 [17], 川村訳，1975 [18] より一部改変）

その後，定位反射の概念は，パブロフ生誕 100 周年に開催されたパブロフ会議での再評価を経て，「基礎的反射相」と「探求的行動相」の二つに分けて扱われるようになった．前者は新たな刺激に対する分析器による調節反応であり，後者は対象の詳細な認知に向けた複雑な連鎖反応から成る探索行動である（松野，1981 [19]; 片桐，1990 [16]; 鎌田，1990 [20]）．これら 2 相の推移については，新生児の眼球運動が視覚防御反応から定位・探索反応に変化すること（鎌田，1982 [21]; 1983 [22]），重症心身障害児による外界への行動が対象への視線・手伸ばし反射から視線と手による随意的探索活動に発展することが示されている（川住，1990 [23]; 細渕，1990 [24]）．

ところで，開眼者の定位について実験的に検討した事例報告は，アックロイド (Ackroyd *et al.*, (1974) [13]) とカールソン&ヒヴェリーネン (Carlson & Hyvärinen, (1983) [25]) しか見当たらない．アックロイドらはテーブルの上に白色の正方形が置いてあるか否かを弁別する課題とテーブルの上 6 ヶ所に 15 cm 間隔のランダムな位置に置かれた立方体を見つける課題を行っている．カールソンらが手術後 9 ヶ月目に出合った女性は未熟児網膜症と白内障により失明し，23 歳のときに虹彩切除と白内障の手術を初めて右眼に受けた．5 歳当時の保有視覚は光覚程度，6 歳でのそれは指数弁であったという．手術後を受けても実験を始めるまでの 9 ヶ月間の行動は，「殆ど盲の状態のままであった」と報告されている．実施された課題は 1）迷路を辿る, 2）2 個の小円を線で繋ぐ，3）輪郭線図形の内部を塗りつぶす，4）白色板 (50 cm×50 cm) の上にランダムに置かれた小片をつまむ，5）種々の形の窓から同じ形のブロックを箱に入れる，などであったが，いずれの成績も 1 年半を経て徐々に向上したという．

以上の結果をも踏まえて，筆者たちは開眼者の視覚による定位機能を，KT による形態識別と MO による鏡映像の認知課題を通じて検討することにした．

S.7.2 開眼手術後の形態識別と定位—開眼者 KT の場合—

眼疾患・手術・保有視覚

KT は両眼の先天性白内障を患い，右眼は 2，3 歳ごろ水晶体摘出手術を受けたが失敗に終わり，以後視力はゼロとなった．左眼には術前から明暗弁別以上の視覚が保たれていたが，15 歳と 22 歳のときに水晶体摘出手術と光彩切除術を受けた．以後は無水晶体症（詳細は不明）の状態で過ごしている（表 S.4）.

表 S.4 手術前の眼疾患と保有視覚 (KT)

失明時期/眼疾患	手術前の保有視覚	手術時期	手術の種類
左右眼：先天性白内障	右眼：不明	右眼：2，3 歳頃	水晶体摘出 (以後，失明)
	左眼：明暗弁別以上	左眼：15 歳，22 歳	水晶体摘出 (以後，無水晶体症)

実験開始時の保有視覚

共同実験が開始された当時，KT は 25 歳で，左眼の手術後 10 年を経ていたが，保有視覚は下記のような状況にあった（表 S.5).

(a) 視力・視野の変化

視覚健常児の視力発達は 6 歳でほぼ完成するのに対して，視野の変化はかなり緩やかで，12 歳に至るまで発達は持続する（大庭・廖，1973 [26]）; Liao, 1973 [27]; 大庭，1975 [28]）．KT の場合も実験開始当時の視力は 0.01 (n.c.) で，その後も変化しなかったが，視野は術後 19 年目に下方と外側で若干の拡がりを示し，12 歳の晴眼児に近い状況に至った（鳥居・望月，1992 [15], 1997 [29]).

(b) 眼球運動の問題点

視覚健常児の場合，追随眼球運動に必要な動眼システム自体は新生児の段階でも備わっているが，眼の動きは外的な刺激変化とは無関係な一定の速度に調整されている．この発達初期に準備されている速度・距離固定的な眼球運動は，神経系の成熟および種々の視覚経験を経て，反応の調整可能性を高め，体制化される（山上，1993 [30], Osaka *et al.*, 1978 [31]).

一方，生後早期に何らかの原因で適切な視覚刺激を受容できなかった場合には，眼球運動の意図的制御が未完成のままに留まる可能性がある．例えば，生直後から 16 ヶ月間暗室飼育した 2 匹のチンパンジーは静止した光源を固視できず，移動する

表 **S.5**　実験開始時の視力・視野・眼球運動など (KT)

視力	視野（左眼）		眼球運動（不規則な動揺・眼振）	初回の実験結果（色紙・台紙を手に保持，眼前で観察）
左眼：0.01 (n.c)	術後 10 年	上 (55°), 外 (65°) 下 (45°), 内 (45°)	視察はされなかったが， EOG では認められた	色彩識別：(+) 帯状図形の延長方向識別：(+)
	術後 19 年	上 (50°), 外 (83°) 下 (60°), 内 (55°)		2 次元図形の識別：円，三角，正方形 (+) 3 次元立体の識別：立方体, 四角柱, 円柱 (+)

光源を追視することも困難であり，その眼には不随意的な往復運動である眼球振盪 (nystagmus) が観察された (Reisen, 1947 [32]).

先天盲や早期失明者においても眼球運動の随意的な統御は難しく，眼球振盪 (nystagmus) と思われる動きを伴うことが少なくない．その克服は開眼手術後に直面する課題の一つであると指摘されている (Senden, 1932 [7])．例えば，ラッタ (Latta, (1904) [9]) の症例である先天性白内障の青年（30 歳）は，手術後も外眼筋が意図通りに動かず，指示された方向を見ることが当初は困難であった．Senden 以降の報告で眼球の動きについて記載のある 9 症例 (Gregory & Wallace, 1963 [33]; Valvo, 1971 [34]; Ackroyd *et al.*, 1974 [13]; Moran & Gordon, 1982 [35]) を見ても，手術直後に nystagmus が認められなかったのはグレゴリーとウォーレスの開眼者 SD のみで，Nystagmus が次第に消失したのは残り 8 症例のうち 2 症例である．

筆者らが協力を得ることのできた開眼者 10 名と手術を受けていない先天盲 1 名（小眼球症で光覚を保有する）の計 11 名のうち，nystagmus が観察されなかったのは 3 名である（鳥居・望月，1984 [36]; 鳥居，1993 [37]）．開眼者 YS は「手術後，医師に上を見てごらんと言われてもうまくできなかった．…自分では上を見ようとしていたのだが…」と手術直後の状況を回顧している．図 S.15 は，開眼者 KT と晴眼者 ST が静止視標 1 点を固視したときと，左右の振り子様運動視標（振幅 21 cm，視角約 20°，周波数 20 Hz）を追視したときの眼球運動を EOG で捉えて，電気信号として 60 秒間記録したものである．視標（赤色発光ダイオード）を見ているとき

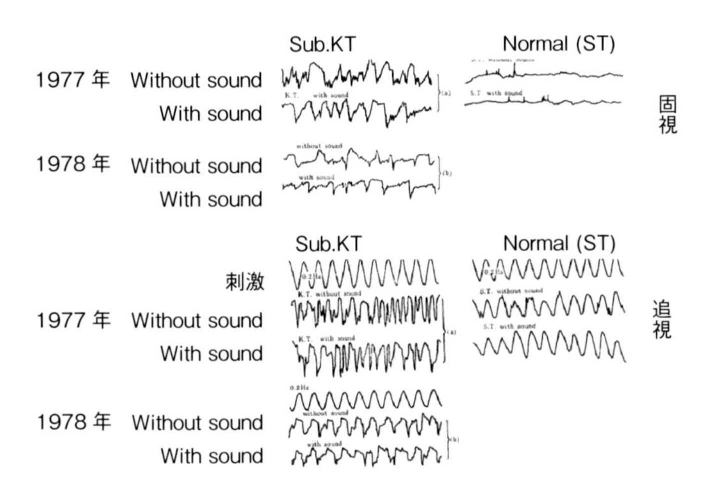

図 S.15 開眼者 KT と晴眼者 ST の眼球運動：固視・追視（鳥居・望月，1984 [36]）

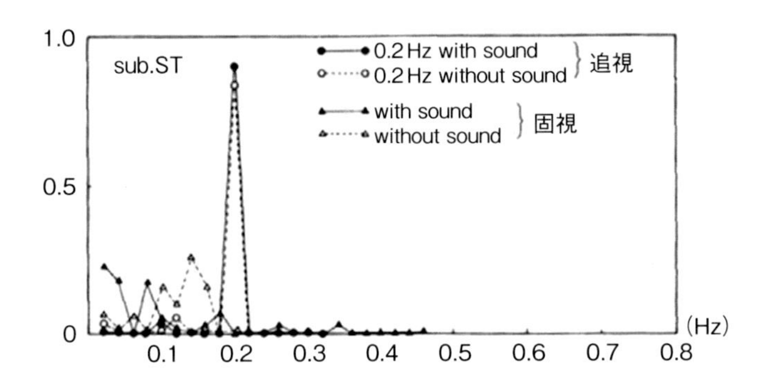

図 S.16 スペクトル解析結果：晴眼者 ST（和気他，1979 [38]; 武市他，1977 [39]）

の眼球運動は，1000 Hz の正弦波を標準信号として変調されて，眼の動きは音のパターンとしてスピーカから流れる．これを with sound 条件とし，確実に視標を捉えていれば周期的な音として聞こえるが，それ以外の眼球運動が現れると音の乱れとしてフィードバックされる．一方，音のフィードバックが伴わない場合を without sound 条件とした．

スペクトル解析の結果（図 S.16，図 S.17）も参照すると，ST が without sound 条件で示した固視時の眼球運動は 0.14 Hz 付近にピ–クをもつ緩やかな波形を示しているが，with sound 条件では 0.10 Hz 以下の周波数の動きに抑えられている．それに対して KT の固視時には，1 年後に若干の低減は認められるものの，0.1 Hz と

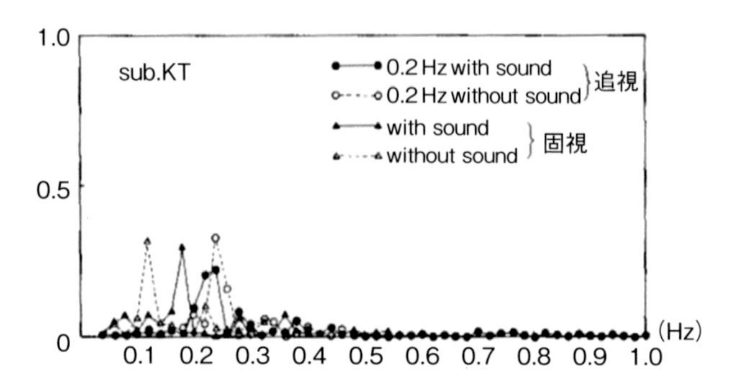

図 **S.17**　スペクトル解析結果：開眼者 KT（和気他，1979 [38]; 武市他，1977 [39]）

0.2 Hz 付近にピークをもつなど不規則でかつ大きな動揺が認められる．

一方，0.2 Hz で振動する視標を追視する ST の波形は，音によるフィードバックの有無に拘わらず 0.2 Hz に主成分をもつが，KT では with sound 条件でのピ–クは 0.2 Hz と 0.22 Hz に集中しているものの，without sound 条件では 0.22 Hz 以外の成分も混在する（鳥居・望月，1984 [36]; 和気他，1979 [38]）．

S.7.3　平面図形の形態知覚と定位—開眼者 KT の場合—

台紙の提示条件：保持と非保持

開眼者が色を識別する際，通常，色紙は手で保持されており，定位・観察すべき色紙内の場所は限定されていない．一方，形態識別においても台紙は本人が直接手で保持しているが，台紙内のどこを見てもよいわけではなく，中央に貼られた図領域を確定し，さらにその形態特性を定位・探索しなくてはならない．従って，先に述べた基礎的反射相と共に，複雑な探索行動相までの定位活動が関与してくる．

KT は台紙を手にとり眼前 10〜15 cm まで近づけて，1 試行に 5 秒ほどかけて観察する条件の下では，図形 4 種（正方形・円・三角・菱形：50 cm^2）の識別が当初から可能であり，実験開始後 3 ヶ月の時点では，面積を 30 cm^2 まで小さくしてもほぼ識別できた（望月，1989 [40]）．しかし，日常の生活環境では見るべき対象が至近距離にあるとは限らず，また手に取ってその位置や形態の確認ができるとも限らない．

このことを踏まえて導入されたのが図形までの距離を遠ざけて行う形態識別課題である．台紙を本人が保持した状態（以下，保持条件）では，35 cm まで遠くからでも図形 4 種（面積 12.6 cm^2）の識別がほぼ可能であった（図 S.19-(1)）ので，次に検討されたのは台紙を保持する効果である．図形 4 種 (30 cm^2) の識別結果を保持条

図 **S.18** 保持条件（左）と非保持条件（右）での観察

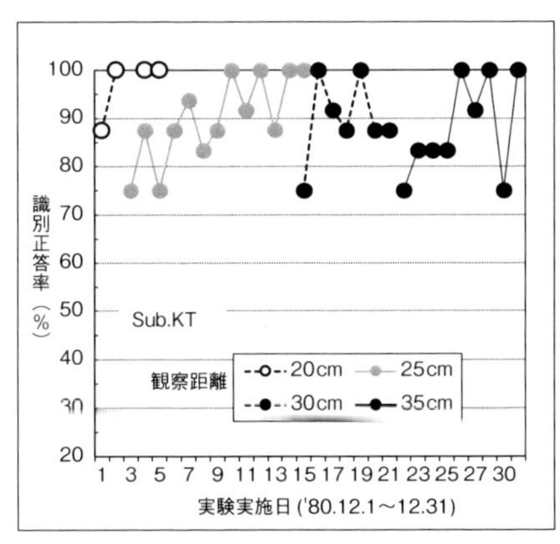

図 **S.19-(1)** 図形の識別：保持条件

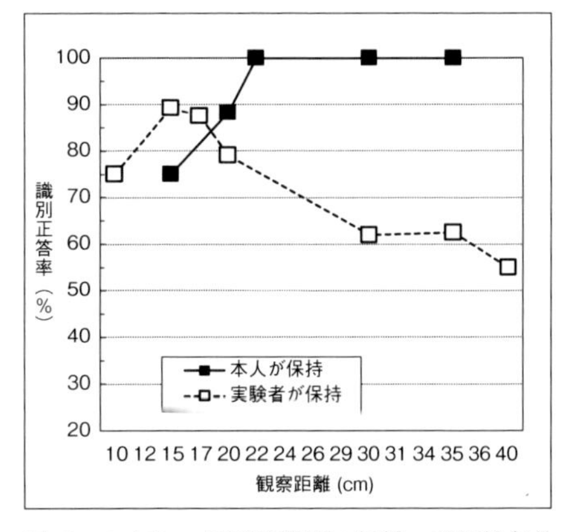

図 **S.19-(2)** 図形の識別：保持・非保持条件

（望月，1989 [40] を一部改変）

件と台紙を手にしない非保持条件（図 S.18 参照）で比較すると，観察距離が 22 cm 以遠では保持条件の方が有利になることが確認された（図 S.19-(2) 参照）.

次に問題としたのは保持する利点である．KT から自発的に寄せられた報告（表 S.6）を見ると，保持条件では図形自体の所在が明確になり，図形が体の一部になって図形が逃げない，手と眼が繋がるなどの印象が記されている．一方，図形までの距離は同じでも非保持条件のもとでは，図形の角が不明確になると語られている．よって，眼球運動がまだ円滑でない開眼者では，定位すべき図領域を確定し，形態の特徴部分を定位・走査する際の基本座標が台紙の保持によって明確になる可能性が推定された.

位置の異なる図形の定位・識別：保持条件での検討

では，図領域の定位は形態識別精度にどの程度関与しているのだろうか．輪郭線図形 5 種（円，三角，正方形，菱形，長方形．25 cm^2）を前方距離 30～38 cm に提

表 S.6　台紙を自分で保持することの効果（KT の報告）望月 (1989) [40] を一部改変

観察距離	台紙を手で保持することの効果
25 cm	「台紙を手にとると，所在がはっきりするので安心，図形が身体の一部になる」
30 cm	「以前は，台紙を手に持たないで形を見ることなど考えられなかった」
40 cm	「手に台紙を持つと図形が逃げず，所在がはっきりする．手と眼がつながる」 「手にもたないと，図形の角がはっきりしなくなる」

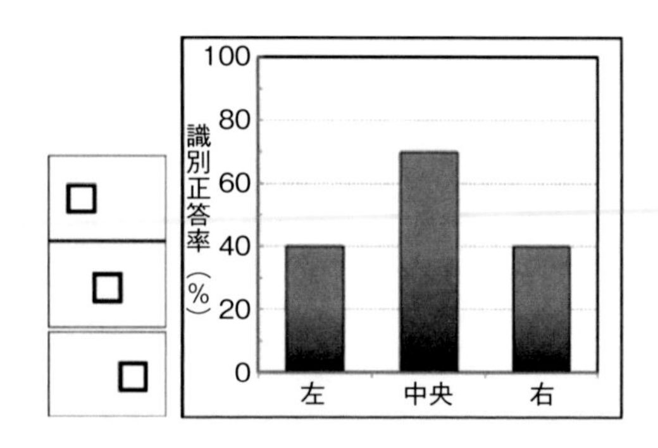

図 S.20　位置の異なる図形（例：四角形の場合）と識別精度（望月・鳥居未発表資料）

示し，台紙内の位置は台紙の中央，中央の右，あるいは左に 5° 偏位させた 3 条件とした．形態の観察は台紙保持条件で行われたが，提示位置が通常のように中央に固定されていないためであろうか，図形が中央にある場合でも正答率は 70%に留まり，図形が中央から左右に偏位すると，正答率は 40%に低下した（図 S.20）．これは，図形の位置を台紙内で定位する基礎過程も形態識別を支えていることを示唆する結果と言える．

図形の辺と角の定位：非保持条件での検討

「台紙を手に保持しないと図形の角がはっきりしなくなる」という KT の報告（表 S.6 参照）を踏まえて次に吟味したのは，形態識別の手がかりとしての辺および角の重要性である．この課題は通常の輪郭線図形（原型図形）4 種に加えて，図形の辺と角の一部を除いた欠損図形 2 種も用いて検討された．辺欠損図形では辺の長さの 1/2 を除き，角欠損図形では辺の 1/2 を残して角が欠けている（図 S.21）．非保持条件下であっても原型図形での成績が最も良いことは当然として，識別精度の低下は角の欠損よりも辺の欠損図形に対して顕著に現れた（図 S.22）．

一方，形態識別の手がかりが観察距離によっても異なる可能性は，KT が自発的に

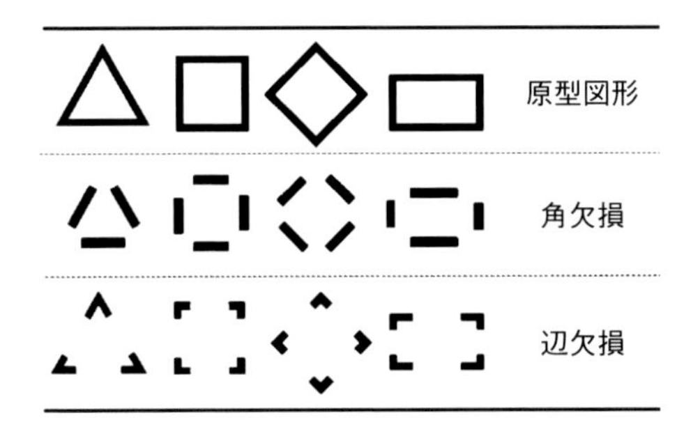

図 S.21 表現形式の異なる図形 3 種

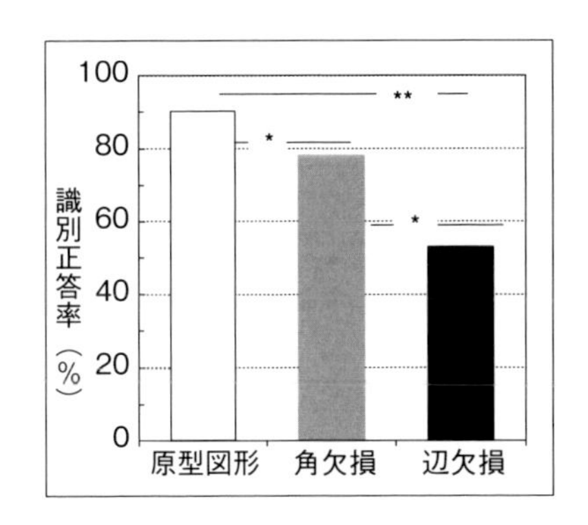

図 S.22 欠損図形の識別正答率（観察距離 30 cm）（望月・鳥居未発表資料）

寄せてくれた報告からも読み取ることができる（表 S.7）．形態全体が明確に知覚されるのはごく近距離に限られており，それより遠方では部分的な特徴が探索される．その場合，まず見え難くなるのは角であるため，角以外つまり辺を見ている (25 cm)．しかし，辺を端から端までを辿ることは難しい (35 cm) ので，角を除く辺の一部とその傾きを観察していることが推定される．さらに図形が遠ざかると，形態識別の手がかりは形の特性ではなく，図領域の大きさになってくる．

概要と考察

(1) 対象が遠距離にある場合，あるいはその位置が不明確な場面では，形態を識別する際に，対象と身体の連続性を確保しようとする行動が現れた．

厳しい視覚条件のもとにある KT は，対象を身体から離れた空間に位置づけるのではなく，対象との身体接触を介して課題が解決されている．この状況では，視覚の特性である対象の外在性が部分的に喪失されており，触覚に依拠した世界に半歩

表 S.7　観察距離の拡大に伴う特徴検出の変化（望月，1989 [40] を一部改変）

観察距離	〈形の全体性〉	〈角〉	〈輪郭〉
15 cm	「一瞬で全体が見える」		
25		「角は見つけづらいので，角以外の所を探します」	
30	「全体を見ようとするが，一度には眼に入りにくい」		
35	「全体を見るのは難しいので部分を見る」	「角は探しても，見ずらい」	「台紙を持たないと輪郭は辿れないので，輪郭（辺）の端から端までは辿りません」
40		「台紙を持たないと，角は見えません」	
80	「これ以上遠くなると，形よりも大きさで見当をつけることになる」		

逆戻りした視覚であるとの解釈もできよう．

この対象と身体の連続性については，コンディヤック (Condillac (1754) [41]) が『感覚論』で示した見解に通じるものがあるので参照してみたい．彼の理論展開は，全く感覚はないが人間と同じ条件にある立像（彫像）を仮定して，その立像に感覚を一種類ずつ乃至は複数与え，その都度，立像の内面世界に生じる変化を想定する，というユニークなものである．以下は関係する箇所の一部を要約したものである．

では，光と色を自分自身の内に生じる印象の変様として見ることしかできなかった純粋視覚は，如何にして，自己の外側にある世界・対象を捉えるようになるのか．彼の主張はこうである．

立像に外界の存在を教えるという難題を成すことのできるのは身体の運動を伴う「触覚」のみであり，立像が「自分」を内部感覚の変様として捉える段階から，「私の」身体世界を「空間」の祖型として発見する段階へ移行するのは，立像が自分の身体を発見して，身体の外には自分以外の物があることを覚えることから始まる．そして，四肢の運動によってそれは実現される（上巻，第 2

部，第 4 章，5 章).

(2) 台紙を保持することにより,「図形の所在がはっきりする」だけでなく,「図形と体が繋がる」,「図形が体の一部になる」と KT は繰り返し報告している（表 S.6). それは，直接触れてはいない図形が体と連続しているような感覚なのであろうか. 保持している台紙が手の延長物のようになって，あたかも図形の視覚探索を手（の触覚）と共に行っている感覚に近いのかとも想定される.

この件については, Iriki et al. (1996) [42], 入來 (2000) [43], 石橋・入來 (2004) [44], マラヴィータ& 入來 (Maravita & Iriki, (2004) [45]) を参照してみたい. 彼らは，右手に持った熊手のような道具を用いてエサを器用に引き寄せることをサルに訓練した後，頭頂間溝にあって視覚刺激と触覚刺激の両方に反応する 2 重感覚ニューロン（右手を直接触れたときと，右手の上にレーザーポインタで視覚刺激を与えたときの両方に反応する）の脳活動を計測した. その結果，最初はレーザーポインタが熊手の上だけを横断してもそのニューロンは反応しなかったが，熊手を器用に使用できるまで訓練された段階では反応することが確認された. つまり，右手としての反応領域が，ニューロンの活動レベルにおいては，熊手にまで拡大したことになる.

上記の結果と KT の行動を関係づけた考察が許されるならば，KT が端を保持する台紙は手の延長物のような機能を果たし，手は形態に直接接していないものの，体性感覚と視覚情報が連続（統合）することによって，形態の視覚探索に必要な空間位置情報と眼球運動の統御・連携が容易になったという可能性も想像してみたくなるのである.

(3) 開眼者の場合，対象までの距離は空間処理の方式に関わる重要な条件であった. 身体とその周辺空間 (peripersonal space) と，それよりも体から遠く離れた身体外空間 (extrapersonal space) では，情報処理の脳内システムが異なることを示す報告 (Cowey *et al.*, 1994 [46]; 1999 [47]; Guariglia & Antonucci, 1992 [48]; Halligan & Marshall, 1991 [49]) もある. それらを参照しつつ，この問題については，さらに検討していきたい.

S.7.4 開眼手術後における鏡映像の定位と認知—開眼者 MO の場合—

先天盲もしくは早期失明の状態で生育した人たちは，視覚以外の感覚系を介して自己概念を獲得すると考えられている. では開眼者は自己鏡映像にどのような反応を示すのだろうか. ここでは，自己概念との関係ではなく，2 次元画像の 1 種である鏡映像の理解という視点から，鏡映像を見たときに何を定位するか，映像であることの理解，被写体の識別，被写体と鏡の空間位置の理解について検討がなされた．なお，開眼者および視覚健常な乳幼児，そして動物による鏡映像認知の概要については，望月 (1996) [50], 望月・鳥居 (2000) [3] を参照されたい．

開眼手術後の鏡映像認知：過去の症例

ひとの鏡映像を見たと思われる開眼事例はゼンデン (Senden, (1932) [7]) に 7 例記載されているが，写真や肖像画を見せた際に自己の鏡映像についても試みられたものであり，詳細な記述はない．

等身大で自分の動きに連動する鏡映像に対する開眼者の関心は，絵に対する場合よりもやや強いようであるが，彼らが示した反応は映像を相棒とみなして話かける，捕まえようとする，鏡の背後に対象を探すなど，自己像と認めたとは言い難いものであった．たとえば，Hirschberg の少年（7 歳）は，医師が彼の体を動かすと鏡映像も連動すること，白く見えるものは眼帯であるとことに気づいたときに，周りから「顔ですよ」と告げられたので，見ているものが自分であるとの印象を初めて得たが，それは顔の視覚イメージに基づく理解であるとは言い難いとゼンデンは推断している．

開眼者 MO の眼疾患・手術歴・視覚状況

(a) 眼疾患・手術歴

開眼者 MO は先天性角膜被覆症のため，右眼は光覚，左眼は光覚も危ぶまれるという状態で過ごしていたが，4 歳 9 ヶ月のとき左眼に 1 回目の角膜表層移植を受けた後は光が入りやすくなり，明るいものに注目するようになった．その後も角膜移植または水晶体摘出手術を左右眼にそれぞれ 3 度受けている．左眼に 2 度目の手術を受けた後は「色」に対する関心が現われ，夜間には交通信号が分かるようになったが,「形」は触覚を通じて丸と三角が分かることもあった (母親談)．従って，MO の保有視覚は初回の手術前は第 1 群，2 回目の手術後には第 2 群に近い状況にあったといえる．表 S.8 は各手術時の年齢などを示している（望月，1996 [50]; 鳥居・望月，2000 [3]）．

(b) 鏡映像の実験開始時期とその前後の視覚状況

筆者らとの協同実験は MO が左眼に 3 回目の手術を受けた 20 日後（10 歳 8 ヶ月）から開始された．手術前，角膜の厚さは肥大 (4〜5 mm) していたが，眼球の内

表 S.8 MO の眼疾患と手術歴などの状況

年齢		実験開始時：10 歳 8 か月（'79.1.21 生まれ） 鏡映像の実験開始時：14 歳 2 か月
眼疾患		先天性角膜被覆症
手術	左眼	1 回目　角膜移植（4 歳 9 か月：'83.10） 2 回目　移植角膜への小手術（9 歳 8 か月：'88.9） 3 回目　全層角膜移植（10 歳 8 か月：'89.9.20） 4 回目　水晶体摘出（12 歳 0 か月：'91.2.19）
	右眼	1 回目　角膜移植，水晶体摘出（11 歳 6 か月：'90.7.30） 2 回目　移植角膜（12 歳 11 か月：'92.1） 3 回目　角膜移植（14 歳 2 か月：'93.3）
保有視覚		1 回目の手術前：右眼（光覚），左眼（光覚なし？）．手かざしをしていた 1 回目の左眼手術後：光が入りやすくなり，明るいものを見ようとするようになった． 2 回目の左眼手術後：夜の交通信号は分かった．絵具を混ぜて「色づくり」をした． 触覚で円と三角の形を弁別した． 川，山，小などを漢字で書くことを教えられた． 触覚と音と匂いで事物の識別を行った．

部組織に異常増殖などは認められず，眼底と VEP はともに正常と見なし得る状態にあった．眼軸の長さが 28〜30 mm あり，強度の近視状態にあると眼科的検査は記している．

3 回目の手術後は，角膜の移植状況が良好で VEP は正常，眼振も認められなかった．視力は −16D の強度近視用の眼鏡を装着して，5 cm まで近づいたときに方向の識別ができるランドルト環は最小視標 0.1 用のものであった．だが，1 年 6 ヶ月後には 1.2 用の視標でも可能となり，仮にその値を視力値に換算すると, 0.012 である．眼位は内寄せが強く，視野は狭くて左右方向各 20 度であった（表 S.9）．

(c) 色と形態の識別と定位：実験開始時（左眼に 3 回目の手術を受けた 20 日後）

最初の実験 ('89. 10. 10) の際，色紙（A4 版）は手に持ち，平面図形はそれが中央に貼られた台紙を手で保持して観察する条件のもとであれば，MO は色彩および形態の識別が可能であった．しかし，対象の位置・方位・距離など，空間知覚に関する課題では困難を極めた（望月，1992 [51], 1993 [52]; 望月・鳥居，1991 [53],

表 S.9　3 度目の手術前後の眼科検査結果

3 度目の手術前	3 度目の手術後
角膜：厚さが 4〜5 mm に肥大	角膜：移植状況良好
眼軸：28〜30 mm．強度の近視状態	視力：−16D の眼鏡使用
眼球内部：組織に異常なし	眼振：(−)
眼底：正常	眼位：内寄せが強い
VEP：良好	視野：両眼で左右各 20°

表 S.10　手術後最初の実験結果：MO

視力	眼振	識別・定位
両眼で 0.012 (−16D)	(+)	色の識別：白・赤・黄は (+)
		2 次元図形の識別：円・正方形・三角は (+)
		眼前に立つ人の定位：(−)

1992 [54]; 鳥居・望月，2000 [3])．例えば，声を手がかりにしない限り，6〜8 畳の室内に居る成人に対して適切な距離まで近づいてものを手渡すことが難しく，机 (90×90 cm) の上に横 1 列に置かれた立方体 3 個を 30 cm ほど手前からつかむことにも苦心していた．表 S.10 はこの日の実験結果をまとめたものである．

鏡映像の知覚課題は上記の状況を重視して行われたが，空間定位に関する簡単な課題（鳥居・望月，1992 [15]）を種々試みた後に開始した（Mochizuki, & Torii, 1992 [55]; 鳥居・望月，2000 [3]）．

鏡映像の認知：像の定位・探索空間・識別

鏡の前に立って行った初回の実験で MO は自分の鏡映像を見ても，それを観察すべき対象としては定位しなかった．実験者が「何が見えますか」と問いかけたが，鏡の表面を触り続けながら「見えない，分からない」と言うばかりで，視覚的な興味を全く示さなかった．関心を促す目的で「誰でしょう？」と聞くと，MO は鏡を触りながら「鏡さん」と答えつつ鏡の裏側に手を伸ばして対象を探す行動を始めた．

2 回目の実験では，鏡の表面を触りながら眺める行動と共に，鏡の裏側を覗き込む，あるいは鏡の裏側に手を伸ばして対象を探す行動を積極的に行った．7 ヶ月後に実施した 3 回目の実験でも鏡映像には全く関心を示さないので，「何か映っていますか?」と踏み込んだ質問をすると，MO は鏡の表面を触りながら顔を近づけて像を見るのだが，「分かりにくい」と繰り返すばかりであった．そこで，実験者が MO の腕をとって動かして「動いているでしょ?」と，身体と映像の同期的連動性に注意を喚起したが，答は依然として「分からない」というものであった．

同様の状況は 4 回目の実験でも継続していたが，しばらくすると MO は鏡面上に見える自己像の「顔のあたり」を指で指して，その位置に自分の顔を一層近づけた．次に，自分の耳を触りながらその位置を鏡の上で認めるしぐさも始めた．このとき何らかのヒントを得たのであろうか，MO は鏡映像の顔を指して「これ，顔? ?...」と初めて問いかけてきた．さらに，映像の顔あたりを指で突きながら「誰でしょう?」,「見ている」,「誰でしょう?」,「笑っている」,「誰でしょう?」,「誰でしょう?」,「誰でしょう?」と自問しながら，自己の鏡映像を 3 分以上に亘って熱心に観察して，最後に「ガラスだから映るの? 怖い！」と，恐怖を交えつつも「映る」という映像機能に初めて言及したのである．

自己鏡映像では観察する主体と映像が同一対象である．この 2 重性が MO の困惑を増幅している可能性を考慮して，後半の実験では他者の鏡映像観察に切り替えた．自分の横に並ぶ実験者の鏡映像を指して「ここに居るのは誰？」という MO の問いかけに，思わず「誰でしょう」と実験者が返した声を聞くや否や，隣に居る実験者の背丈，頭髪の位置，服の色と映像とをしきりに見比べて，実験者の名前を言い当てた．これ以降も，実験者達の鏡映像識別には成功している．

引き続き行った色紙を鏡に向けて立つという課題で期待されたのは，その色を自己像の視標にすることであった．MO は「誰でしょう？」と自問しながらも,「真似をしている」,「鏡は真似をするの?」と問いかけきたので，自分の手の動きと色紙の連動性には気づいたものと思われる．実験者が答えを控えていると，鏡面を指先で叩きながら「誰でしょう」と自問を続け，最後に「透き通ったガラスならば，誰かが真似をしている…」とつぶやいた．このことから，MO にとって理解が容易なのは，鏡による反射像ではなく，透過性のある媒体の背後に居る人が自分の真似をする情景，ということが窺われた．

5 回目の実験でも MO は鏡映像の位置を指で叩きながら,「誰ですか?」と尋ねつつ熱心に観察して，時折鏡の裏側に手を廻しながら実物を探すしぐさを繰り返した．しかし，鏡の表面および裏側に実体が存在しないことを承知している MO は「さっぱり分からない」,「一度ガラスでやってみたい」と提案してきた．そこで，ガラス窓の外に腕を伸ばし，自ら動かす色紙の色と動きを手前から観察してもらうと，MO は予想通りの情景であることを確認・納得した．一方，引き続き対面する鏡の手前では，手を動かす自分の動作と像の連動性を認めると,「恐い」,「恐ろしい」と繰り返し,「誰が動いているの?…」と問い続けた後に,「私だった！」という答に辿りつくという，状況が持続した．

鏡映像の対象を探索する空間が鏡の裏側から鏡の手前側に移り，そこで像と対象を照合する行動が明確に現れたのは，その 4 ヶ月後，6 回目の実験（鏡映像の実験開始後 1 年 10 ヶ月）であった．色の異なるボールが 2 個置かれた机に向かって座り，机に立てた鏡を見ていた MO に，「何か映っていますか」と尋ねると，自分の顔映像を指して初めて「顔」と答えた．続いて，実物のボールと鏡映像の位置関係および数の対応を熱心に確認していた MO は，自分の背後にある窓際のカーテンと庭の樹木が映っていることに偶然気づいた．すると，素早く後ろを振り向き，映像と実物の照合を始めたのである．映像と対象の存在と空間関係を了解する糸口がこのとき得られた可能性がある．後ろを振り向き，実物と映像を見比べる行動は，晴眼の幼児 (Wallon, 1949 [56]) および鏡やステンレスの壁に映る映像を見たチンパンジーにおいても観察されている（望月，未発表資料；吉原，1983 [57]）．

7 回目の実験でも，自己の鏡像には「誰だ？赤のひと」と自問する過程を経てから，ようやく「これは私だった」との結論に落ち着くという状況は持続した．「顔はわかりにくい」，「眼鏡もわかりにくい」，「はっきりしているのは洋服の色だけ」と加えていることからも，自己像の決め手は顔の視覚像だけではないことが窺われた．図 S.23，S.24，S.25 は自己鏡映像に対する MO の行動例であり，表 S.11 は，MO が鏡映像に対して示した定位・探索空間および個人識別の発生時期と持続期間を示

鏡面をしきりに見る

鏡の表面をトントンと叩く

鏡の裏側に手を
伸ばして，

鏡の裏側を覗き，

自分の手を組んで
鏡映像と見比べる．

図 S.23 白い縁の鏡に対する MO の諸反応（4 回目の実験）

「顔」

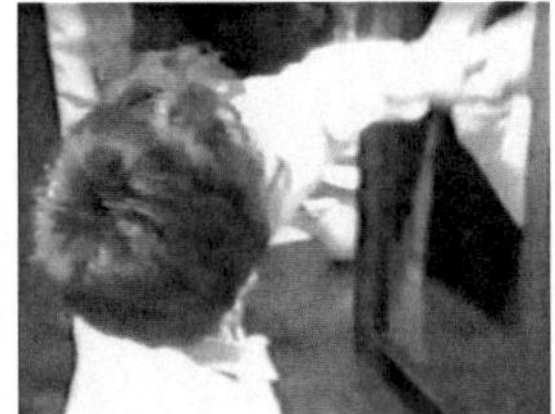
「外が映っている！」

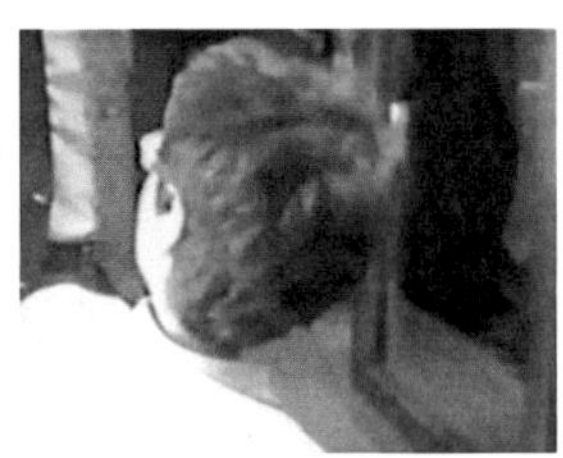
後ろを振り向いて実物を確認

図 **S.24**　自分の「顔」と後ろにある窓際の「カーテンと外の樹木」が映っていることに気づく（6 回目の実験）

図 **S.25**　色の異なるボールとその鏡映像を見比べて，MO は「四つ．でも本当のボールは二つ」（7 回目の実験）

表 **S.11**　鏡映像の定位・探索空間・鏡映像（人）の識別

<table>
<tr><th colspan="2">実験実施日</th><th>1('89.12.28)</th><th>2('90.1.21)</th><th>3('90.8.31)</th><th>4('91.3.12)</th><th>5('91.6.20)</th><th>6('91.10.15)</th><th>7('92.1.30)</th></tr>
<tr><td colspan="2">鏡映像の定位</td><td>不成立</td><td>不成立</td><td>不成立</td><td>成立</td><td>成立</td><td>成立</td><td>成立</td></tr>
<tr><td rowspan="4">探索空間</td><td>鏡の裏側</td><td colspan="4">————————→</td><td></td><td></td><td></td></tr>
<tr><td>鏡の表面</td><td colspan="5">————————→</td><td></td><td></td></tr>
<tr><td>鏡の手前にある空間</td><td></td><td></td><td></td><td>------------</td><td colspan="3">————————→</td></tr>
<tr><td>鏡の手前・自分の背後にある空間</td><td></td><td></td><td></td><td></td><td></td><td colspan="2">————————→</td></tr>
<tr><td rowspan="2">鏡映像の識別</td><td>自分</td><td></td><td>不成立</td><td>不成立</td><td>成立の兆し</td><td>成立</td><td>成立</td><td>成立</td></tr>
<tr><td>他者(1〜2 人)</td><td></td><td></td><td></td><td>成立の兆し</td><td>成立</td><td>成立</td><td>ほぼ成立</td></tr>
</table>

———— 出現　　------------ 不完全ながらほぼ出現

している.

人の鏡映像：認知内容とその変化

人の鏡映像に対するMOの認識内容とその変化を，報告内容に即して整理すると，「I 鏡自体を認知対象として」，「II 自己の鏡映像を人として」，「III 鏡映像を人の像として」という3種類に分類可能であり，認識内容ごとの出現時期・期間は，およそI，II，IIIの順に推移している（表S.12）．自己像の観察はI期およびII期から継続していたことを踏まえると，自己鏡映像の識別には他者像に対するよりも長期間を要しており，困難度が高いことが窺われる.

手に持った事物（色紙）の鏡映像：認知内容とその変化

4回目と5回目の実験では，色紙を持って鏡の前に立っているMOが，その色を手がかりにして，映像と実物の等価性に気づくことが期待された．図S.26は反応の内容別出現時間の比率を示しており，長時間に及んだ5回目の実験結果は3期に分けて集計された.

最初は，自分が動かしている色紙の鏡映像に対して「人がいる」(A)，色紙の動き

表 S.12 鏡映像に対するMOの認知内容の種類とその出現推移

実験（実施日）	1('89.12.28)	2('90.1.21)	3('90.8.31)	4('91.3.12)	5('91.6.20)	6('91.10.15)	7('92.1.30)
I 鏡を「物」と認知							
・「何だかわからない」	→	→	→	→			
・「鏡さん」	→						
・「鏡」				→			
・「鏡はまねをするの？」				→			
II 鏡映像を「人」と認知							
・「向こうの人も手を振っている」	→						
・「見ている」				→	→		
・「誰かが映っているこわい」				→			
・「あなたは誰ですか？」				→	→		
・「誰でしょう」と自問する				→	→		
・「恐ろしい」					→		
・「誰かがいる」					→		
・「顔」						→	
III 鏡映像を「人の映像」と認知							
・「手を動かしているのは私だった」					→		
・「自分」					→	→	→
・「先生1」					→	→	→
・「先生2」					→	→	→
・「3人いる私が真中」					→	→	→
・「外が映っていて，私が外にいるみたい」						→	
・「私」（実物と同一視）							→

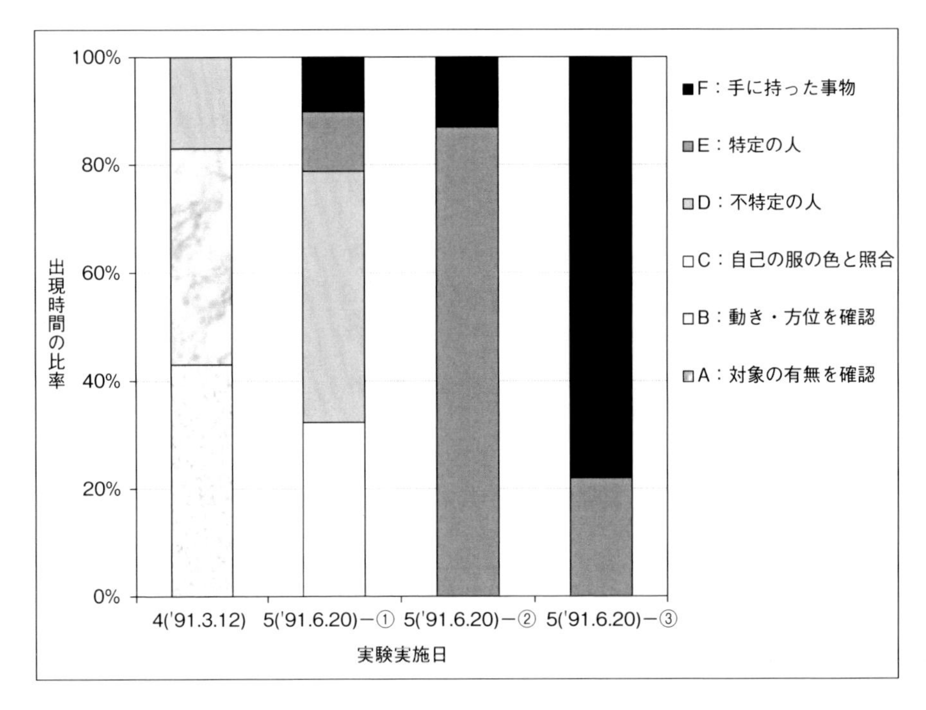

図 **S.26** 手に持った色紙の鏡映像—認知内容の変化

を見て「人が自分の動きを真似している」(B) と理解していた．5 回目の実験でも最初期 (①) は，像を「不特定の人として認知する」(D) 行動と，「自分の服と映像の色をしきりに見比べる」行動 (C) が混在していた．しかし，② 期には，「その場にいる特定の人」あるいは「その人の像」ではないかと想定して，名前を挙げる比率が高まった．更に ③ 期では，色紙の映像を「人」ではなく，自分が鏡に向けている「色紙の映像」であると理解する反応時間の比率が最も高くなっている（図 S.26）．

概要と考察

(1) 知覚対象としての実物と映像：鏡映像の知覚では通常の観察場面とは異なり，観察すべき対象が実物ではなく映像であり，かつ映像の対象が視線の前方ではなく鏡の手前側の空間に在る．これらの違いが MO の困惑を大きくした可能性がある．ガラス越しに対象物を見たいと MO が申し出ているのは，視線の前方に在る実物を映像としてではなく，直接透し見る状況の方が容易であり，鏡による反射像を見る場面との対比を確認したいという思いによるものであったと想定される．

(2) 自己の身体運動と映像の時間的整合性：視覚健常者の運動主体感は，運動してから感覚（視覚）フィートバックが与えられるまでの遅延時間に応じて低下し (Sato & Yasuda，2005 [58])，300～500 ms 程度の遅延があると運動主体感はほぼ半減するとされる (Tamura *et al.*, 2013 [59]) 一方，MO も自身の身体運動（その体性感覚）と映像の動きの類似性には気づいているが，映像の形態および動きの知覚には時間を要しており，詳しく鏡像を観察するときには体の動きが停止していることも少なくない．このような状況では，意図的な運動と視覚フィードバックの間に時間的不整合が生じ，両者の連動性・一体感は希薄になり，自分の動きを真似する第 3 者の像としての認識を増強した可能性も想定される．

(3) 自己の身体と映像の空間関係：自分の体に対して鏡映像は 180 度回転した位置にある．この「対象（映像）と身体の空間位置」と「映像を自身の体のように感じる現象」との対応関係は自己鏡映像の認知においても無視し難い点である．

エールソン (Ehrsson *et al.*, (2004) [60]) の実験では，触刺激を自分の手とラバーハンド（以下，RH）に同時に与え，かつ RH を自分の手と同じ向きに配置した条件でのみラバーハンド錯視は起こり，RH を 180 度回転させる（鏡映像の位置に置く）と刺激を同時に与えても，錯覚は生じなかった．一方，自分の身体を他者に誤帰属させてしまう身体パラフレニアの患者は，自分の手を直接見たときにはそれを「夫の手」と答えるが，目の前の鏡に映る自分の手に対しては「自分の手」と答えている (Fotopoulou *et al.*, 2011 [61])．

上記の現象を踏まえると，自分の体に対して 180 度回転した位置にあるという鏡映像の空間条件は，初期視覚条件下にある MO に個有の問題としてではなく，より一般性を帯びた対象認知の問題として捉えることができる．

（Part 2: 望月登志子）

参考文献

[1] Gibson, J. J. (1979). *The ecological approach to visual*, Houghton Mifflin Company, Boston.

[2] Held, R. & Hein, A. (1963). Movement-produced stimulation in the development of visually guided behavior. *Journal of comparative and physiological psychology*, **56**(5), 872–876.

[3] 鳥居修晃・望月登志子 (2000). 先天盲開眼者の視覚世界 東京大学出版会.

[4] Degenaar, M. (1996). *Molyneux's Problem:Three Centuries of Discussion on the Perception of Forms* (Translated by Collins, M. J.). Kluwer Academic Publishers, Dor-

drecht.

[5] Berkeley, G. (1709, 1733) G. バークリー下條信輔・植村恒一郎・一ノ瀬正樹（訳），鳥居修晃（解説）1990 視覚新論 (1708)—付：視覚論弁明 勁草書房.

[6] Chesselden, W. (1728). Observations made by a young gentleman, who was born blind, or lost his sight so early, that he had no remembrance of ever having seen and was couched between 13 and 14 years of age. *Philosophical Transactions*, XXXV, 235–237.

[7] Senden, M. von (1932). *Raum- und Gestaltauffassung bei operierten Blindgeborenen vor und nach der Operation.* Barth. (Trans. By P. Heath.1960 *Space and sight.* Methuen.)

[8] Wardrop, J. (1826). Case of a lady born blind, who received sight at an advanced age by the formation of an artificial pupil. *Philosophical Transactions*, **116**, 529–540.

[9] Latta, R. (1904). Notes on a case of successful operation for congenital cataract in an adult. *British Journal of Psychology*, **1**, 135–150.

[10] Diderot, D. (1749). Lettre sur les aveugles. 平岡昇（訳）(1976) 盲人に関する手紙（ディドロ著作集第一巻法政大学出版局所収）.

[11] 鳥居修晃 (1988). 視覚の発生と色彩語・竹内敬人（編）言語とコミュニケーション (pp. 25–50). 東京大学出版会.

[12] Berlin, B. & Kay, P. (1969). *Basic color terms: Their universality and evolution.* University of California Press.

[13] Ackroyd, C., Humphrey, N. K., & Warrington, E. K. (1974). Lasting effects of early blindness; A case study. *Quarterly Journal of Experimental Psychology*, **26**, 114–124.

[14] 梅津八三・鳥居修晃・上村保子 (1993). 早期失明者の開眼手術後における信号系活動 (3). 基礎心理学研究，**12**, 17–37.

[15] 鳥居修晃・望月登志子 (1992). 視知覚の形成 1—開眼手術後の定位と弁別 培風館.

[16] 片桐和男，(1990). 定位反射系活動の発達と障害．松野豊（編著）障害児の発達神経心理学 (pp. 92–110). 青木書店.

[17] Иван Петрович Павлов (1927). Лекциио работе больших полушарийголовногомозга イワン・ペトロウィチ・パヴロフ 林髞（訳）(1937) 條件反射學（大脳両半球の働きに就いての講義）(pp. 22–23). 三省堂.

[18] 川村浩（訳）(1975) 大脳半球の働きについて—条件反射学—(p. 32). 岩波書店.

[19] 松野豊 (1981). 定位反応の発生について．日本心理学会第 45 回大会発表論文集，S-88.

[20] 鎌田文聰 (1990). 定位—探索反応の発生と発達．松野豊（編著）障害児の発達神経心理学（pp. 110–118）．青木書店.

[21] 鎌田文聰 (1982). 乳幼児の定位反応の発達心理学的研究 (3)—出生から 1 か月まで（視覚刺激に対する「反応」を中心に）．岩手大学教育学部研究年報，**42**(1), 201–206.

[22] 鎌田文聰 (1983). 新生児における前言語的交信手段の発達—定位—探索活動の発達に視点をあてて．障害者問題研究，**34**, 3–14.

[23] 川住隆一 (1990). 重複・重度障害者にたいする指導の実際．松野豊（編著）障害児の発達神経心理学 (pp. 131–144) 青木書店.

[24] 細渕富夫 (1990). 感覚・知覚機能の発性と発達—重症心身障害児に対する視覚機能の形成・指導の視点から；松野豊（編著）．障害児の発達神経心理学．(p.157–168). 青木書店.

[25] Carlson, S. & Hyvärinen, L. (1983). Visual rehabilitation after long lasting early blindness. *Acta Ophthalmologica*, **61**, 701–713.

[26] 大庭紀男・廖富士子 (1973). 視野の定義—小児の視野を求めて. 眼科, 15, 465–469.

[27] Liao, F. (1973). Perimetry in young children. *Japanese Journal of Opthalmology*, **17**, 277–299.

[28] 大庭紀男 (1975). 臨床視覚生理学の諸問題. 東京医学, 94–102.

[29] 鳥居修晃・望月登志子 (1997). 視知覚の形成 2—開眼手術後の視空間と事物の識別. 培風館.

[30] 山上精次 (1993). 眼球運動の初期発達. 苧阪良二・中溝幸夫・古賀一男（編）眼球運動の実験心理学 (pp. 239–262). 名古屋大学出版会.

[31] Osaka, R., Kida, M. & Miwa, T. (1978). Developmental characteristics of the eye movement by a new eye movement test. *Annual Report of the Research Institute of Environmental Medicine*, Nagoya University, **23**, 12–26.

[32] Reisen, A. H. (1947). The development of visual perception in man and chimpanzee, *Science*, **106**, 107–108.

[33] Gregory, R. L. & Wallace, J. G. (1963). Recovery from early blindness: A case study. *Experimental Psychology Society Monograph*, **2**, 1–40.

[34] Valvo, A. (1971). *Sight restoration after long-term blindness: The problems and behavior patterns of visual rehabilitation.* American Foundation for the blind. Morgan, 1982.

[35] Moran, J. & Gordon, B. (1982). Long term visual deprivation in human. *Vision Research*, **22**, 27–36.

[36] 鳥居修晃・望月登志子 (1984). 心理学的側面からみた視覚障害. 市川宏・大頭仁・鳥居修晃・和気典二（編著）視覚障害とその代行技術 (pp. 69–129). 名古屋大学出版会.

[37] 鳥居修晃 (1993). 開眼手術後の眼球運動. 苧阪良二・中溝幸夫・古賀一男（編）眼球運動の実験心理学 (pp. 306–322) 名古屋大学出版会.

[38] 和気典二・武市啓司郎・鳥居修晃・望月登志子 (1979). 眼球運動とそのフードバックによる制御. 第 15 回日本眼光学会講演論文集. 119–122.

[39] 武市啓司郎・和気典二・山下由紀男・鳥居修晃・望月登志子 (1977). 先天盲並びに開眼者の眼球運動とそのフィードバックによる制御. 第 3 回感覚代行シンポジウム論文集, 133–144.

[40] 望月登志子 (1989). 開眼手術後における視機能とその分化—視空間の構造を中心として. 基礎心理学研究, 53–70.

[41] Condillac, E. B., de (1754).*Traité des sensations.* コンディヤク 加藤周一・三宅徳嘉（訳）(1948) 感覚論. 創元社.

[42] Iriki, A., Tanaka, M., & Iwamura, Y., (1996). Coding of modified body schema during tool use by macaque postcentral neurons. *Neuro Report*, **7**, 2325–2330.

[43] 入來篤史 (2000). ニホンザル道具使用の脳内機構—シンボル操作の起源に挑む—. 認知科学, **7**(3), 195–201.

[44] 石橋英俊・入來篤史 (2004). サルの道具使用における頭頂葉の役割. 神経進歩, **48**(4), 523–530.

[45] Maravita, A., & Iriki, A. (2004). Tools for the body (schema). *Trends Cognitive Science*, **8**, 89–86.

[46] Cowey, A., Small, M. & Ellis, (1994). Left visuo-spatial neglect can be worse in far than near space. *Neuropsychologia*, **32**, 1059–1066.

[47] Cowey, A., Small, M. & Ellis, E, (1998). No abrupt change in visual hemineglect from near to far space. *Neuropsychologia*, **37**, 1–6.

[48] Guariglia, C. & Antonucci, G. (1992). Personal and extrapersonal space: A case of neglect dissociation. *Neuropsychologia*, **30**, 1001–1009.

[49] Halligan P. W. & Marshall, J. C., (1991). Left neglect for near but not far space in man. *Nature*, **350**, 498–500.

[50] 望月登志子 (1996). 開眼手術後における鏡映像の定位と知覚．基礎心理学研究，15, 89–101.

[51] 望月登志子 (1992). 定位活動 (II)—開眼少女 MO の視覚的な探索・定位活動．鳥居修晃・望月登志子（著）視知覚の形成 1—開眼手術後の定位と弁別 (pp. 64–70). 培風館.

[52] 望月登志子 (1993). 定位と色の弁別活動．鳥居修晃（編著）視覚障害と認知 (p. 111–132). 放送大学教育振興会.

[53] 望月登志子・鳥居修晃 (1991) 開眼手術後における視対象と自己鏡映像の定位．日本心理学会第 55 回大会発表論文集．115.

[54] 望月登志子・鳥居修晃 (1992). 開眼手術後における鏡映像の定位と認知．基礎心理学研究，**11**, 36.

[55] Mochizuki, T. & Torii, S. (1992). Perception of mirror image in a case of the blind after surgery. Abstracts of XXV International Congress of Psychology, IN006, **4**, 37.

[56] Wallon, H. (1949). *les origines du caracterè chez l'enfante.: Les préludes du sentiment de personnalité*. Presses Universitaires de France. ワロン，H. 久保田正人（訳）(1980) 自己の身体を意識し個別化すること．現代のエスプリ No.155「鏡と人間の心理」(pp. 105–119). 至文堂.

[57] 吉原耕一 (1983) 飼育下のチンパンジーの行動調査 III．鏡を用いの実験 (熊倉徹雄（著）(1983) 鏡の中の自己 (pp. 15–20). 海鳴社.

[58] Sato A. & Yasuda A. (2005). Illusion of sense of self-agency: Discrepancy between the predicted and actual sensory consequences of actions modulates the sense of self-agency, but not the self-ownership. *Cognition*, **94**(3), 241–255.

[59] Tamura, Y., Egawa, M., Yano, S., Maeda, T. Kato, M. & Asama, H. (2013). Activeness improves cognitive performance in human-machine interaction. *Journal of Advance Computational Intelligence and Intelligent Information*. **17**(3), 425–432.

[60] Ehrsson H. H., Spence, C., & Passingham R. E. (2004). That's my hand! Activity in premotor cortex reflects feeling of ownership of a limb. *Science*, **305**, 875–877.

[61] Fotopoulou A., Jenkinson, P. M., Tsakiris, M., Haggard, P., Rudd, A., & Kopelman, M. D. (2011). Mirror-view reverse somatoparaphrenia: dissociation between first-and third -person perspectives on body ownership. *Neuropsychologia*, **49**, 3946–3955.

索　引

さ行

た行

な行

は行

ま行

や行

ら行

【編著者】

鈴木宏昭（すずき ひろあき）　まえがき，第 1 章
最終学歴　東京大学大学院教育学研究科博士後期課程満期退学．博士（教育学）．
現　　職　青山学院大学教育人間科学部教授．
人間の思考について研究を重ねて，ついにプロジェクションにたどり着く．これを自分の研究人生の総仕上げと考えて研究を重ねている．日本認知科学会フェロー．主著に『教養としての認知科学』（東京大学出版会，2016），『類似と思考 改訂版』（ちくま学芸文庫，2020）．

【著者】

田中彰吾（たなか しょうご）　第 2 章
最終学歴　東京工業大学大学院社会理工学研究科博士課程修了．博士（学術）．
現　　職　東海大学現代教養センター教授．
メルロ＝ポンティの現象学に示唆を受け，身体性認知科学を刷新する研究に取り組んでいる．著書『生きられた〈私〉をもとめて―身体・意識・他者』（北大路書房，2017 年）で湯浅泰雄賞を受賞．

大住倫弘（おおすみ みちひろ）　第 3 章
最終学歴　畿央大学大学院健康科学研究科博士後期課程修了．博士（健康科学）．
現　　職　畿央大学大学院健康科学研究科准教授．
痛みのリハビリテーションの開発と効果検証を実践している．特に，四肢切断後に存在しないはずの肢に生じる痛み（＝幻肢痛）のリハビリテーションを専門にしており，認知科学とリハビリテーション医学の両面からのアプローチを試みている．

信迫悟志（のぶさこ さとし）　第 3 章
最終学歴　畿央大学大学院健康科学研究科博士後期課程修了．博士（健康科学）．
現　　職　畿央大学大学院健康科学研究科准教授．
理学療法士としての臨床経験を基に，主に高次脳機能障害（失行）と発達障害（発達性協調運動障害）の病態理解とリハビリテーションに関する研究と実践に従事している．

嶋田総太郎（しまだ そうたろう）　第 3 章
最終学歴　慶應義塾大学大学院理工学研究科博士後期課程修了．博士（工学）．
現　　職　明治大学理工学部教授．
身体性・社会性の認知脳科学の研究に従事．安藤博記念学術奨励賞（2007 年度），日本心理学会論文賞（2018 年度）．著書に『脳のなかの自己と他者―身体性・社会性の認知脳科学と哲学』（共立出版，2019 年），『認知脳科学』（コロナ社，2017 年）など．

森岡 周（もりおか しゅう）　第 3 章
最終学歴　高知医科大学大学院医学系研究科博士後期課程修了．博士（医学）．
現　　職　畿央大学大学院健康科学研究科主任・教授，東京都立大学人間健康科学研究科客員教授．

脳卒中後の運動障害，高次脳機能障害，身体性変容に対するニューロリハビリテーション研究に取り組んでいる．『リハビリテーションのための脳・神経科学入門』（協同医書出版社，2016）他著書ならびに受賞多数．

鳴海拓志（なるみ たくじ）　第 4 章
最終学歴　東京大学大学院工学系研究科博士課程修了．博士（工学）．
現　　職　東京大学大学院情報理工学系研究科知能機械情報学専攻准教授．
身体と認知との相互作用を利用し，身体拡張体験を通じて人の認知機能を自在にデザイン可能にするゴーストエンジニアリングを提唱するなど，認知科学の知見とバーチャルリアリティ技術を融合させることで，人間の知覚・認知・行動を拡張する研究に取り組む．
主要著書（共著）に『トコトンやさしい VR の本』（日刊工業新聞社，2019 年）．

小野哲雄（おの てつお）　第 5 章
最終学歴　北陸先端科学技術大学院大学情報科学研究科博士後期課程修了．博士（情報科学）．
現　　職　北海道大学大学院情報科学研究院教授．
認知情報科学の立場から，ヒューマンエージェントインタラクション，コミュニケーションロボット，インタラクティブシステムに関する研究に従事．研究を進めるうえでのキーワードは，傍流，トリックスター，創造性など．著書に『マインドインタラクション』（共著，近代科学社，2019），『人とロボットの〈間〉をデザインする』（共著，東京電機大学出版局，2007）などがある．

中田龍三郎（なかた りゅうざぶろう）　第 6 章
最終学歴　立教大学大学院現代心理学研究科満期退学．博士（心理学）．
現　　職　北星学園大学社会福祉学部専任講師．
専攻は実験心理学，発達心理学，認知科学，比較認知科学，食生活学．社会的な存在（他者）の情報が認知機能（おいしさの認知や実行機能など）に及ぼす影響について，食場面やゲーム場面などの日常的な状況を想定して研究している．

川合伸幸（かわい のぶゆき）　第 6 章
最終学歴　関西学院大学大学院文学研究科満期退学．博士（心理学）．
現　　職　名古屋大学情報学研究科教授．中部大学創発学術院客員教授を兼務．
専攻は比較認知科学，認知科学，実験心理学．文部科学大臣表彰若手科学者賞（平成 17 年度），日本学術振興会賞（平成 21 年度），日本学士院学術奨励賞（平成 21 年度），Frank A Beach Comparative Psychology Award（2010）ほか多数受賞．主な著書は『ヒトの本性　なぜ殺し，なぜ助け合うのか』（講談社現代新書），『The fear of snakes: Evolutionary and psychobiological perspectives on our innate fear』（Springer）等．

外山紀子（とやま のりこ）　第 7 章
最終学歴　東京工業大学総合理工学研究科博士課程修了．博士（学術）．
現　　職　早稲田大学人間科学学術院教授．
専攻は発達心理学．病気や食，成長などの生物現象に関する理解の発達，食事場面における乳幼児と養育者（保育者）の行動分析を行っている．著書に『生命を理解する心の発達』（単著，ちとせプレス，2020），『乳幼児は世界をどう理解しているか』（共著，新曜社，2013）など．

久保（川合）南海子（くぼ（かわい）なみこ）　第 8 章
最終学歴　日本女子大学大学院人間社会研究科心理学専攻博士課程後期修了．博士（心理学）．
現　　職　愛知淑徳大学心理学部教授．
老齢ザルとヒト高齢者を対象に加齢にともなう認知機能の変化と行動的特徴について実験研究を行ってきた．ワークライフバランスやジェンダー等についても関心がある．最近では特に，ポップカルチャーを切り口としてプロジェクション・サイエンスの研究に興味を持って取り組んでいる．

鳥居修晃（とりい しゅうこう）　特別寄稿：Part I
最終学歴　東京大学大学院人文科学研究科博士課程修了．文学博士．
現　　職　東京大学名誉教授．
主要単著『視覚の世界』（光生館，1979），『視覚の心理学』（サイエンス社，1982）．主要共著　『視知覚の形成 1』（培風館，1992），『視知覚の形成 II』（培風館，1997），『先天盲開眼者の視覚世界』（東京大学出版会，2000）．

望月登志子（もちづき としこ）　特別寄稿：Part II
最終学歴　日本女子大学家政学研究科児童学専攻修士課程修了．文学博士．
現　　職　日本女子大学名誉教授．
主要共著『視覚障害とその代行技術』（名古屋大学出版会，1984），『視知覚の形成 1』（培風館，1992），『視知覚の形成 II』（培風館，1997），『先天盲開眼者の視覚世界』（東京大学出版会，2000），『老年認知心理学への招待』（風間書房，2006）．

薬師神玲子（やくしじん れいこ）　特別寄稿：まえがき
最終学歴　お茶の水女子大学大学院人間文化研究科博士課程修了．博士（学術）．
現　　職　青山学院大学教育人間科学部教授．
心理物理学実験と認知科学の手法を用いて，人間の視覚情報処理とその学習を中心に研究を行っている．著書に『大学 1・2 年生のためのすぐわかる心理学』（共著，東京図書，2012），『3 次元視空間におけるオブジェクト認知とノイズ処理』（風間書房，1999）等．

プロジェクション・サイエンス

― 心と身体を世界につなぐ第三世代の認知科学 ―

2020 年 9 月 30 日　初版第 1 刷発行

編著者　鈴木宏昭

共著者　田中 彰吾・大住 倫弘・信迫 悟志・嶋田 総太郎・森岡 周・鳴海 拓志・小野 哲雄・中田 龍三郎・川合 伸幸・外山 紀子・久保 (川合) 南海子・鳥居 修晃・望月 登志子・薬師神 玲子

発行者　井芹 昌信

発行所　株式会社近代科学社
〒162-0843 東京都新宿区市谷田町 2-7-15
電話 03-3260-6161　振替 00160-5-7625
https://www.kindaikagaku.co.jp/

Printed in Japan
ISBN978-4-7649-0621-1

印刷・製本　藤原印刷株式会社

【本書のPOD化にあたって】
近代科学社がこれまでに刊行した書籍の中には、すでに入手が難しくなっているものがあります。それらを、お客様が読みたいときにご要望に即してご提供するサービス／手法が、プリント・オンデマンド（POD）です。本書は奥付記載の発行日に刊行した書籍を底本としてPODで印刷・製本したものです。本書の制作にあたっては、底本が作られるに至った経緯を尊重し、内容の改修や編集をせず刊行当時の情報のままとしました（ただし、弊社サポートページ https://www.kindaikagaku.co.jp/support.htm にて正誤表を公開／更新している書籍もございますのでご確認ください）。本書を通じてお気づきの点がございましたら、以下のお問合せ先までご一報くださいますようお願い申し上げます。

お問合せ先：reader@kindaikagaku.co.jp

Printed in Japan
POD開始日　2023年8月31日
発　　行　株式会社近代科学社
〒101-0051 東京都千代田区神田神保町1丁目105番地
https://www.kindaikagaku.co.jp
印刷・製本　京葉流通倉庫株式会社